——兴业证券成立30周年纪念文集

兴业证券股份有限公司 ◎ 编著

中国金融出版社

责任编辑：黄海清　白子彤
责任校对：刘　明
责任印制：张也男

图书在版编目（CIP）数据

追求卓越：兴业证券成立30周年纪念文集/兴业证券股份有限公司编著. —北京：中国金融出版社，2021.12

ISBN 978－7－5220－1443－2

Ⅰ.①追…　Ⅱ.①兴…　Ⅲ.①证券公司—福州—纪念文集　Ⅳ.①F832. 39-53

中国版本图书馆CIP数据核字（2021）第251312号

追求卓越——兴业证券成立30周年纪念文集
ZHUIQIU ZHUOYUE：XINGYE ZHENGQUAN CHENGLI 30 ZHOUNIAN JINIAN WENJI

出版
发行　中国金融出版社

社址　北京市丰台区益泽路2号
市场开发部　（010）66024766，63805472，63439533（传真）
网 上 书 店　www.cfph.cn
　　　　　　（010）66024766，63372837（传真）
读者服务部　（010）66070833，62568380
邮编　100071
经销　新华书店
印刷　河北松源印刷有限公司
尺寸　185毫米×260毫米
印张　19
插页　8
字数　352千
版次　2021年12月第1版
印次　2021年12月第1次印刷
定价　80.00元
ISBN 978－7－5220－1443－2

《追求卓越——兴业证券成立30周年纪念文集》
编委会

《追求卓越——兴业证券成立30周年纪念文集》
编辑部

同梦·同兴
兴业证券30周年
SHARED DREAMS FOR PROSPERITY
INDUSTRIAL SECURITIES 30TH ANNIVERSARY
1991-2021

关心与关怀

贺　信

值此兴业证券成立三十周年之际，向公司三十年来励精图治、成绩显著表示热烈祝贺！向公司全体员工三十年来辛勤耕耘、敬业奉献表示衷心感谢！

三十年来，兴业证券作为我省金融证券业主力军，认真贯彻落实省委、省政府决策部署和工作要求，在我省培育资本市场、拓展直接融资、服务实体企业、支持经济社会发展等方面发挥重要作用、取得积极成效，公司自身也实现跨越式增长，成为我省国有金融企业走向全国的靓丽名片和资本市场的中坚力量。

希望兴业证券百尺竿头、更进一步，不忘初心、牢记使命，奋发有为、开拓创新，加强福建总部建设，不断提升专业能力和综合金融服务能力，培育支持更多福建企业走向资本市场、多渠道融资，积极推动区域资本市场改革创新，做大做优台资、生态等板块，打造绿色金融新优势，扎实有效防控各类风险，实现规模、质量、效益协同发展，建设一流证券机构，进一步发挥我省资本市场领头羊作用，为奋力谱写全面建设社会主义现代化国家福建篇章作出新的更大贡献。

郭宁宁

2021年10月22日

中共福建省委常委，省政府副省长、党组副书记郭宁宁

向公司成立30周年致贺信

深化金融体制改革
促進证券市场发展
——祝贺福建兴业证券公司成立

陈明义
一九九四年八月八日

1994年，时任福建省委副书记、省长陈明义为公司题词

贺　　词

对兴业证券三十周年尤其是近年来的国内外市场变幻的背景下攻坚克难，佳绩频传，感到由衷的高兴和钦佩。祝福全公司员工在公司党委的正确领导下，继续高歌进取，创新发展，取得更高质量的成就！

2021年5月26日

兴业银行原董事长兼行长、

福建省原副省长陈芸同志向公司成立30周年致贺词

福建省财政厅

贺　信

兴业证券股份有限公司：

卅载耕耘、硕果累累，卅载春秋、风华正茂。值此你司成立三十周年之际，我厅特致以热烈的祝贺，并向兴业证券全体员工表示诚挚的问候和衷心的祝福！

在三十年的经营和发展道路上，兴业证券始终坚持党的领导，不忘服务实体经济发展的初心和使命，持续完善公司治理体系，坚定筑牢合规风控防线，认真执行国有金融资本各项管理规定，切实肩负起省属国有金融企业的使命担当，在实现自身规模、效益、质量跨越式增长的同时也实现了国有金融资本的保值增值，为我省经济社会发展和地方财税收入增长做出了重要的贡献。

三十而立，再启新程。我厅将继续在省委和省政府的领导下，积极贯彻落实我省“十四五”规划部署，鼎力支持兴业证券全力推进建设一流证券金融集团的战略目标，进一步充分发挥兴业证券作为我省资本市场主力军、领头羊的重要作用，为全方位推进高质量发展超越、奋力谱写全面建设社会主义现代化国家福建篇章作出新的更大贡献！

福建省财政厅

2021年10月26日

福建省财政厅向公司成立30周年致贺信

中国证券业协会

贺信

兴业证券股份有限公司：

值此贵司成立 30 周年之际，中国证券业协会向贵司表示衷心祝贺！30 年，跨越了资本市场从无到有的发展史。30 年，见证了证券行业筚路蓝缕的成长史。在 30 年的前进历程中，贵司坚持回归本源、强基固本、严守底线、行稳致远，努力做好资本市场的“看门人”、直接融资的“服务商”、社会财富的“管理者”、守正创新的“领头羊”，与我国经济同生共长，已然成为证券行业的中坚力量。

2021 年也是协会成立 30 周年。值此同庆之际，协会对贵司长期以来为行业发展做出的积极贡献和对协会工作的大力支持表示由衷感谢！

30 年风华正茂再出发。协会将继续依托会员自治，构建共建、共治、共享平台，与行业共同以新发展理念为指引、努力践行“四个敬畏，一个合力”，继续与行业一道走在高质量发展的大路上，为打造规范、透明、开放、有活力、有韧性的资本市场积极贡献力量，为全面建设社会主义现代化国家作出新贡献！

再次祝愿贵司基业长青！

中国证券业协会

2021 年 9 月 13 日

中国证券业协会向公司成立30周年致贺信

福建省证券期货业协会

贺　信

兴业证券股份有限公司:

值此贵公司成立30周年之际，福建省证券期货业协会向贵公司表示衷心祝贺！1991年，贵公司从福建最早的六尺柜台起步，三十年励精图治，三十年稳健前行，三十年心怀梦想，不忘初心，砥砺奋进，与中国资本市场同发展、共命运，守正创新，行稳致远，已然成为证券行业的中坚力量，正向着一流证券金融集团目标阔步前行。

三十年来，贵公司与福建资本市场同梦同兴、共谱华章，长期担任协会会长、监事长单位，主动积极参与协会各项的工作，为福建资本市场健康发展贡献力量。在此，协会对贵公司长期以来对行业发展做出的积极贡献和对协会工作的大力支持表示衷心感谢！

2021年是中国共产党成立100周年，是实施“十四五”规划、开启全面建设社会主义现代化国家新征程的第一年。奋进新时代，起航新征程，协会将以习近平新时代中国特色社会主义思想为指导，把握新发展阶段，树立新发展理念，融入新发展格局，依托会员自治，构建共建、共治、共享平台，努力践行“四个敬畏，一个合力”，全面支持贵公司建设一流证券金融集团的战略目标，发挥贵公司在福建资本市场主力军、领头羊重要作用，为打造规范、透明、开放、有活力、有韧性的资本市场贡献力量，为全面建设社会主义现代化国家福建篇章做出新贡献！

福建省证券期货业协会

2021年10月28日

福建省证券期货业协会向公司成立30周年致贺信

序

砥砺奋进三十载，同梦同兴新征程

万里乘风去,长空看山河。2021年是中国共产党成立100周年，也是兴业证券成立30周年。30年励精图治，30年奋进前行，兴业证券秉持海纳百川、敢为人先、爱拼才会赢的闽商精神，与中国资本市场的拓荒者和建设者们共同上下求索、激流勇进。从沪深交易所开锣发出的第一声“啼鸣”到建设“规范、透明、开放、有活力、有韧性”的多层次资本市场，兴业证券始终与资本市场同发展、共命运，为建设现代金融体系、服务社会经济高质量发展积极贡献自身力量。

值此兴业证券成立30周年之际，我们组织编写这本纪念文集，收集了公司早期创业者代表的访谈实录，系统地整理了集团各业务和管理条线的发展历程，收录了部分员工为公司成立30年撰写的回忆文章，以此纪念兴业证券在中国资本市场的宏伟画卷下向阳而生的点点滴滴，观照历史，鼓舞今天，见证未来。

这是一部公司的发展史。30年，初心与共，砥砺奋进，这30年的攀峰越浪、栉风沐雨，犹在昨天：1991年10月29日，兴业银行证券交易营业部在福州正式成立并对外营业；1992年，成为上交所首批异地会员，正式抢滩上海；1993年，担任福建股票首次公开发行团主干事并出色地完成发行承销工作；1994年，公司抓住银证分业的历史机遇，成为具有独立法人资格的专业证券公司；1999年公司完成改制创立工作，正式更名为“兴业证券股份有限公司”；2000年成为全国首批9家综合类证券公司之一；2010年10月，兴业证券在上海证券交易所公开上市。2017年11月，公司完成第五届董事会、监事会换届，在我国进入新时代的新形势下，公司提出了建设一流证券金融集团的战略目标，开启全新篇章。伴随着中国资本市场30年的发展，如今，兴业证券总资产已超2000亿元，净资产超400亿元，员工近万人，服务客户金融资产逾3万亿元，在全国31个省份设有260家分支机构，实现全国全覆盖；控股或经营8家子公司，业务覆盖基金、期货、资产管理、境外业务、股权投资、另类投资、产业金融、区域股权市场等，正在向着一流证券金融集团的目标阔步前行。

这是一部兴证人的奋斗史。在中国资本市场日新月异的宏大图景中，以原董事长兰荣、总经理助理蒋云明等为代表的第一代兴证人不忘初心，艰苦创业。30年来，兴业证券追求卓越、稳健前行，锤炼内在实力，提升外在竞争力，孕育澎湃发展动力，如同繁盛的树木受到大地宽厚的滋养，借助资本市场改革发展的力量不断实现公司高质量发展。犹记得最初的福州营业部，六尺柜台、两个窗口，极为简陋，但是一群二十多岁的年轻人面对困难齐心协力，日子过得辛苦而热烈；犹记得在上海文化广场，一张办公桌、两部电话、两名工作人员，就开始办理股票买卖业务……一路走来，兴证人栉风沐雨，破浪前行，一步步拓荒斩棘。兴业证券从无到有，从小到大，留下了一个又一个成长壮大的难忘瞬间，沉淀了一代又一代可歌可泣的青春记忆，这些都是代代兴证人最宝贵的精神财富。

这本书承载着兴证文化和兴证精神。兴业证券的成就，来自一群有梦想、有情怀的兴证人日复一日、年复一年、兢兢业业、克己奉公、勤勤恳恳奉献的血与汗、欢笑与泪水、感恩与惆怅……这30年，兴业证券坚持“提升员工价值、创造客户价值”的核心价值观，一代代兴证人用自己的生命与热情点燃兴业证券的发展之路，如同点点星辰，照亮兴业证券未来的浩瀚夜空，向着“一流证券金融集团”的目标大步迈进，全力以赴把公司建设成为具有一流的资本实力，一流的风险管理能力，一流的竞争能力和盈利能力，一流的人才和优秀企业文化、科学的机制体制以及较强国际竞争力的一流证券金融集团。

30年，道阻且长，坚守原则行稳致远；30年，同梦同兴，陪伴成长共谱华章。本书的故事都是兴证人最珍贵的回忆，书中的每一位兴证人，以及没有在书中出现名字的在职、退休或曾为公司贡献过的兴证人，都将从这些故事中为过去的荣光而自豪、为未来的前行汲取新的力量。让过往化作序章，兴业证券将以“追求卓越，共同兴业”为使命，不忘初心，矢志不渝发挥好资本市场“看门人”、直接融资“服务商”、社会财富“管理者”、资本市场“稳定器”以及市场创新“领头羊”作用，与全行业一起为我国资本市场和社会经济发展贡献兴证力量，谱写更加绚烂壮丽的新篇章，与中国资本市场同梦同兴。

兴业证券党委书记　董事长

二〇二一年十月

目　录

第一部分　如歌往事　激情燃烧的岁月

第二部分　追求卓越　建设一流证券金融集团

第三部分 青春岁月 我与公司共成长

第一部分

如歌往事 激情燃烧的岁月

同梦·同兴
兴业证券30周年
SHARED DREAMS FOR PROSPERITY
INDUSTRIAL SECURITIES 30TH ANNIVERSARY
1991-2021

马潞生：
兴业证券是我并肩作战、同舟共济的战友

采访人/罗叶红　杨贤奔

编者按：

在兴业证券成立20周年之际，公司纪录片《兴路》曾专访马潞生，当时马潞生深情说道，兴业证券就像他的一双眼睛，他像爱护自己的眼睛一样爱护兴业证券。

转眼10年，兴业证券已从二十弱冠到三十而立。近日，因拍摄公司成立30周年专题片再访马潞生，这次他说得依然诚挚而坚定，他和兴业证券是并肩作战、同舟共济的战友，一起创业、一起拼搏，无论身处什么岗位，他都无法割舍对兴业证券的感情。

诚然，正如马潞生所说，兴业证券的奋斗史、创业史、改革史，也是福建和中国资本市场的奋斗、创业、开放的发展史的重要组成部分。30年来，兴业证券从无到有，从弱到强，从六尺柜台发展到集团化经营，这其中既有改革开放赋予的时代机遇，也饱含一代代兴证创业者的艰苦奋斗与努力付出，更离不开宽容开放的政策环境与经营环境。

今天的专访，我们走进曾担任过兴业银行副行长兼兴业证券第一任监事长的福建省人大常委会原主任马潞生，倾听他与兴业证券30年的点滴故事。

| “春天的故事”，从中央50号文件启航

1992年，马潞生赴上海考察证券业务，中国资本市场改革的浪潮和上海证券业的迅速发展使他震撼。面对“证券”这样一个新生事物，第一代兴证创业者就这样学习它、适应它、驾驭它，踏上了30年创业之路。

◎ 采访人：能否和我们谈谈兴业证券创业初期的故事？

马潞生： 兴业证券的奋斗史、创业史、改革史，实际上也是我们福建省和中国金融

业的奋斗史、创业史、改革史的重要组成部分。因为兴业证券就是在中央赋予福建特殊政策灵活措施的形势下诞生的。

1978年党的十一届三中全会召开以后，经济建设成为我国的基本任务，改革开放成为基本国策。1979年，国家作出“分步走”的决策，中央50号文件[①]同意处于沿海的广东、福建两省试办经济特区，在对外开放方面先行一步，待取得经验后，再逐步全面开放。50号文件里有一条就是同意福建省设立一家金融企业，正因为有当时的50号文件，才有今天的兴业银行和兴业证券。

在中央赋予广东和福建实行“特殊政策”和“灵活措施”的历史背景下，1981年12月，福建省人民政府批准设立福建省福兴财务公司；1988年8月，经中国人民银行总行批准和省政府同意，福兴财务公司整体改组为福建兴业银行，并涉足代理国债发行业务；1990年，福建兴业银行在信托部下设证券科；1991年，成立兴业银行证券业务部，当时的中国资本市场和证券行业刚刚起步；1994年，随着证券业务部规模的扩大，并为适应分业经营的趋势，成立福建兴业证券公司，公司抓住银证分业的历史机遇，实现发展历程中的一次重大飞跃。

应该说，“兴业”的故事从中央50号文件开始了，“兴业”的金融品牌是在中国改革开放的大潮中应运而生的，是我国最早的一批金融企业，兴业证券一路伴随着福建改革开放、奋斗和创业历史，因此它的发展也就见证了整个中国金融企业的改革、创业的历史。

◎ 采访人：我们在1992年的历史照片中，看到兴业证券的创业者们赴上海考察证券业务，能否和我们分享一下当时的感受和心情？

马潞生：当时看到一切都很新鲜，看到一切都感觉到望尘莫及，看到一切也燃起了心中的激情。在当时的情况下，我们开展这些业务能行吗？其实大家心里都有一个问号。但是这些就是未来要开展的工作，你必须面对它。因此，再难、再新，我们都要去学习它、适应它、驾驭它。这就是当时我去上海证券交易所以后的感触，今天想起依然记忆犹新，而且充满火一般的热情。

---

① 1979年7月15日，中共中央、国务院批转广东省委和福建省委《关于对外经济活动实行特殊政策和灵活措施的两个报告》（中发〔1979〕50号）。

◎ 采访人：1992年，公司成为上交所异地会员，您也到上海拜访了当时的上交所总经理尉文渊，1994年尉文渊又来到福州视察，能不能跟我们谈一谈这其中的故事？

马潞生：当时兴业证券还没有和兴业银行分家，业务是被囊括在兴业银行体系里的。但银行业和证券业的管理模式其实是不同的，防范金融风险所做的工作也不一样。银证分离既是人民银行的监管要求，同时也是我们自身发展的需要。所以，当时就是准备把兴业证券从兴业银行里面单独划分出来，成立独立法人的证券公司。

在福建兴业证券公司正式成立以前，兴业银行证券业务部就先行开展证券业务了，而且要跟全国的证券业务相衔接，因此我们当时便决定到上交所请教学习，拜访时任总经理尉文渊。尉文渊总经理热情地接待了我们，介绍了证券市场发展的概况，使我们受益匪浅。尉文渊总经理还两次来到福建视察了解情况，这一方面说明上交所对于兴业证券的经营业绩是充分肯定的；另一方面也说明我们上海的同志工作是卓有成效的，当时是杨华辉同志在负责上海业务。

| 市场化理念办企业

作为兴业证券第一任监事长，马潞生说，兴业证券是探索者、开拓者、建设者、贡献者，同时也是很成功的实践者，他一路见证了兴业证券的成长。在他的身上我们看到一种责任与担当，更感受到在其背后潜藏的情怀、格局与远见。成长的背后是感恩，感恩时代，感恩平台，更感恩为此付出的每一份努力。

◎ 采访人：兴业证券创业至今一直秉承市场化经营原则，福建省财政厅是兴业证券大股东，您曾担任省财政厅厅长，您如何看待兴业证券的成长？

马潞生：我在兴业银行工作了四五年时间，又和兴业证券同仁们奋斗了几年，在财政厅担任厅长期间，我深感不能用行政的一套思路与办法来管理企业，这样会把企业管“死”了。因此，我特别交代必须对企业要放心、要放手、要放活，就是让它们真真切切地按照市场化的原则去运作。

事实证明，省里面定的兴业证券走市场化路子的决策是正确的。现在兴业证券发展这么快，公司的总资产达到1940亿元，净资产也有420亿元。这些数字和我们成立这家公司的时候相比，简直是天文数字。发展就是硬道理，证明这就是一套很完善的机制，是一条很正确的路子。

◎ 采访人：我们其实也是一家非常幸运的企业，在中国资本市场的大背景下，在省政府的正确领导下，在一个恰到好处的环境中成长起来，那么您是如何评价兴业证券的？

马潞生：从我个人来说，兴业证券这一路风风雨雨，取得现在这样的成绩，艰苦创业来之不易，我认为兴业证券是福建省改革开放的探索者、开拓者、建设者和贡献者。

兴业证券是一个探索者。担任福建省股票首次公开发行团主干事并主承销5家公司中的3家，从此奠定了兴业证券在福建省证券业的龙头老大位置。随后，兴业证券不断探索新业务，在基金、期货、资产管理、国际业务等方面不断取得新的成绩。兴业证券也是一个开拓者。兴业证券是上交所首批异地会员，不断地开拓新的“疆域”，同时也不断地开拓新的理念与业务品种。兴业证券还是一个建设者。中国资本市场建立之后，直接融资为国家经济社会建设提供了重要资金来源，兴业证券恰恰是在福建省经济社会快速发展时期提供了重要的直接融资服务。兴业证券更是一个贡献者。兴业证券是福建省较大的税收利润贡献者之一，为福建省的财政作出了巨大的税收与财力贡献。

兴业证券的发展离不开资本市场的发展，它在中国改革开放的大潮中，发挥了自身应有的作用，取得了令人瞩目的成绩，可谓不辱使命。因此，我认为兴业证券不仅是探索者、开拓者、建设者、贡献者，同时也是成功的实践者，它是福建省的一张名片，同时也是国内乃至国际上有一定影响力的企业。

◎ 采访人：1999年兴业证券与兴业银行脱钩改制并增资扩股后，兴业证券确立了市场化发展的体制机制，作为公司控股股东省财政厅的主要领导，您能不能和我们分享一下当时的思考？

马潞生：1999年公司改制，当时的工作很复杂很艰难，工作进行到一半的时候，我离开兴业银行到财政厅工作。在增资扩股的时候，我们做了大量的工作以尽可能地为兴业银行注资，目的就是让它更好更快地发展。

证券行业是高度市场化的行业，其业务竞争、人才吸引都高度市场化，因此必须建立与这个竞争态势相适应的体制机制。兴业证券在当时福建省金融系统内是最早一批走出福建、走向全国的，省里也是做了大胆的决策与试点，确定了兴业证券市场化发展的体制机制。实践证明这个决策是正确的，兴业证券用好了这个体制机制，取得了现在的成绩。

一支好的队伍，要保护它、支持它、帮助它

中国资本市场30年的发展历程经历了许多波折，甚至是一些磨难，但马潞生基于他对中国资本市场及证券行业的深刻洞察，以及对兴业证券的充分了解与信任，始终支持兴业证券的发展。他如同一座山，坚定而包容，更有着一种深深的信任，正是这种信任，让年轻的兴业证券扬帆远航，即使在激流中也毫不畏惧，依然带着信念前行。

◎ **采访人：2003—2004年，证券行业面临整体性经营困难，省财政厅给予兴业证券充分的信任；2006年，兴业证券面临外部机构的恶意并购，省财政厅在财政资金比较困难的情况下，面对重重压力果断增资，能否与我们分享一下当时的决策过程？**

马潞生：企业总是有顺利的时候，也有困难的时候。2005—2006年，中国证券业发展正处于最困难的时候，兴业证券也受到了影响，企业发展很困难。当时外部有恶意收购，想趁火打劫；内部也有很强的声音说证券是高风险行业，必须尽快卖掉，要求财政厅拿出方案。

我对兴业证券是知根知底的，这支队伍是很好的。第一，兴业证券能够始终坚持党的领导；第二，兴业证券始终坚持依法经营、稳健经营。这两条就注定这是一支很好的队伍，只是在经营过程中遇到了困难。财政厅作为它的大股东和主管单位，要有信心，要坚持，要在它困难的时候保护它、支持它、帮助它，只有这样企业才能够在最困难的时候得以喘息。因此，当时有声音说要卖掉兴业证券，我没有同意，这当然也承受了很大的压力。但经过这个波折以后，兴业证券便出现了跨越式的发展，不得不说与当时我们的坚持和努力是有关的。

◎ **采访人：所以当您面临非常大的压力的时候，您的内心是什么样的力量在支撑您？**

马潞生：有的时候经营是难以预测的，但是这个难以预测的结果，往往与它的基础工作息息相关。兴业证券基础工作做得好，队伍带得好，在经营过程中有可能受到大环境的影响，但是没关系，跌倒了我们还可以重来。何况还没有跌倒，仅仅是困难而已。

◎ **采访人：所以兴业证券很幸运，在最关键的时刻挺过来了。**

马潞生：我说兴业证券是福建的一张名片，这是大家共同努力的结果。这是一支聚集了以兰荣同志为首的团队，这支团队拼搏进取、勇往直前，业务精通，能力突出。因此，兴业证券能取得今天的成绩，是这支队伍通过艰苦卓绝的工作实现的，我对这支队

伍是寄予厚望的。

◎ 采访人：您刚才提到了“依法经营，稳健经营”这8个字，这应该是在中国资本市场金融发展的过程中很重要的8个字，您是如何理解的？

马潞生：“依法经营，稳健经营”，这是中国资本市场发展中的重要原则。金融企业必须遵守这个原则，只要金融企业坚持这8个字，就不会出现毁灭性的风险，可以说，这是正道。

◎ 采访人：兴业证券的模式被实践证明是正确的，福建金融企业的管理也走在全国的前列，引领了全国的财政体系，能跟我们分享一下其中的故事么？

马潞生：从宏观层面来说，习近平总书记在福建工作期间，对福建的改革开放、经济社会发展，形成了一系列很完整的建设思路，他对金融高度重视，这为福建省的金融事业发展与创新提供了一个很好的大环境。在这样一个大背景下，通过对兴业证券的增资，我们理顺了福建省国有金融资本管理的体制机制，财政厅很好地履行了国有资本出资人职责，为兴业银行、兴业证券等福建国有金融企业不断做大、做优、做强提供了制度保证，也为国家的金融资本管理体制提供了福建样本，因此受到了财政部的高度肯定，福建的实践经验在国家出台的有关国有资本出资人相关制度中被广泛采纳。

| 兴业证券是“福建的一张名片”

兴业证券从无到有，从弱到强，从六尺柜台发展到集团化经营，这其中既有改革开放赋予的时代机遇，也饱含一代代兴证创业者的艰苦奋斗与努力付出，更离不开福建省委、省政府营造出的宽容开放的政策环境与经营环境，正是在这样的环境中，兴业证券得以30年不忘初心，追求卓越。

◎ 采访人：这3年多来，兴业证券取得了突破性成长，正朝着集团化、国际化、专业化方向发展。您如何评价兴业证券今天的发展，您对兴业证券有什么样的期待或者是怎样的评价？

马潞生：省委、省政府对兴业证券的发展高度重视，我们作为主管部门，坚决贯彻省委、省政府的决策来支持兴业证券的发展。兴业证券能取得今天的成绩，主要是省委、省政府的正确领导，加上员工自身的积极努力。我认为兴业证券在证券行业的地位是举足轻重的，是很有成就、分量很重的一家企业。

我希望兴业证券始终坚持党的领导，始终坚持“依法经营，稳健经营”，始终坚持为实体经济服务，这是国有企业的使命，希望兴业证券不断追求卓越。

◎ 采访人：说到追求卓越，您如何理解？

马潞生：时任省委书记贾庆林对于兴业证券也是寄予厚望的，当时欣然提笔为兴业证券书写了“追求卓越”4个字，这也成为兴业证券一直遵循的一条原则和使命，影响了一代又一代在兴业证券工作的领导和员工，激励大家积极向上、不断攀升，推动公司建成中国一流的、高质量的金融公司。

◎ 采访人：兴业证券比较有特色的一点就是从来没改过名字，这在中国证券业发展史上是比较少见的，您怎么看待这个现象？

马潞生：这说明兴业证券的发展是很稳定的。它的稳定性还体现在兴业证券的董事长从一开始到现在就两任，而且杨华辉董事长也是公司的创业者之一。

在中国证券业发展史上，第一批企业负责人有的走了弯路，有的后来离开了这个行业，兰荣同志作为兴业证券第一任董事长坚持了下来，并且把团队带得很好，着实不易。杨华辉同志是证券行业的元老，同时也是兴业证券第一批创业者，起初他主要工作在上海，20世纪90年代初上交所对福建兴业证券的重视，说明他当时在上海的工作是卓有成效的。因此，我认为这两任董事长都是很优秀的。

◎ 采访人：您曾经在公司成立20周年的时候说过“您就像爱护自己的眼睛一样爱护兴业证券”，今年是兴业证券成立30周年，如果再让您打一个比方，您会怎么形容自己和兴业证券的关系？

马潞生：要像爱护自己的眼睛一样爱护兴业证券，这是我发自内心的一句话。现在让我再来形容我和兴业证券的关系，我觉得我更像一个老战士，一个和兴业证券并肩作战、同舟共济的老战士。我曾和兴业的同仁们一起拼搏，一起开展业务；后来虽然离开兴业证券到财政厅工作，但这种感情一直难以割舍。正因为有这种感情，我对兴业证券尽我所能地给予扶持和支持，在它最困难的时候敢于担当，希望它越来越好。

‖ 马潞生：

福建省人大常委会原副主任，曾任福建兴业银行副行长兼福建兴业证券公司监事长，财政部驻福建省财政监察专员办事处专员，福建省财政厅党组书记、厅长，福建省人大常委会秘书长，中共十六大代表。

兰荣：
责任与使命，明天会更好

采访人/罗叶红

近期，兴业证券原董事长兰荣接受采访，回顾了兴业证券的发展历程，并饱含深情祝福兴业证券明天会更好。

| 创业艰难百战多，从此责任与使命伴随一生

1991年10月29日，兴业银行证券交易营业部在福州正式对外营业。六尺柜台，10多个年轻人，由此开启了兴业证券的创业征程，这是兴业证券起步的第一个里程碑。

◎ 采访人：30年前，您作为兴业证券创业者带领一批年轻人，从六尺柜台起步，开始了逐梦之路。能否和我们分享这其中的点点滴滴？

兰荣：2021年是兴业证券创业30周年，弹指一挥间，兴业证券的创业历程，恍如昨日，历历在目。1991年5月，福建兴业银行决定设立证券业务部，开始进军资本市场。同年10月29日，证券交易营业部开业，开始办理国库券的柜台买卖业务。六尺柜台，10多个年轻人，由此开启了兴业证券的创业征程，可以说，这是兴业证券起步的第一个里程碑。

那时的证券业务只是在柜台办理国库券的交易，交易量大的时候一天几百万元，小的时候可能只有几百元钱。没有交易量的时候，每天的营业收入可能连喝开水的钱都不够。尽管条件艰苦，我们依然充满热情，相信未来有很大的发展空间。

我清晰地记得1991年10月29日证券交易营业部开业的情景。我们当时邀请了福建省人大副主任王一士为我们推开营业部的大门，叫“开门大吉”。开业典礼上，门一开，使命和责任就融入了我们的心田，并陪伴一生。

◎ 采访人：创业初期的故事，让人感慨万千。成为上海证券交易所首批异地会员应该

是我们一个重要的起点，当时，我们怎么达成目标的？

兰荣：世上的事最重要的就是用心。当时全国有200多家异地机构都在申请，而且申请成为上交所首批异地会员的确不容易。我们带着一颗真诚的心，逐一拜访负责人，表达我们的诉求。也正因为福建省被中央确定为实行“特殊政策、灵活措施”的改革开放省份，兴业银行作为新型的股份制商业银行，我们的加入对上交所的发展具有重要意义。时任上交所总经理尉文渊在听取我们的汇报后，果断地同意我们成为第一批异地会员。

拜访之后，当天晚上我们就赶回福州起草了报告。第二天一早，我们带着手写的报告原稿，来到人民银行福建省分行，请求金融管理处给我们开“出门证”，同意我们加入上交所异地会员。人民银行非常支持，当天就批复了。我们在当天晚上中的一员赶到了上海，递交了正式申请。由此，我们非常有幸地成为上交所第一批异地会员中的一家13家。

创业初期，由于反应迅速、行动果断，兴业证券1992年加入上海证券交易所，成为首批异地会员，随后进军深圳市场。1993年福建省首次公开发行5家公司股票，兴业证券主承销了其中3家，并作为发行团的主干事，圆满完成了发行任务，极大地促进了福建资本市场的起步发展。

经过3年努力，兴业证券一举成为福建资本市场的领头羊。1994年8月30日，福建兴业证券公司成立，成为兴业银行全资附属的地方性专业证券公司，这是兴业证券发展的第二个里程碑——从银行的一个证券业务部门成为专营证券业务的法人机构。当时我们的成立庆典在福州西湖大酒店举行，一首《明天会更好》响彻夜空，也寄托了所有创业者的梦想。

我们是什么？我们做什么？我们如何做？
这3个问题伴随着公司发展的全部过程，也伴随着每个人的职业生涯

1999年12月19日，福建兴业证券公司与兴业银行脱钩，改制增资成立兴业证券股份有限公司，成为《证券法》颁布后证监会首批核准设立的全国性综合类证券公司之一。由此，兴业证券的业务和机构向全国发展，开启了兴业证券发展的第三个里程碑。

◎ 采访人：在兴业证券成长的路上，有成长与荣耀，更有艰辛与曲折。2001年，整个行业经历了市场的洗礼，公司也经历了磨砺与发展的5年。回首往事，最让您感怀的

是什么？

兰荣：困境中的艰辛要比顺境中的成长更有价值。

2001年7月，股票市场进入熊市，不仅持续下跌和低迷，时间更是长达5年之久。市场整体下跌了约60%，绝大多数投资者损失惨重。证券行业的经营更是难以为继，不仅主营业务亏损，更由于资产管理业务采取对客户保底收益的不规范做法，在承担高额保底利息的同时，还要承担市场下跌带来的市值巨额损失。于是，证券行业一地鸡毛，哀鸿一片。全行业陷入了危机，不仅流动性严重不足，更由于挪用大量客户保证金，加剧了市场危机。在此过程中，行业约有30多家证券公司被关闭、兼并和重组，占比约达30%，不可谓不惨烈。

在此生死大考之下，兴业证券所幸还能清醒认清和判断形势。一方面，断臂自救，采取坚决果断的措施清理资产管理业务，固化风险，防止风险进一步扩大和蔓延；另一方面，变卖所有可变现的办公、营业场所及外汇等资产，以保证公司流动性安全，并强化成本控制，开源节流。

现在回过头来看，一个企业或一个人，经历磨难才是真正的财富。因为经历了才会使你刻骨铭心，才会使你更加成熟；才会使你更加明白到底要做什么，以及如何去做。它不仅锤炼你的意志，磨炼你的心智，还使你更加清醒地明白到底要往哪里去。

◎ 采访人：当时，您提出了“我们是什么，我们做什么，我们如何做”这3个问题，能否和我们谈谈这背后的思考？

兰荣：2002年在我们断臂自救后，虽然亏损巨大，但总算转危为安，生存下来。于是，我们在2002年9月召开了全司的业务点评会，对公司所有的业务发展、管理及存在的问题进行检讨和反思。在会上，我提出了“我们是什么？我们做什么？我们如何做？”这3个看似简单的问题，进行了头脑风暴和小组讨论。

当时琢磨这个问题的时候，我还想，提出这3个问题，员工会不会笑话董事长提那么简单的问题，而事实上，这3个看似简单本质的问题伴随着公司发展的全部过程，也伴随着每个人的职业生涯。我们始终要明白自己的角色和定位，始终要清楚自己应该做什么，能够做什么，做什么能做得好，这既是经营问题，也是哲学问题。

通过对这3个问题的深入讨论，我们大家对证券公司的本质有了更加清醒和深刻的认识，也更加明白我们如何构建业务的发展模式和增长方式，由此推动了公司从“坐商向行商”的一次转型，从“行商向金融服务商”的二次转型。

经过这两次转型，兴业证券的面貌焕然一新，员工士气高昂，专业能力显著提高，公司迈入了持续稳健的发展轨道，核心竞争力持续增强，经营业绩和市场份额明显提升。

| 阳光总在风雨后，上市意味着更多的责任，我们相信明天会更好

2010年10月13日，兴业证券在上海证券交易所上市，这是兴业证券发展史上第四个里程碑。

◎ 采访人：2010年10月13日，兴业证券上市，这是公司成长过程中又一重要里程碑，能否与我们分享其中的故事？

兰荣：阳光总在风雨后！经过5年的生死大考，又经过两次转型，在资本市场股权分置问题得到解决之后，我们迎来了资本市场新一轮的发展。2010年10月13日，兴业证券在上海证券交易所上市，成为证券行业第五家通过IPO上市的公司，这是兴业证券发展史上第四个里程碑。

上市意味着兴业证券发展上了新平台，也要求公司要有新目标，接受新挑战。经与众多境内外同行的学习与交流，在公司内部经过酝酿、交流、讨论到达成共识，公司提出了TOP10的战略目标。

TOP10意味着公司品牌、影响力、市场份额、专业能力、综合实力、经营业绩等核心竞争力指标进入行业前十，也就意味着成为具有行业重要性的现代大型投资银行。这是股东的期盼，更是全体兴业证券员工的共同心愿与奋斗目标。

◎ 采访人：您敲锣那一瞬间的感受是怎样的？

兰荣：高兴、兴奋！锣声一响，兴业证券所有员工近20年的努力近20年的等待，在这一刻实现了！这是我们的梦想，也是对于努力和坚持最好的回报。

◎ 采访人：上市前后我们做了大量工作，2009年韩国三星证券之行、2010年瑞士参访瑞银及之后的美国学习拜访，对我们触动非常大，作为亲历者，国外同行的考察给您带来最大的感受是什么？

兰荣：他山之石，可以攻玉，对国外同行的交流和参访，以及境内外同行的学习和交流，让我们能够更加清楚地知道我们是什么、我们做什么、我们如何做。而且，随着

时间环境的改变，要不断更新认识。与三星证券的交流，使我们收获了很多好的经验，包括它们的企业精神和文化，尤其是它们对战略目标的设定和追求。加深了我们对行业本质的认识，进而提出了三大战略性投入。因为我们明白了投资银行和商业银行有哪些本质的不一样，投资银行必须具有一流的研究。因此我们决定对研究进行战略性投入，与此相关的是人才，没有专业人才，这家公司是没有核心竞争力的，资本伴随着人才而生。同时我们还决定在互联网和IT方面进行战略性投入。

国外同行的学习参访，使得兴业证券一大批中高层开阔了视野，提高了专业素养，也更加自信自觉地推动公司的持续转型，不断提升核心竞争力。

| 回归本源，相信未来

◎ 采访人：风雨兼程，在这激荡的30年里，留在您内心深处最深刻的感受是什么？

兰荣：这个问题很难用简单的言语表达！而我所经历的一幕一幕，都给我的心里留下了深深的印记。

当你经历了资本市场的起起伏伏，你就想明白了人性的本质。这个行业充满挑战，我们最终还是要回到最本源的思考：我们是什么？我们做什么？我们如何做？回头看，也就是我本简单，我心善良，大道至简。

我觉得我们首先应成为一个简单的人。年轻时我可能体会不太多，现在慢慢体会更深了。人生就是一个过程，最终回头来看，简单的也就是最本质的。其实，真正的简单，是非常不容易的。对于我们，就是为了一个共同的目标而努力奋斗。

◎ 采访人：兴业证券30年传承了优秀的文化特质，您觉得兴业证券这种最宝贵的精神特质是什么？

兰荣：我们提出了提升员工价值，创造客户价值，作为兴业证券的核心价值观，并以此推进公司的文化建设。我们把员工作为公司最重要的资产和财富，因为我们是金融服务商，没有一流的人才公司很难走远。

◎ 采访人：30年弹指一挥间，您常提责任与使命，此时，您想对曾经并肩作战的战友们说什么？

兰荣：大家保重，尤其要保重身体，健康快乐平安！

◎ **采访人：对兴业证券现在正在发奋图强的年轻人呢，您会说什么？**

兰荣：努力奋斗。因为努力奋斗会给你带来更大的快乐。

◎ **采访人：最让您快乐的事情是什么？**

兰荣：兴业证券每一步的成长，取得的一点点新业绩，都让我无比快乐。

◎ **采访人：最后，能否您送一句话给三十而立的兴业证券？**

兰荣：兴业证券的明天会更好，也祝愿兴业证券早日实现梦想。

他说，他永远是兴业证券的一名老兵，内心永远带着一份深深的祝福：兴业明天会更好。他说得如此深情，如此坚定。

吴晓求：顺应时代的趋势，做时代前行的推动者

采访人/柳小娟

编者按：

身披星芒、风雨兼程，30年弹指一挥间。2021年，是我国全面建成小康社会、实现第一个百年奋斗目标及“十四五”规划开局之年，是中国共产党建党100周年，也是兴业证券成立30周年。这30年来，兴业证券始终保持同呼吸、共命运、同发展的家国情怀，与国家、与中国资本市场发展同频共振。作为中国经济学界在资本市场研究领域最有影响力的学者之一，吴晓求教授先后担任兴业证券的独立董事和外部董事，亲身经历并见证了兴业证券不平凡的成长发展之路。恰逢兴业证券成立30周年之际，在兴业证券诞生地福州，吴晓求教授以学者的高度洞见、以担任兴业证券董事近十五载的亲身经历，深情讲述了兴业证券为资本市场书写的独特故事，以及它未来美好的发展愿景。

◎ 采访人：值此兴业证券成立30周年之际，您到福州来，都有哪些新的感受？

吴晓求：最近几年，福建经济发展速度非常快，也发生了很大的变化。过去，福建是一个各方面发展相对处在中等偏后的省份。改革开放以来，应该说逐步发展的势头都很好。现在福建经济规模在全国应该处在第七、第八位这样的位置，这是非常快速的进步，而且人均GDP指标也非常高。这次召开的科技创新赋能资本市场发展论坛，表明福建省委、省政府对高科技企业和资本市场的发展非常重视，对资本市场与科技创新的相互促进关系理解十分深刻。

但今天，仍有很多地方对金融的理解停留在商业银行的阶段，以为金融的发展就是在当地多开一些商业银行分支机构。今天，金融有很多新的业态，在不同时期，金融对经济发展有不同的影响。我国正在进入一个经济高质量发展的阶段，产业结构正在转型，发展科技型企业非常重要。科技型企业和资本市场是有内在联系的，所以这二者的未来会有很好的前景。

◎ **采访人：1999年是兴业证券发展过程中的分水岭，也是在那一年，您成为兴业证券和券商行业首位独董。回想当年，有哪些经历让您印象特别深刻的？**

吴晓求：1999年7月，兴业证券有限责任公司改革为股份有限公司，这是一次重大的制度变革。我之所以关注兴业证券，是因为兴业证券时任董事长兰荣和我是江西财经大学同学，所以我参与到这样一个探索之中。当时，兴业证券在全国证券公司中处在中上水平，排在第二十五位左右的位置。2004—2005年应该说整个中国证券行业都处在一个困难时期，兴业证券也不例外。当时如何度过这个“寒冬”，我可能起到了一些力所能及的作用，重要的还是兴业证券的领导层和员工们的努力。

◎ **采访人：兴业银行、兴业证券是福建省两张重要的金融名片，兴业证券现在是福建省内的券商龙头。您怎么看待公司治理在兴业证券发展过程中所作出的努力？**

吴晓求：兴业证券很重视独立董事，包括外部董事的重要作用。实际上，从1999年到2015年，我在兴业证券连续做了两届独立董事（按我国《公司法》规定，独立董事任职不得超过两届），后来又做了兴业证券的外部董事。一直到2015年，根据中央要求党政领导干部不得在企业兼职（任职），我辞去了董事一职。

公司治理结构是按照《公司法》要求，进行公司治理结构的建设，特别是成为上市公司之后，兴业证券在公司管理方面更加规范了。其中很重要的一点是，兴业证券30年来的董事长、总裁是非常稳定的。1991年，兰荣董事长负责筹建兴业证券，到后来公司改制为股份有限公司并成立董事会，兰荣担任董事长至2017年，其间相当长时间他还兼任总裁。直到2017年因年龄原因卸任，兴业证券迎来了新的董事长。30年来，兴业证券经历了两任董事长两任总裁，我想这是至关重要的。同时，公司的高管团队也比较稳定。一个公司要稳健发展，核心管理人员不能频繁更换，特别是董事长、总裁。有些金融机构昙花一现，出现问题首先是出在管理层身上。因此，必须强调的是，管理层自身的规范经营意识非常重要，公司的管理层不能有谋求自身利益的动机。

此外我注意到，多年来福建省政府对兴业证券非常关注、理解和支持，没有特别苛刻地要求它按传统国有企业的方式来管理，支持兴业证券按行业发展规律走市场化发展道路。离开了福建省政府的支持，兴业证券要走到今天也是很难的。如果说，兴业证券无论对上市公司还是国有企业有什么借鉴，我想这些可能都是重要的经验。

◎ **采访人：处理好发展与合规风控的关系，是事关一家企业经营的生命线，更关系企**

业生存的根基。您认为，券商在平衡业务发展与合规风控上，应遵循哪些基本原则？

吴晓求：作为证券公司很重要的是规范经营、做好风险控制。对整个金融业而言，控制风险是最重要的方面，而不是单纯追求经济效益的高速增长。如何持续稳定规范地经营？既要按照监管部门的要求合规经营，同时也要积极地进行创新。因为证券行业必须不断适应时代的变化，特别是科技的进步。企业的发展理念不能僵化，僵化了就一定会被淘汰。证券这个领域是竞争性非常强的领域，创新始终是它面临的最重要的任务。要认真处理好创新和规范经营二者的关系，二者之间要做好动态平衡，过分强调哪一方面都是会出问题的。过分强调规范经营，企业不会有吸引力，会被淘汰；而过分地注重创新，不注重制度建设，企业迟早也会“爆雷”出问题。所以，如何把控好规范发展和创新之间的动态平衡，是衡量一家公司治理结构和董事长、总裁优劣最重要的指标。我认为，兴业证券在这方面相对来说做得不错。兴业证券在中国资本市场发展过程中经历过一些大风大浪，包括2005年前后的证券公司综合治理，以及2015年股市危机。在资本市场这30年几次大的动荡中，兴业证券能够生存发展下来，应该是比较好地处理了规范经营和创新之间的关系。

至于对证券行业共同的启示：首先，就是处理好规范经营和创新的关系，核心是处理好风险控制和发展之间的平衡关系。其次，要有一个相对稳定的大股东，而且大股东要有长远的战略眼光。兴业证券是一家国有资本控股的上市证券公司，国有资本占比相对稳定，并保持了稳定的控制权，同时也得到了增值保值，社会和企业实现了双赢。最后，兴业证券的管理队伍是相对稳定和稳健的，不完全靠高薪来刺激和吸引人才。如果一家企业完全靠高薪来吸引和留住人才，应该也是走不远的。作为一家金融企业，要采取市场化的薪酬体系，把真正有才华的人吸引到公司，但如果人人都是奔着钱来，对企业而言就会风险很大。所以，我想这三方面可能值得我们去思考。

◎ 采访人：综观国内外不同类型的成功企业，您认为成就一家券商行业的“百年老店”，兴业证券需要从哪些方面来积累自身的实力？

吴晓求：首先，要合规、规范，这是作为一家券商走下去的前提。其次，企业要了解整个资本市场和证券行业的发展趋势，构建与时代背景相适应的制度规范、激励机制来吸引人才，这也是非常重要的。最后，要向国内和国际的同行学习，要有国际视野。因为未来中国的资本市场是开放的，要建设新的国际金融中心，要有与之相匹配的投资银行、证券公司，有一大批高质量的金融服务提供商，提供非常高质量的金融服务。规范、创新、人才、国际视野，我认为这几点是非常重要的。

此外，任何行业的发展都要把握规律、适应历史趋势，一切违背历史趋势的东西都会被淘汰。作为企业也要顺应时代的趋势，做时代前行的推动者。毕竟，能引领这个时代的企业和个人是很稀少的。所以，看清未来的发展趋势并顺应历史，才能够深层地发展下去。

兴业证券是一家不断成长进步、规范经营的证券公司。虽然它的市场占有率、规模，社会声誉在中国资本市场不是龙头地位，但公司管理团队的决心、对未来中国资本市场前途的判断，都充分说明兴业证券不是一家头脑发热的企业，也不是故步自封的企业，更不是躺在政府怀抱里的企业。它深知市场是自身立于不败之地的根本立足点，同时它能够适应未来变化，把握各种风险，而且总体上做到了规范经营，同时又不乏创新。

◎ 采访人：在国内券商业竞争愈发激烈、头部效应愈发显著的趋势下，您如何看待兴业证券的“集团化”发展战略？多年来，银行和券商在发展过程中，外部的制度环境可能不在一个起跑线上，如何释放券商发展的动力？对此您有哪些建议？

吴晓求：证券公司作为金融服务的提供商，它和商业银行的功能是完全不同的，虽然它也做一些经纪类中介业务，但在金融科技发展后，很难说哪家券商有特别的优势。所以从经纪类业务的角度来看，每家券商的线上交易服务基本上没太大差别，而提供财富管理服务能力的差别会变得非常重要。随着人民收入水平的提高，消费之余留存的财富不断积累，居民财富保值增值的需求快速增大，未来整个金融服务体系会向财富管理不断倾斜。所以对证券公司而言，这一条很重要。当然，商业银行现在也开始注重财富管理。无论是私人银行还是理财，实际上都是财富管理业务。根据《商业银行法》，银行资金不能直接进入股票市场，但是它可以通过其他渠道进入市场，这实际上对证券公司的财富管理业务提出了挑战。

从形式上看，证券公司虽然受到了商业银行不断改革的挤压，而且资金资本的实力、品牌影响力、企业信誉度等方面，商业银行应该说都比证券公司有优势。但商业银行也有自身的弱项，如对来自资本市场的风险理解不够、基于财富管理的人才储备不足，而兴业证券在这方面有自身的优势和积累。如何提升证券公司在财富管理以及资产证券化，包括股票债券发行等方面的服务和功能，兴业证券要更坚持走专业化的道路。所以，如何引进人才、提升财富管理的功能，是考量一家证券公司是否有未来竞争力的重点，我们应该着力在这两方面积极努力。

◎ 采访人：大概在7年前，您说自己看待中国资本市场的发展，是从一个乐观派变成了忧虑派。您当时的心路历程，在今天有没有发生一些新的变化？这种变化的依据有哪些？

吴晓求：总体上，我对中国资本市场发展的看法是一种谨慎乐观。在不同的时期，我也的确观察到，社会以及政策对资本市场没有给予充分的支持，没有深刻理解资本市场在中国金融改革和经济发展中的特殊重要性。有一个时期，我说我是从一个乐观派变成了忧虑派，是因为社会环境和理论认识都没有对资本市场作深刻的理解，把它太功利化也太妖魔化了。其实，中国资本市场在原来的环境下，有时很难得到发展。当然，我认为现在我们已经找到了发展资本市场的正确道路，其核心标志就是2019年设立科创板并实行注册制的改革，这是有非常重大意义的。

2019年之前，中国资本市场至少在3个问题上始终是不清楚的。一是在中国为什么要发展资本市场？我认为，在理论上对此没有深刻的认识和理解，没有真正理解资本市场对中国金融结构变革具有的重大作用，也不理解资本市场的建设和发展意味着中国进入现代化的开始。二是对中国如何发展好资本市场认识不清。实际上在过去相当长的时期里，我们没有找到正确的道路和方向。三是我们不清楚中国资本市场发展的未来目标究竟是什么。彼岸在哪里，通向何方？应该说，2019年以科创板设立并试点注册制改革为标志，中国资本市场发展在这3个问题上，都开始有了正确的认识和深刻的理解，开始认识到资本市场要支持中国高新技术企业的发展，要推动中国经济结构的转型，要完成中国经济高质量发展，走创新引领发展的模式。

尤其是在当前国际环境下，资本市场如何推动中国高科技企业的发展，这是国家的战略。资本市场的发展一定要服务国家战略，而且资本市场本就要着眼于未来，服务高科技企业和高新技术企业的发展。特别是上交所设立科创板以及深交所设立创业板，都先后实行了注册制的改革，这就意味着我们必须走市场化的发行上市道路，必须用市场化的方式解决让哪些企业成为中国上市公司未来的主体、哪些企业有成长性、哪些企业可以为投资者带来财富增长，以及这些企业是如何定价的等问题。实际上，注册制已经朝着这个方向迈出了实质性的步伐。

中国资本市场的彼岸在哪里？我们知道，中国资本市场未来的目标就是要成立国际金融中心，这是中国金融梦想重要的核心。中国资本市场不是一个关起门来的交易市场，它未来一定是全球人民币计价市场重要的配置中心。所以我想从2019年开始，在综合制度上这3个问题开始找正确的答案。有理由相信，我们将会由此进入一个新的发展阶段。在这样的历史和时代大背景下，兴业证券要成为一家伟大的企业，必须要有国际视野、要善于在大海中游泳，并把握好各种风险、尊重市场规律。对过去的兴证人来说，他们已经完成了历史使命；对于今天的兴证人来说，要继承好发扬好兴业证券的优良传统；而对兴证年轻的一代，你们要让兴业证券走得更远。

‖ 吴晓求：

中国人民大学金融学一级教授，国务院学位委员会应用经济学科评议组召集人，曾任中国人民大学副校长，现任中国人民大学学术委员会副主席、中国资本市场研究院院长，全国金融专业学位研究生教育指导委员会第一副主任委员，中国证券理论研究、证券教学和教材体系的重要开拓者，曾担任兴业证券独立董事和外部董事。

张训苏：兴证的那段时光让我依依不舍，念念不忘

采访人/李冰

编者按：

“我把一辈子当中最黄金的时光留给了兴业证券！”兴业证券原副总裁兼首席风险官张训苏在接受采访时如是说。

兴业证券栉风沐雨30年，在本次采访中，张训苏带领我们回顾了兴业证券历史上最艰难的一场“战役”。尽管时隔多年，但彼时临危受命时的担忧、夜夜无眠时的焦虑、举目无望时的不甘、重树信心时的激情、守得云开时的欣慰……都依然鲜活可感，恍如昨日。

虽然现在已经离开兴业证券，但张训苏依然对兴业证券保有深厚的情感，称在兴业证券的岁月一生难忘。

张训苏说：“这几年真的梦到过好几次，梦到兰总又给我布置任务，好像大家又在讨论兴业证券要怎么发展，有什么事情要一起推动，要一路走下去！”

| 临危受命“书生”挑担：作最坏的打算，尽最大的努力

◎ 采访人：非常荣幸和您一起回顾兴业证券30年。请问您在兴业证券的哪一段时光最难忘?

张训苏：最难忘的大概是2001年到2003年那场席卷全行业的“资管风暴”。那时候，我作为研究出身的半个学者，突然要刀枪实干地进入水深火热的资产管理的风险处置，压力巨大。当时的风险大到可以毁灭整个证券行业，甚至后来导致了大概三分之一的券商被兼并，三分之一通过大股东注资才活下来，将近一半的券商面临极大的生存风险。

当时兴业证券资管业务规模大概20亿元，净资产只有10亿元，而潜在亏损加上利息

8亿多元，公司流动性压力巨大。同行危机的影响、客户兑付的危机等都在使问题逐步积聚，压力不断传导。

◎ 采访人：突然要接手这么大的挑战，当时您真实的心情是怎样的?

张训苏：因为我觉得我是个书生，没有在战场上带过兵、打过仗，只是在搞研究，真实的心理状态是不太想接，因为心里不踏实、没信心。但当时兰荣董事长一定是深思熟虑后作出的决定，所以我也表态，我会尽心竭力、想尽办法，带领团队在公司上上下下的支持下，来解决这个问题。

◎ 采访人：就您个人而言，有没有做过最坏的打算?

张训苏：想过，这是必然要想的问题。最坏的打算就是辞职下岗呗（笑），对个人来说最多就是这样。但后来想，我们作为一个员工也罢，或者作为一个中层管理者，既然安排了，那就冷静面对，理性处理，尽最大的努力。

| 壮士断腕　重整旗鼓：充满着斗志，往前走

◎ 采访人：一开始风险暴露，公司的氛围是怎样的?

张训苏：我的感觉应该是比较悲观，部分人是相当悲观。当时有好几家大的机构来谈增资扩股或者收购我们，这也显示出当时公司生存发展都遇到了困难和瓶颈。这个时候要谋求突变，可能就得引入资本。那种感觉不是绝望，是不开心、不甘心吧。

◎ 采访人：这种低落的气氛是如何打破的，公司是如何重拾信心，达成共识的?

张训苏：记得是在2002年初秋，公司召开了一次很重要的工作会议，地点选择在一个预备役的高炮师里。当时正是化解风险的初期，风雨欲来，所以在开会过程中，大家可能都有一些不安。

当天晚上，大家相互安慰和鼓励，表现出摆脱危机的愿望，也是想给我力量。人是感情动物，在一起相互鼓励的时候，氛围会传导，会形成一种士气。正是那天晚上，大家达成了共识，充满了希望，虽然困难重重，但还是一定要往前走。

◎ **采访人：在此之后，公司如何一步步化解风险？动用了哪些非常手段？**

张训苏：当时提出，一是稳定存量的风险，特别是负债式资产管理规模必须要缩减下来；二是解决流动性风险；三是确保解决过程中不发生新的重大风险。

在解决流动性问题时，我记得全公司上下都在想办法，可以说是壮士断腕，如卖房子，处置其他流动性资产的变现，包括营业部利用一些短期的、低风险的流动资金，通过理财的方式来间接地解决资金问题。当时生存是第一要务，流动性是第一要务。该还的还掉，该清的清掉，该接收的合同尽快接收，通过“大手术”的方式把这个“毒瘤”解决。彻底摆脱那种高风险的不符合业务本质的业务模式。

丨弹精竭虑　不断反思：在不断摸索和积累中成长

◎ **采访人：解决问题的难度可想而知，您当时工作压力大到什么程度？**

张训苏：基本上是彻夜睡不着觉，需要靠安眠药来维持。你会面临资金、客户、市场各方面的折磨和煎熬。当时大家虽然都很支持，但毕竟物质方面或者是其他方面还面临很多的困难。

那几年在公司就没正儿八经休过一次假，或者说根本就没有这个想法。人如果持续地处于这种高强度的压力下，不免会有各种各样的想法和波动。不过还好，虽然我人很瘦，但心脏还是比较强大的。现在回过头来看，过去就过去了，既是一个很好的经历，也是一笔难能可贵的财富。从中我也学到了很多面对困难的心态，或者说是思维方式。

◎ **采访人：回首这次风险处置，处置的结果您满意吗？从这次风险处置中，兴业证券收获了什么？**

张训苏：尽管遇到各种各样的困难，我个人觉得大家最后还是把这个事情妥善处理了。结果是没有一件法律纠纷，没有一个差错，没有一个大的处理上的失误。从定战略，到执行的过程，到执行的结果，再到执行过程当中的每一个参与团队，都全力以赴。总体上，我觉得可以说是比较完美地解决了冲突。

从这个事情对兴业证券来说就像解放战争中的辽沈战役或至少是塔山阻击战，我觉得公司确实学到了很多，不仅收获了摆脱重大生存危机、获得持续发展的能力与机会，而且更清晰地认识到证券业务的本质与风险管理的重要性，包括对公司的定位、业务模式、风险意识、风险机制，对人、财、物的合理配置，公司的风险和合规文化，等等，都是在不断摸索、不断实践中一步步积累的。

◎ 采访人：这次危机的化解也促使兴业证券走上了之后的转型之路，您觉得公司转型要解决的根本问题是什么？

张训苏：我觉得公司第一次转型解决的是基本问题，更多考虑的是“我们是什么，我们做什么，我们该怎么做”。兴业证券作为证券公司要明确业务定位、业务模式和业务本质，另外还有一些业务的合规性问题。

第二次转型更侧重专业化，怎么做才能更有效？更能体现出证券公司作为金融服务机构的能力和专业？那就是通过研究，通过技术，通过各方面来提升自己的手段和方法，提升自己的能力，尤其是专业能力。对研究的重视、对业务支持的重视、对业务推动的模式，不是靠经验和感觉，而是要有专业的分析。

筚路蓝缕　同梦同兴：稳健而坚定地向优质、专业、一流的目标走下去

◎ 采访人：您在兴业证券工作十几年，对您来说兴业证券文化里最重要的特质是什么？

张训苏：我觉得“稳健经营”是非常刻骨铭心的。考虑很多事情的时候，不急于求成，尽能考虑长远，同时要把风险防范放在一个非常重要的位置。“稳健经营、长远发展”的理念，是公司平稳发展的基石，也是公司的文化和价值观。

另外一点，就是人格魅力，不管是老董事长兰荣或是现任董事长杨华辉，本质上都是正直、善良、有责任心的人，既有严格要求，又能宽容对待员工。所以很多从兴业证券离开的人后来又回到兴业证券来，很多从兴业证券出去的又和兴业证券合作，包括我自己，兴业证券也给我很大的支持。

◎ 采访人：我们感受到您对兴业证券的感情特别深，怎么来形容您在兴业证券的这段时光？时隔多年，午夜梦回的时候，会否想起当年的那段往事？

张训苏：可以说我把一辈子当中最黄金的时光留给了这个市场，也留给了兴业证券，当然我也收获很多。我应该感谢这个时代，感谢兴业证券和它的团队，能够相处那

么十几年，还是非常愉快和值得留念的。

倒真的做过好几次梦，梦到兰总又给我布置任务，要给我安排工作，这个工作要怎么做，要怎么推动，好像大家又在讨论兴业证券要怎么发展，有什么事情要一起往下推，往下走。梦醒了，发现我已经不是兴业证券的员工了，我怎么还在想着这件事？可能潜意识当中还有这样一种情怀，依依不舍，念念不忘。

◎ 采访人：从公司过去的老领导到现在的战略合作伙伴，您如何评价今天的兴业证券？

张训苏：在合作过程中感受到，兴业证券基本的理念和文化还在延续，但是目标和要求更高了，市场环境、监管环境、竞争格局也在变。一些好的文化在不断发扬光大，新的东西也在源源不断注入，所以总体感觉大家正围绕这个战略目标在积极推进。我经常会看到兴业证券的伙伴夜里11点、12点还在发有关工作的朋友圈，这说明大家都在忘我地、不分时间地点地工作，在推进业务，推进客户服务，推进公司战略能力的提升，这是一个非常好的难得的状态。

◎ 采访人：如果要送句话给兴证人，作为曾经的荣誉员工，您会对他们说什么？

张训苏：我想对兴证人说，我期待，我也相信，更希望兴业证券能向着建设一流证券金融集团的战略目标，稳健地、坚定地走下去，向优质的、专业的、一流的目标走下去。

杨东：
实践价值投资的人，越到后面会越真实

采访人/王玉玲　罗叶红　李冰

编者按：

杨东一贯低调，很少接受采访，恰逢老东家兴业证券成立30周年，他才肯破了这个例。

当真的坐下来接受采访时，杨东却是有问必答，知无不言，在他看来，真正的价值投资者必然是诚实的，也是真实的。“投资是一个不断提升认知的过程，能培养一些很好的品质，需要诚实、需要勇气、需要平常心，对自己、对世界都要有一个客观的认识。”

对于笔者来说，这次采访也是一次宝贵的体验。正如杨东笑言：“时间已经过去很久了，当年的许多事情，如今的投资者或许已经不太了解了，我可以帮助大家回忆一下。”作为1992年大学毕业就加盟兴业证券的老“兴证人”、中国第一代“红马甲”、2003年筹办兴证全球基金、2017年创办宁泉资产的行业传奇人物，杨东回忆起当年亲历的那些故事，数字和时间仍然记得清清楚楚，宛如昨日。

采访中，杨东是一位很“特别”的受访者，他在回答问题时从不迎合，也不肯有半句空话，真实到有些可爱。媒体喜欢称他为6000点苦劝基民赎回的“业界良心”，他不以为然，他说那只是因为不想被客户骂，尽到管理人应尽的责任罢了；投资界有人说他是特立独行的投资天才，他却将半生成就归功于时代的大机遇。

他说“赚钱没有那么重要”时，一点也不显得矫情，多年来，他一直在做自己喜欢的事、擅长的事、觉得正确的事，始终知行合一。他说做投资越久，就越喜欢简单。大道至简，人生亦简。或许杨东的简单真实所流露出的豁达自在，也同样是兴证人30年务实进取的底色。

毕业后加入兴业证券，成为中国第一代“红马甲”

“我大学时就对股票很有兴趣，认为中国的资本市场会有很大的发展，所以我一毕业就主动选择兴业，从事证券业务。”

◎ 采访人：您1992年从复旦大学毕业后就加入了福建兴业银行，当时为什么会这么选择?

杨东：当年我的求职方向是非常明确的，就是想从事证券业务，也是主动要求来上海工作。大学的时候我接触了股票知识，对股票很有兴趣，也读了一些相关的行业著作，认为国内资本市场肯定会有较大的发展。当时看《上海证券报》了解到福建省内只有福建兴业银行证券部和闽发证券2家刚申请成为上海证券交易所的会员单位。兴业银行当时也是非常热门的求职单位，值得庆幸的是，当时没多少人了解股票，兴业银行证券部也刚成立没多久，我先接触过一些股票知识，又在上海念书，稍有些先发优势，顺利地被录用了。

◎ 采访人：您报到没多久就接到参加交易员资格培训的任务，被派往上海成了一名“红马甲”?

杨东：对。1992年，公司成为上交所首批异地会员之一，开始派人参加交易员资格培训。当时我刚到福州报到两周，就又返回上海到海虹宾馆参加上交所的交易员资格培训，应该是第七期“红马甲”培训班。一开始公司在上海还没有营业部，但是我们在场内有2个交易席位，我至今记得那2个席位号：149和649。培训结束后，上海把文化广场临时用来给还没开设营业部的外地券商摆摊子，来服务当时中小股票投资者严重未能满足的股票买卖需求。带着两个上海财大的实习生，把摊子开起来了，当时一切都是因陋就简，给我们配的电话都是坏的，我们还跑到主席台那里找了一部电话来用，大概两三周后，我就去场内做“红马甲”了。

◎ 采访人：您还记得第一次穿上红马甲时的心情吗?

杨东：当时上交所还只有一个交易大厅，后来叫作一厅。“红马甲”只有几十个。中午，我们穿着红马甲出来吃饭时，会有人来围观。一方面，大家觉得这是新兴的职业，很新鲜。另一方面，可能在很多人眼里，我们这些“红马甲”是有内幕消息的吧。

◎ **采访人：穿红马甲在场内具体做什么呢？**

杨东：“红马甲”就是场内交易员，早期所有的交易委托最后都需要场内交易员输入，当时我们虽然还没有营业部，但还是有几个客户的，文化广场那边也会有些委托单子进来。那时候“跑道”很珍贵，有些大客户在别的券商大户室做股票，机会来时委托下单经常出现排队的情况，但是他们可以随时给我们打电话下单，相当于有一条自己的专享“跑道”。客户也常常会在前一天晚上给我打电话下委托，我在第二天开盘前把指令输进去。场内交易有许多时候在等待中度过，但行情一起来，电话就打爆了。有些客户电话下单时话比较多，后面的客户一时打不进来，回头就会严重抱怨，说电话占线导致错过了赚钱机会。

当时100多只股票的股票代码我都记得，几个主要客户的股东账户我也记得。接客户委托下单的工作，我大概做了一年，之后我就开始专心在场内做自营。

◎ **采访人：最繁忙的时候一天要下多少单？出过错吗？**

杨东：有些厉害的“红马甲”一天能下1000多单，我一天大概三四百单吧。刚开始输单时就出过差错，还被同事的玩笑吓得半死啊，他说“你这笔差错，一台电视机（的钱）没了”，当时电视机是比较贵的。

◎ **采访人：在当“红马甲”期间有没有令您印象深刻的事情？**

杨东：1992年有一个香港来的客户，一来就存了500万元，大概是带支票过来的，这在当时算是一笔巨款。这500万元他只委托我下了两笔单，买了两只“大盘”股票，就全投进去了。那一天下午正好遇上市场暴跌，但是这两个单子把价格顶在那，也还是花了1个小时左右才全部成交完。当时是熊市，上交所一天的交易总金额不到一亿元人民币。而且当时每笔交易的买卖席位都会显示出来，就听到我周围的交易员都在说，“砸给他、砸给他”，当时压力很大的，好像站在了大多数人的对立面了。但客户买完后就持有不动了，几个月后，牛市来了，这个客户赚了好多钱，我这才悟到了，人家是真正的高手。

还有一个印象比较深的小故事，1993年福联股份由兴业证券承销上市，挂牌当天，开盘价报18.8元，是我给开的。当时还没有集合竞价，为了开个好价格，就要抢第一单报进去。因为是福建第一家上市公司，那天有福建来的记者进到场内来采访我，问我有什么感想，我年轻时很腼腆的，嘴巴也笨，直接就说没啥（感想）。

| 野蛮生长的投机年代，从实践中学习

“那个年代机会蛮好的，很多新东西你稍微学一学，就可能成为中国最早掌握的那批人之一。”

◎ 采访人：在资本市场的萌芽阶段，您是通过怎样的方式学习投资的？

杨东：当时关于投资的书很少，有几本台湾、香港出的技术分析书，早期还有一些培训班，借鉴教授台湾的技术分析方法。乾隆软件进来后，为推广也做过不少这类培训。当时有几个股评机构或是股评专家每周给大家发股市的行情分析，这些分析是收费的，为了推销这些咨询产品，他们也会先给你推荐股票，你买股票赚钱了再用赚的钱买培训，这大概算早期证券咨询业的雏形了。我们其实主要就是在实践中学习。那时市场变化快、周期短，大家都没啥起点，比拼的是学习能力和学习速度。我从认识的几个股票大户身上也学了一些。

◎ 采访人：1996年，兴业证券与当时业绩突出的港澳证券、金华信托等一同被业内称为“券商四小龙”，您印象中有什么标志性事件？

杨东：1996年我们实现了一个飞跃，通过交易10年期国债96（6）（以下简称696国债），直营投资赚了1亿多元，一下子把规模做起来了。在那之前，兴业证券上海业务部的自营规模在几百万元上下。

那一年中国的高通货膨胀已开始回落，央行降息，利率正往下走。我们判断还会有几次降息。696国债发行时国内的通货膨胀率还很高，所以它的票面利率高达11%以上。分销阶段我们没有拿到一点份额，于是就在696国债上市交易的第一天，从二级市场买进。当时的回购条件比较宽松，通过回购放大杠杆，可以放大10多倍，我们第一天买进就有不少浮盈，第二天继续加码，两天累计买了大约11亿元的696国债。1个月后就抛掉了，就这样赚了1亿多元，当时大家都很兴奋。靠这次打下的基础，后面几年自营业务都比较放得开，也比较顺风顺水，把握住了许多市场机会。

◎ 采访人：您当时是自营业务的负责人，可否回忆一下这个决策过程？

杨东：那个年代业务发展很快，管理上也比较粗犷，还没有建立规范的流程，就算是我“擅作主张”了吧（笑）。但其实并非蛮干，我之前也反复考虑计算过风险，而且

我们之前在国债期货和股票上已经有一定盈利，当时认购新股的收益率也非常可观，这都给了我们底气。决策之前算好底线，最坏的情况就是把当年赚的钱再交回去。回过头来看，证券市场早期10年是野蛮生长的投机年代，机会很多，很多新东西你稍微学一学，就可能成为中国最早掌握的那批人之一。

国内早期的资本市场周期很短，可能“熊”几个月就跌很多了，但是熬几个月，牛市又来了。这样就会有很多周期机会，牛市熊市很清晰、易辨认。现在的市场，周期越来越长，也越来越复杂。到了国外成熟的资本市场，一下子可能“熊”十几年，如果熬这么久，很多人都要离开这个行业了。

◎ 采访人：您印象里，有没有客户因为不理解市场而造成巨大损失的？

杨东：国债期货刚推出的时候，好几个客户还没搞明白规则就爆仓了。当时有个客户，他是真的很可惜，在日本打工好多年，辛苦攒下100多万元入市，在20世纪90年代初有100多万元应该算很不错的了。他就是炒国债期货爆了仓，一直到被打穿，他都不知道为什么会亏这么多，因为保证金被放大了，他甚至不知道怎么算亏损。这是当时国债期货事件的一个缩影。

现在回过头来看，当时推国债期货市场还是过于仓促，国债现货市场还太小，以至于频繁出现“逼空”现象。当时我们对这点比较清楚，在国债期货自营上的原则就是尽量做多不做空，多做日内交易，少留过夜仓。

◎ 采访人：在那样的年代做投资是种怎样的体验，压力大吗？

杨东：压力肯定有，尤其是大幅套牢亏损的时候。我觉得投资生涯的早期经历一些大挫败，其实对事业反而是很有利的。就我个人而言，大多数时候还是比较顺利的，另外人也有点钝。就是1996年可能长期处于亢奋和压力状态，莫名其妙地得了一场肺炎住了两周院。那几年我对于投资是非常投入的，加上市场变化激烈，神经一直比较紧绷，周六周日不开市甚至会觉得无聊，思虑也比较重，或许当时在很多同事眼里，我基本是个“怪人”。

◎ 采访人：您从负责兴业证券的自营业务，到后来掌舵兴证全球基金，培养出了很多投资界的领军人物，这和您选人的机制有什么联系吗？

杨东：选人还是很重要的，我一般都选偏理性的人，爱分析琢磨，能独立思考，思维素质比较强的人。考察新人的投资能力，不仅要看结果，考察过程也非常重要。另外成功率高的结果其实也有“幸存者偏差”，不适合的人有些中途就止步了，大家不知道而已。

| 坚持在长期重要的事情上最终会铸就极强的竞争力

“一开始就把赚钱放在第一位的人，最后往往挣不到什么钱。反而是那些不把赚钱当作主要目标的人，最后物质上都非常富足。”

◎ 采访人：多年来，您带领基金管理公司一直坚持精品策略，不追求规模，为什么？

杨东： 我认为规模不应该是基金公司的首要目标，规模是因变量，投资管理能力才是自变量，才是核心竞争力。我们常常看到一个现象，在市场特别“热”的时候，基金很好卖，但这时恰恰是很容易亏钱的。所以如果真的想做好，其实是没法追求规模的。

我一直坚持的理念是，有所为有所不为。要做能够发挥优势的、比较擅长的事，扬长避短，摒弃同质化、大众化的东西。比如我在兴证全球基金的时候，就明确不做ETF（交易型开放式指数基金）。因为我们当时分析，ETF这种产品有赢家通吃的效应。从海外经验来看，只有跟踪主要指数的ETF产品才可以做大，而每种主要指数又被头部一两家产品占了大半份额。我们当时没法抢在前面，后面再去做就没有意义了。但如果是适合我们的产品，我们就会积极抓住机会去推。就像兴全新视野这类浮动管理费的产品最适合我们的特点，所以政策一试点，我们马上就去申报了。至于大多数其他公司趋之若鹜的产品我们却没什么兴趣。

◎ 采访人：您曾在2017年和2015年两次牛市高点提示风险，苦劝基金持有人赎回，当时的初衷是什么？

杨东： 其实没什么复杂的，我们做基金管理人的，最怕被客户骂，我觉得事先提醒持有人，至少是尽到管理人的责任了。而且那时候的气氛，你根本没必要担心规模会被赎回很多，即使客户这次赎回了，以后还会回来。从长远来说，对公司的发展只会有好处。当然，价值观上我们也认同即便损失掉客户，也比损失客户的金钱要强。

◎ 采访人：您怎么理解赚钱这件事？

杨东：我觉得赚钱没有那么重要吧。现在物质生产力越来越高、社会越来越富裕，社会的很多观念都随之发生变化。

从我这些年的观察来看，一开始就把赚钱放在第一位的人，最后往往挣不到什么大钱。反而是那些没把赚钱当作首要目标的人，最后物质上非常富足。道理大概也简单，如果一个人天天想着挣钱，在选择工作的时候，哪里的报酬高就往哪里跳，他就无法沉下心来做事情，无法在任何一件事情上打下扎实的基础，结果自然不会很好。

同样的道理，对于一家投资管理公司来说，最重要的不是当前管理资产规模，而是建立好的公司文化，建立核心竞争力，扎扎实实打下业绩基础。我认为，坚持在长期重要的事情上努力，最终会铸就极强的竞争力，这比短期的利益和一时的荣誉重要得多。

◎ 采访人：兴证全球基金也是最早引入社会责任投资理念的基金公司，2008年成立全市场第一只社会责任基金。为什么会作这样的选择？

杨东：社会责任投资的理念是从国外引进的，我们当时就觉得社会责任投资在中国会很有意义。实际上，社会责任基金对企业社会责任风险的评估会降低投资风险，整体来说投资回报率也不错。

兴证全球基金一直强调责任文化，也就是我们对公司利益相关方都有责任。对持有人，要交出好的业绩；对员工，能提供好的职业发展机会和薪酬待遇；对股东，能给出好的回报。那么对社会呢？就是通过积极参与公益事业来为社会尽责。当时在兴证全球基金我让财务同事专门统计累计纳税额、累计人力成本支出、累计公益支出等。现在宁泉也做这个统计，这些数据每过一个大整数关，财务同事都会和我汇报，让我的成就感小小地满足一下。公司每一天每一年都在创造价值，甚至我可以说我们公司可以没有什么终极目标，我们的价值其实在于我们存在的过程，在过程中不断地创造和价值生产。

身处这个行业的大多数人是很幸运的，因为身处这个行业，我们的所得可能远远大于贡献，所以理当对社会尽责任，通过公益活动让社会更公平。

| 对自己真实，对世界真实

“我在个人生活和经营管理企业中都追求简单正直。把事情搞得太复杂其实没有必要。如果我们在工作和生活中能做到简单，那么我们的效率会提高很多。”

◎ 采访人：您的偶像是拿破仑？他好像很爱冒险。您在投资中怎么做风险收益的平衡？

杨东：只能说比较欣赏拿破仑这样的伟人的谋略和战争艺术。伟人做的很多决策，在普通人看来是很冒险的事，这很正常，因为普通人不具有伟人的洞察力和高超技能，这就叫“艺高人胆大”吧。投资有时也是这样，有些人觉得你在冒险，实际上你可能已经考虑得很充分了，最好的投资机会往往和绝大多数人的感觉是相悖的。投资一定面临不确定，风险和收益的两面你都要仔细衡量计算，要有概率的思维方式。我们其实就是不断地在风险和收益之间找到最好的平衡点。

◎ 采访人：您从券商转战公募，后来又创立私募，三者有什么异同？您给自己定了什么目标吗？

杨东：我的工作主要就是投资和投资相关的管理，在券商自营时主要就是做业务，公募和私募则涉及管理工作，选人、用人、管人、管财务、管战略，事情会多一些，不过一旦公司上了轨道，又有了能干的人在关键的岗位上，需要忙的事情就比较少了。我做事战略方向还是很明晰的，但是我一般不设很具体的目标。我追求合适的节奏，而节奏受到内部条件和外部市场环境等因素影响。企业的发展很少是线性的，所以用线性的思维去作计划、定目标并不合适。所以我们强调的是战略清晰，节奏合适。至于具体的年度目标等倒是经常没有的。

◎ 采访人：您从兴业证券开始接触投资，这么多年的投资经历给您带来了什么？

杨东：我的投资事业开始于兴业证券，兴业证券成就了我，我也给兴业证券作出了贡献吧。我的许多朋友或是一起共事多年的同事都是在兴业证券期间结交的。现在我自己管理公司，也体会到经营管理的重要，对公司的角色和价值有更多的理解。

我要感谢这个时代带来的大机遇。我很幸运进入了一个我喜欢又适合我的行业，并且赶上了资本市场从无到有、波澜壮阔的好时代。所以我常给年轻人的择业建议是，一看兴趣、二看禀赋。不要去考虑短期的报酬高不高、工作环境是不是高端，要搞清楚哪些才是真正重要的。

◎ 采访人：我们觉得您很真实，真实往往很有感染力，您怎么看？

杨东：做价值投资的人，越到后面应该会越真实吧。因为做价值投资需要清晰地了解自己的“能力圈”，准确了解自己的认知，对自己诚实、对他人诚实，所以时间久了，人也会越来越真实。这个观点不是我的原创，只是我慢慢对此有了深刻的体会。

我在公司一直提倡“简单正直”。很多人把事情搞得太复杂，其实没有必要。如果我们在工作和生活中能做到简单，那么我们的效率会提高很多。很多公司里，大家都很忙，压力很大，但业务却不怎么样，往往都是因为内耗太多，无用功太多了。我做投资越久就越不爱折腾。和正直的人共事、交往，和正直的公司合作，才有可能简单。

◎ 采访人：今年是兴业证券成立30周年，您有哪些话想送给兴业证券？

杨东：祝福兴业证券基业长青。我认为人生的意义其实不在于人生到终点时能否实现某个具体目标，人生的真正意义应该是有个精彩的过程。一家立志于做百年老店的伟大公司其实也是一样，更多的意义不在于最后实现了什么目标，甚至是不是能百年，企业不可能总是越来越好，越来越强大，甚至公司总有消亡的一天，那么是不是在这样的终局面前我们的事业就没有啥意义了呢？肯定不是的。一些伟大的公司已不复存在，但它们对人类社会的贡献永载史册，所以我也认为企业的价值其实也在于过程，在这个过程中你成就了多少年轻人的梦想、你为社会作出了什么贡献。

印青：流淌的岁月交响

采访人/罗叶红

编者按：

2021年6月30日，由国家一级作曲家、原总政歌舞团团长印青作曲，集体作词，著名词作家陈道斌执笔的兴业证券集团司歌《同梦同兴》在兴业证券官方订阅号、官方微信视频号，以及新华社、和讯、今日头条等多家媒体平台正式发布。2021年6月，《同梦同兴》网络曝光量突破300万次。让我们一同听他诉说创作背后的故事。

| 印青

“音乐打动人的不是旋律，而是旋律背后蕴含的精神。”印青老师作为国家一级作曲家，被尊称为“旋律大师”，他具有传奇的音乐人生，创作的歌曲广为流传。他的作品从《走进新时代》《西部放歌》《江山》《天路》《在阳光灿烂下》，到《走向复兴》《强军战歌》，都有深深的时代烙印，也有柔软的人间温情，是流动在岁月间的交响。

印青老师谱写的旋律是恢弘大气的星辰大海，也是灵动优雅的涓涓细流，是明媚清晨的悦动，更是宁静深夜的沉思。在这史诗般恢弘的音乐里，仿佛看见时代的变迁，也看见民族的灵魂。

当我提笔写这篇专访的时候，印青老师刚刚完成集团司歌《同梦同兴》的谱曲创作。心中喜悦，歌曲的旋律在夜空回荡，激扬而深情，优美而朴素。

| 旋律大师心中的交响

印青老师曲风既有浓郁的民族色彩，又符合当代的审美风格。他的音乐作品，或是大气磅礴，荡气回肠，或是深情婉转，柔肠百回；既有金戈铁马的豪迈，又有杏花春雨的柔情，不仅有音乐之美，还可以从旋律中感受到民族气质和时代精神。可以说，印青老师的音乐作品记载了时代前行的精神灵魂。

“写好主旋律绝不容易，因为它代表着社会往前发展的主流，是人们在重大历史时期想要表达的一种集体的情感、情绪，需要我们去发现、去把握，再去准确地表达。我们应该尽可能地让主旋律歌曲可听、可唱、可感、可传。”

印青老师非常注重作品的精神境界，他说精神归属才是最高境界，以情动人其实是歌曲的第一层次，精神归属才是第二层次。歌曲不仅要有感情，还要透出一种精神，主旋律歌曲就要有一种民族精神、时代精神，听起来好听，骨子里还要透着一股劲儿，那才叫真正动人。

印青老师从事音乐创作几十年，谱写了近2000首作品，一直是个奔跑在创作路上的人，创作、排练、录音，各种工作排满了他的行程，每天只休息5个小时。创作的深夜，锁眉凝思，月色下，他行走在旋律的宽广梦境中，用音乐谱写了千军万马的豪迈和中国民族文化自信的深深情感。

“创作是孤独的，而音乐永远不会让你孤独。”

一旁的钢琴静静等待着作曲家，像谜题等待着解答。

丨创作是找寻灵魂的过程

印青老师创作的兴业证券集团司歌《同梦同兴》，包含了时代中金融人的深深情怀。这是一首怎样的歌？创作是寻找精神灵魂的过程。印青老师总是说，音乐是听觉的心灵艺术，不单是旋律的优美，更多的是创作的精准，要让音乐准确表达内涵，要有灵魂。

“音乐旋律是7个音符排列而成的，但也不止于此。一段动人的旋律除了需要作曲技法的运用，更需要作者将自身的情感、思想和对生活的态度融入其中，有时它打动人的不是旋律，而是旋律背后蕴含的精神。”

2020年秋天，第一次见到印青老师，大师的风范间透着军人的硬朗与文人的风骨。当主创团队讲述企业故事后，印青老师感受到了兴业证券的家国情怀与责任担当，当即就决定要写一首能够代表当代金融人的艺术作品。那个瞬间，创作的序曲开启，整个夜空被激情的火光点燃。

《同梦同兴》的创作耗时十个月，印青老师坦言，这在他创作中是并不多见的。在创作过程中，印青老师一直在琢磨到底怎样一首歌才是这个企业的歌曲。

“我当时就被兴证人身上的那股劲感染了。我在他们的言语间，深切感受到对工作的热情和对企业的感情，很真诚，而且很朴素。”

印青老师非常喜欢“同梦同兴”这四个字，家国同梦、时代同兴、你我同行，他说这三层内涵足以表达一家金融企业的家国情怀。其实，那个时候，一首代表兴业证券特质的歌曲就在他的心里萌芽，或者可以说这是一首代表着当代金融人心声的音乐。不仅是个人，也不仅是企业，而是这一代金融人的家国情怀。

“其实我是在捕捉一种真实的感觉，或者说捕捉一种情感、一种精神、一种境界。能够把我们对事业的热爱体现出来，这也是我第一次见到兴证人的感受，这种‘热爱’的感受特别强烈，深深地感染着我，于是我在音乐中把这种感情表现出来。”

司歌创作是一个漫长的过程，接下来的几个月，印青老师开始关注兴业证券的资讯，查阅公司的历史故事和各种访谈，用他的话说，当时像是入魔了一样，只要是和公司相关的，都会引起他极大的兴趣。空闲下来，他就琢磨着旋律和歌词，有时候这种旋律就是在日日夜夜的思考中跃动出来的，这就是艺术家的敬业精神，更是一种冥冥之中深深的缘分。正所谓“念念不忘，必有回响”，创作便是在这念念不忘之间孕育而生。

◎ 采访人：记得在讨论歌词的时候，我们首先思考的是这首歌是唱给谁听？以及听到这首歌的时候是否能产生共鸣感？

印青：对，共鸣感很重要，不同年代的兴证人在音乐里可以看到自己的影子，产生感情的共鸣。写给创业的兴证人、今天奋斗的兴证人，也写给未来的兴证人，有一天当你白发苍苍，哼唱起这首歌的旋律，不禁热泪盈眶，忆起了在奋斗路上的日日夜夜，忆起了青春的故事。

在音乐里，可以感受到过去、现在和未来，既能体现历史，又能体现今天的奋斗精神，还有对美好未来的憧憬。而且在我看来，这个未来，不仅仅是企业，还代表着国家和民族的生生不息，代表未来的美好，甚至是辉煌。

◎ 采访人：您说在写这首歌的时候，搜集了很多兴业证券的资料，说实话，我们听了很感动。在您看来，兴业证券人是一群怎样的人，企业又有什么样的特质？

印青：这是一家很有情怀的企业，我觉得一是热爱、二是敬业、三是团结、四是胸怀，这四个特征特别明显，企业像家一样，大家互相帮助，互相关爱。创作团队讲起公司，就是眉飞色舞，对公司的热爱和情怀，深深地打动我。大家都很敬业，很专业，这是让我感触最深的。

我写过不少企业歌曲，花了最多心力的，就是这首。这首曲子的风格是宽广博大的，不仅可以代表兴证人的胸襟，也可以成为行业的歌曲，一句“金融有温度，温暖千万家”代表了当代金融人的情怀，所以这更是时代的歌曲，要民族复兴、振兴中华，歌曲中蕴含家国情怀，这种精神是博大的，是民族精神的根。

| 歌词是打磨出来的灵感

歌词的创作是一个雕琢打磨的过程，将璞玉逐步打磨成它该有的样子。集团司歌先是经过了全集团征集，当创作团队拿着47份员工写的歌词，印青老师在字里行间看到了滚烫的灵魂，似乎还有着那灼热的温度。是呀！这是一个怎样的企业？又是怎样一群人？

两个月后，歌词的初稿出来，我们拿着稿子看了许久，觉得词很美，但怎么也找不到企业的影子，就觉得有些空。歌词也是第一时间发给印青老师看，印青老师花了半小时表达了他的意见，同样感觉歌词太空洞，辞藻华丽，但没有灵魂。创作小组连夜开会讨论。

创作团队开始回到最初的问题，我们要创作一支怎样的歌曲？印青老师安静地听完大家的观点，一支烟的功夫，他坚定地说：“初心，我认为我们写这首歌，主要是表达一家企业的初心，在时代发展中不忘初心的信念。”

“还记得，在那榕树下，我们迎着海风出发……”印青老师忽然灵感一动，他觉得应该是这样的风格开启故事。深夜中，大家的眼睛瞬间亮了，是这个感觉。那夜，北京迎来了初冬的第一场雪，跳跃的音符却温暖了整个夜空。

◎ 采访人：第一次听这个歌曲，就感觉很有画面感，海潮、榕树，想向演唱者和受众传递什么意象？

印青：音乐传递的感情是很丰富的，既要传递兴证人的情感，也要传递时代的精神。音乐是要有画面感的，或者说构造一种气质、境界，这种力量要在音乐中迸发出来。恰好，这些意境非常能代表兴业证券从福建走向全国、迈向国际的历程，如同故事淡淡说起，非常亲切。

◎ 采访人：在您的创作过程中，这个意象，是您一开始就设定的，还是逐步清晰的？

印青：是逐步清晰的。创作的过程确实很漫长，与创作团队沟通中，我体会到兴证人的情感，他们的思想、他们的奋斗、他们的奉献以及兴业证券30年来成长的过程。那时候还没有歌词，但我已经朦朦胧胧地感觉到这应该是什么样的音乐了。

◎ 采访人：您如何看企业歌曲？司歌最终目的是体现兴证精神和企业文化，如何做到歌曲旋律的感性与表达主旨简洁的平衡？

印青：单纯从情感来讲，音乐是有共性的，它是共通的，无论什么行业的人，都有孩子、爱人、朋友、战友、兄弟，情感是共通的，不同之处在于所做的工作的性质不同，所以产生的情感可能又不一样，有的是意义深刻，有的是细腻情感，有的是激情燃烧，每个行业都有每个行业不同的特点。我觉得兴业证券集团司歌是这种共性情怀的代表，讲的是一种热爱的情怀，对企业的奉献，对社会的奉献。这种情感和普世性的价值是一致的，又有独特性。

◎ 采访人：能否和我们说说司歌打磨的过程？

印青：在这首歌的创作过程中我确实想了很多，其实从歌词创作一开始，我就参与进来了。总体感觉节奏明快、昂扬向上，有进行曲的奋发感，同时也要抒情，抒情是怎么个抒情法？应该是流畅、优美，又带着欢快感、自信感，带着我们对未来追求的共同信念。所以曲式分A段主歌、B段副歌两部分，主歌“还记得在那榕树下，我们迎着海风出发”，流畅而优美，又有点淡淡的感怀，是回忆当初创业，我们记得从榕树下出发，历经风雨才走到今天，所以音乐以抒情为主。但是到副歌“我们同梦同兴，谱写百年的风华”，音乐的节奏感应该鲜明起来，情绪逐渐迸发向上，你会感到励志、阳光、斗志昂扬。这就是兴业证券的故事，我用音乐把它凝练出来而已。

旋律是歌曲的灵魂

到底怎样的旋律可以代表这个在资本市场30年大浪淘沙中生存并发展起来的金融企业的灵魂？

在印青老师几年前的专访里看到一句话，“作品是用心血熬出来的”。回味创作过程，心生敬畏。印青老师爱用北京人常说的“讲究”，但在我们看来，他对于音乐创作才是真正讲究，从旋律、节奏、曲风、歌词等细节，极其用心，非常严谨，而且我们感受到了在音乐中流动的真实情感。

◎ 采访人：对于歌曲曲风定位，您当时是如何思考的？

印青：对于歌曲的曲风，我的第一感觉这首歌曲音乐的风格应该是民族的，并带一点流行感，有青春气息，这个流行不是指一般的流行音乐，否则很容易雷同，更不能像日韩或者欧美流行风格的音乐。兴业证券是在中国资本市场背景下，成立于中国改革开放初期的一家有底蕴又有活力的企业，从创业之初至今，也印证了中国资本市场30年的岁月痕迹，这是中国人血液里流淌的东西，而且随着时代的发展，这种血液里的情感愈加深厚。有一句话叫“民族的才是世界的”，在音乐中一定要表达出民族的风骨。当然，这个民族风格又不能是太浓重的民歌风，还要有时代感，给人积极向上的朝气和动感。

歌曲的第一段，也就是A段，要有优美的画面感，你可以感受到创业初期，拓荒者走过的足迹；第二段，B段，描画了未来蓝图的征程，副歌部分节奏律动是激扬向上的；在歌曲中，你似乎能听见一家有历史文化底蕴且朝气蓬勃的金融企业前进的步伐。

◎ 采访人：的确，歌曲旋律一出来，就是带给我们这样的感觉。在创作过程中，有没有产生过另外一种旋律和风格？

印青：很多，起码有五六稿。各种样式、各种调性、各种节奏的都有。我觉得歌曲除了好听，还要表达准确，能够准确地表达兴业证券人内心的情感。我用其他版本，可能大家也会觉得好听，很抒情，很优美，但是表达准确很重要。当歌声一响起，大家会不约而同地回应“这就是兴业证券的心声，这首歌唱的就是我们”，这才是创作的目的。

◎ 采访人：我们感觉这首歌，不仅是优美华丽的，而且是很朴素、很真实的。

印青：这首歌是朴实的。音乐如果过于华丽，就会显得轻浅浮躁，兴业证券可不是这样的，30年都是踏踏实实一步一步地走过来的，流着汗，流着泪，甚至流着血，就是这么风风雨雨、坎坎坷坷地走过来。因此在这个音乐里，应该是有很朴实的韵味，这样才能给人真实的共鸣感。

◎ 采访人：您是怎么做到让这首歌简洁而优美的？

印青：这里面涉及技术问题，也是我创作的理念。首先必须朗朗上口，好听易记，我们在创作上来说，就是“材料要简单，用音要节省”，不能用特别复杂的变化音。其次旋律要和歌词的韵律非常贴切，“还记得在那榕树下，我们迎着海风出发”，你听它是不是像朗诵出来的？所以音乐的逻辑和语言的逻辑始终是一致的；到最后副歌部分，“我们同梦同兴”“向未来出发”，音乐的旋律和节奏与歌词丝丝入扣、高度吻合。音韵不复杂，就会过“耳”不忘。再有就是旋律的个性要鲜明，这首歌曲第一句的旋律就是从高到低，再从低到高，随后一直上下浮动，旋律线条就像起伏的海浪、阵阵的海风。唱起这首歌，就和在大海边的感觉一样。

在创作的过程中，我的追求就是听第一遍要有印象，第二遍能跟着哼，第三遍都会唱。要让这首歌成为兴业证券集团的符号，让大家有这样的感受：在兴业证券工作了多少年，过了几十年以后，当我们坐在一起，唱这首歌，依然鲜活，感到幸福，能唤起大家心底最真挚的情感。

◎ 采访人：您说创作这首歌，不是一蹴而就的，而是经过酝酿的过程，有没有这样一个时间点，您突然找到了这个旋律？或者说在哪个阶段突然迸发出来的？您能不能回忆当时这个旋律迸发出来的过程？

印青：歌曲旋律是在我们对歌词不断讨论、酝酿、分析的过程中一点点迸发出来的，比如提到同梦同兴、百年风华、金融有温度。刚开始也有很多方案，最后要聚焦，要体现力量感。但这力量感，不是大喊大叫、不是喧嚣，而是发自内心的。在曲式方案基本确定后，旋律一直盘旋在我的脑海里，反复琢磨，有时候会突然出现自认为是精彩的乐句，心想哎呀，这个特别好，意料之外，又在情理之中，赶紧记下来。

另外，歌曲的音域不能太宽，除了最后一个高音G，整首歌最低音和最高音之间的距离控制在九度之内，这样适合大家演唱，调子高了唱也行，调子低了唱也行，歌唱家能唱得好，员工也能唱得好。这其中，必须要在所控的音区里找到平衡，因此有时候也会为那么一两个小音符，折磨几个晚上。音乐创作和写文章一样，一两句就是想不出来，很煎熬。

不要看这首歌很短小，它是高度凝练的。这三分多钟的一首歌，能够把咱们30年的历史情感，人们的奋斗、奉献精神浓缩进来，每个音符都要很考究，既要把歌词表现得很好，又要超越歌词，体现出情感、境界的升华，所以我们说“音乐是歌曲的翅膀”，要飞起来，要把歌词带动起来，飞翔到人的心灵里。

◎ 采访人：在您心目中，兴业证券是一家什么样的企业？您有怎样的祝福？

印青：兴业证券是一家充满希望的公司，也是一家面临挑战的企业。但我坚信兴业证券的前途一定是光明美好的，因为我们有一个非常强悍的集体，这个集体对兴业证券有着深深的信赖和情感，有了这种情感的凝聚力，就会战无不胜。我希望大家喜欢这首歌，并且祝福大家唱着这首歌走向美好的未来。

印青：

国家一级作曲家，中国音乐家协会第七届、第八届副主席兼创作委员会主任，曾任总政歌舞团团长。他的代表作有《走进新时代》《江山》《天路》《在阳光灿烂下》《走向复兴》等。

第二部分

追求卓越　建设一流证券金融集团

杨华辉：感恩敬以往，初心致未来！

采访人/李冰

编者按：

“一张桌子、两部电话、两个工作人员，29年前，就在上海文化广场的一角，兴业证券开启了为投资者提供买卖股票的服务。”

再次回忆起那段露天摆摊的青葱岁月，兴业证券董事长杨华辉感慨：“那是中国资本市场蜕变、成长中的珍贵画面，也是兴业证券一代代创业者艰苦奋斗的时代烙印！”

30年，资本市场奔流激荡。兴业证券从一张六尺柜台出发，始终坚持本源、严守底线，努力做好资本市场的“看门人”、直接融资的“服务商”、社会财富的“管理者”、守正创新的“领头羊”，与中国经济同生共长。如今，兴业证券已然成为证券行业的中坚力量。

感恩敬以往，初心致未来。站在30年的历史节点，杨华辉说：“我们要感谢这个伟大的时代，更要铭记每一位担当奉献的兴证人！”面对未来，他充满期待，“下个30年，兴业证券一定会更好，我们会永远为它骄傲和自豪！”

道阻且长，行则将至

◎ 采访人：您与兴业证券的结缘要从1992年筹建上海证券业务部说起，26岁被派往上海，您对当时业务开展有怎样的憧憬和思考？

杨华辉：当时来上海还真是懵懵懂懂，所以我非常感谢组织和领导的信任，感谢当年兴业银行的老董事长陈芸同志、老行长马潞生同志，以及兴业证券原董事长兰荣同志。是他们的信任，让我有幸成为福建兴业银行上海证券业务部（兴业证券上海管理总部前身）第一任负责人。

30年前，资本市场刚刚诞生，兴业证券是第一批进驻上海的异地券商。到底如何经营，如何管理，我们并没有经验可以参照。根据当时的工作特点，我梳理了三大目标。第一，要确保福建省的投资者能尽快看到上海证券交易所的行情，能买卖上海证券交易所的股票。在信号还需要有线传输的年代，实现异地联通实际是很不容易的，所以当时我们的首要任务是跟上海证券交易所、上海邮电管理局沟通落实，最终让福建的投资者第一次在福州本地看到了上海证券交易所的股票行情并进行股票交易。第二，要建设自身的经营能力，我们在上海找营业场所，招兵买马，成立团队，发展客户。第三，上海作为兴业证券的第一个省外窗口，我们还承担着培养人才、为总部输送交易人才的任务。

◎ 采访人：作为上海业务部首任负责人，您还记得当年是如何开始展业的吗？

杨华辉：当时虽然说是负责人，但实际上很多工作我和员工都是一起做，大家没有官兵之分。最初上海业务部总共不到10人，办公和生活条件都非常艰苦。在没有固定营业场所之前，我们就是一张办公桌、两部电话、两名工作人员，在上海文化广场摆摊设点接待客户，在那里给上海的投资者提供买卖股票的交易服务。

后来，我们在淮海东路41号成立了兴业证券广西南路营业部。当时一楼门面是开展客户服务的营业场所，二层是阁楼改建的办公室。在资本市场何去何从还未可知的年代，是否能在上海滩站稳脚跟，我们其实也没有必胜的信心。所以确实从成本的角度、从未来可进可退的角度，我们选择了地处繁华街市但成本相对低廉的营业和办公场所。

◎ 采访人：凭借艰苦创业的精神，兴业证券很快在上海打开局面并成为异地券商“四小龙”，据说您像一位大家长一样带领着一群有梦想的年轻人，能否给我们讲讲当年的趣事？

杨华辉：当年我自己也是26岁的年轻人，刚刚结婚不久，家人对我离家也很担心。但我带着的团队更年轻，像刘卫群、杨东、陈曦、陈丹新、林晓榕、蔡桢、鄢园园、林晨光等，这些年轻人刚出校门，没有在外工作和生活的经历，他们的父母也很担心。所以当时出于对员工的关心和对安全的考虑，我们实际上是半军事化管理，集中住宿，集中吃饭，上下班集中乘车。那时我晚上九点左右就会去巡视一圈，看看他们有没有回宿舍休息，早上七点叫他们起床、吃饭，饭后一同乘车上班。在这种情况下，同事之间的感情，除工作关系外，大家真的就像一家人。

我记得，那是一个下雪的寒冷冬夜，晚上加班很晚没有公交车了，我们一群年轻人，就一路从淮海东路营业部走回了虹口区的木材大厦，我不知道具体距离有多远，但确实走了好几个小时。

道阻且长，行则将至。正是因为有一代代全体兴证人的艰苦创业，才为兴业证券的今天积累了雄厚的发展基础。

| 改革之路无坦途，改革永远在路上

◎ 采访人：从兴业证券到兴业银行，再到兴业信托，2017年底您再次回家，回到兴业证券，您有怎样的感受，又有怎样的思考？

杨华辉：兴业证券在兰荣董事长这第一代领导班子的带领下，取得了辉煌的业绩，在业内也得到了很高的评价和赞誉。2017年底，当组织将兴业证券这份重任交棒给我，确实我也进行了认真的思索。

首先，是大环境的改变。党的十八大以来，中央强调，资本市场在金融运行中具有牵一发而动全身的作用，从某种意义上说，中国从来没有像今天这样重视资本市场。兴业证券作为国有金融企业，必须义不容辞地承担起服务实体经济的责任。通过近两个月的全面调研和广泛讨论，兴业证券提出了在新时代建设一流证券金融集团的战略目标，而这正是对公司原TOP10战略与时俱进的进一步深化和升级，是新时代背景下，一脉相承的新发展战略。

其次，是头部券商的发展速度进一步加快，行业集中化程度越来越高。如果兴业证券不能加速提升竞争力，我们不仅不可能实现TOP10的目标，还有可能进一步拉大与头部券商的距离。同时，兴业证券在某些业务领域排名还在不断下滑，如经纪业务，如果在这个节点上，我们不抓住机遇加快发展，未来的竞争可能难度更大，所以基于内外两方面，我们提出了转型发展的新要求。

再次，随着中国多层次资本市场的发展，客户的综合化金融服务要求已经不可同日而语。现代金融业不仅要求高度专业化，还要求高度的协同化和综合化，我们是服务企业，所以客户的需求就是我们改革的出发点。

最后，兴业证券要建设百年老店，必须进一步加强集团一体化风险管控能力。当然，我们也很骄傲地说，兴业证券30年来没有换过控股股东、没有更改过名称的公司，这在中国资本市场发展史上是为数不多的，所以稳健经营和强化风险管控一直贯穿于公司的发展历程中。

◎ 采访人：基于以上深入的思考，兴业证券随即开启了集团协同、一体化经营的改革，改革的初期会不会有不理解？通过3年多的改革实践，出现了怎样的变化？

杨华辉：这个过程中，有些人确实是积极拥护的，但也有些人是比较彷徨怀疑的。任何一项新的改革，大家认识有先后，可能改革中确实会无意影响到一些人的利益，包括职位、岗位、薪酬，但改革的目的是做大做强，是为了让员工在这个平台上能够吃到更多的奶酪，分到更大的蛋糕。

通过这3年多的改革转型发展，我认为集团出现了3个明显的变化。

一是集团协同深入人心。从原来的孤军奋战、单打独斗，到彼此协同，促进集团各板块业务发展。以子公司兴证全球基金的产品销售为例，过去母公司的销售保有量不高，但现在可以做到基本以母公司销售为主，子公司可以专注于产品设计和产品管理。所以，这种协同可以说深入人心，而且产生了很好的效果。

二是整个集团的综合竞争力进一步增强。通过集团协同，客户对综合服务的体验感和满意度显著提高。例如，与过去单一做企业IPO不同，我们是调动整个集团资源来服务一个客户，从综合研究服务、股权投资、引进战略投资到股票销售、市值维护，这些都是很难通过投行一个部门做到的。

三是员工的精气神得到很大提升。兴证员工整体是非常敬业、专业且务实的。这3年来，我感觉特别在市场的狼性文化方面，员工的竞争意识得到了空前的提升。最直观的感受是，每天晚上九十点，公司办公楼每层依然灯火通明，楼下停车场基本上也停得满满当当。

◎ 采访人：去年年报和今年半年报，兴业证券交出了亮丽的成绩单，这些成绩背后的动力是什么？在您看来改革是否已经成功了？

杨华辉：作为企业发展，大家看到的是结果，我想最大的动力还是来自责任和使命感。兴业证券取得如今的业绩，是30年来一任一任领导、一茬一茬员工共同努力奋斗的结果。

通过近3年的改革和转型发展可以发现，最重要的是通过制度管事管人，通过制度形成集团群体的合力，最终体现在竞争力的提升，体现在业务发展以及财务上的成效，也得到了股东、员工以及市场的认可。

当然，现在还不能说改革就此成功，因为改革之路无坦途，改革永远在路上。

感恩敬以往，初心致未来

◎ 采访人：正如您所说："改革之路无坦途"，这一路有哪些人或事让您印象特别深刻？

杨华辉：确实有很多人和事让我很感动。我平时出差基本都是红眼航班，但我还是时常在机场能碰到我们的同事背着包，坐在机场的椅子上拿着手提电脑继续加班。所以员工的这种敬业精神，更进一步增强了我们的责任感和使命感，也增强了我们转型发展的信心。

我还想讲一位兴业证券的班子成员——夏锦良，他值得我们全体员工学习，值得我自己学习。他即将退休，但从来没有因此而懈怠工作，而是依然没日没夜、没有节假日地忘我工作。周末只要到办公室，我都能看到他的身影。实际上，他身体已经很不好了，上飞机走舷梯都很艰难，但他经常还是一个人提着行李出差。而且他从不计较个人得失，不管是哪个层级、哪个部门的事，他都能够非常公正及时地处理，他是兴证人的榜样。

所以，就是依靠这样一批批优秀干部，依靠每一位兴证人的不懈奋斗，兴业证券才取得了如今的成绩。

◎ 采访人：未来兴业证券要建设成一流证券金融集团，我想问一下在您心目中有没有时间表？有没有信心？

杨华辉：近期，兴业证券已经完成"十四五"规划的制订工作并正式发布，我们的时间表非常明确。"十四五"是我们进入头部券商行列，以及实现一流证券金融集团战略目标的最佳历史时期，也是唯一的历史机遇期。我们将这5年的时间窗口分成两个阶段：前3年打好基础，让主要核心业务进入行业第一方阵；再用2年时间做好巩固深化，各项业务稳定在行业前列，我们提出了决战决胜"十四五"，实现建成一流证券金融集团的战略目标。

我们当然有信心。首先，资本市场迎来前所未有的发展空间，时代赋予我们不可多得的历史机遇。其次，30年的积淀，兴业证券已具备进一步加快发展，向头部冲刺的内部条件。最后，近年来体制机制的进一步理顺，能够保障我们在"十四五"期间进入行业前列。

◎ 采访人：今年是公司成立30周年，您认为三十而立对兴业证券意味着什么？

杨华辉：站在30年的历史节点，我最想表达三个方面的思考。

第一要感恩，感恩时代，没有这个大时代的机遇，兴业证券不可能有今天的成就。第二要感恩兴业证券历代的创业者，感谢他们的付出，每一位为兴业证券付出过的员工，我们都不应该忘记。第三要通过感恩来时路，展望奋斗下一个30年，描绘出兴业证券未来发展的路径图。

感恩敬以往，初心致未来。我希望，也相信，通过一代代兴证人的努力，早日建设成为一流证券金融集团，将兴业证券30年积累形成的优良传统和文化基因精准而又与时俱进地传承下去，未来30年，兴业证券一定能在中国资本市场再创佳绩。我们永远为兴业证券骄傲，为兴业证券自豪！

刘志辉：初心如磐，笃行致远

采访人/李冰　谢凌伟

编者按：

“我原想收获一缕春风，你却给了我整个春天。”

回望一路走来的改变和收获，兴业证券总裁刘志辉眼中闪烁着真情：“我很感恩兴业，无论对我的人生，对我的方方面面，我真的学习了很多，也收获了很多。”

经年甘辛，十余载攀登。从行业监管转战证券公司经营管理。在此期间，兴业证券走上了跨越式发展之路，从地方性证券公司成为全国性上市券商，从排名中位逐渐向头部迈进。

站在“两个一百年”的历史交汇点，三十而立的兴业证券已踏上新征程。“你们有幸遇见这样的时代，而这个时代也有幸遇见你们。”展望未来，他饱含深情，“年轻人是兴业证券未来的希望和力量，在大家的共同努力下，我们有信心创造更美好的明天！”

| 初心如磐，笃行致远

◎ 采访人：您当年是行业监管者的身份，兴业证券的哪一点吸引您加入？近距离接触后又有哪些新的理解？

刘志辉：当年福建省内有兴业、闽发、华福三家证券公司。兴业证券的专业、稳健及简单的文化，吸引了我。

从监管机构到公司以后，我进一步加深了对兴业证券的理解。我觉得兴业证券是一个大家庭，是一家有理想、有思想、有追求，并且专业、稳健的证券公司。兴业证券两任主要领导人，都是证券行业有思想且睿智的掌舵者、领航者。他们对行业的理解和洞察，让我学到了很多。

第一任董事长兰荣同志，被称为“资本市场的活化石”，从公司创立之初就担任公司的领导者，正是由于他对于证券行业内在规律的深刻把握，使兴业证券多次度过行业危机。在每一次行业出现变革时，正是因为我们能够先于市场提出转型，所以才锻造了兴业证券的核心能力。

2017年底，公司新一届董事会换届成立。杨华辉同志接棒党委书记、董事长，他不仅是兴业证券最早的创业者之一，同时也亲历了银行、信托、证券3个金融领域，是一位具备丰富经验的金融从业者。他将证券行业的变化趋势与企业经营管理实践相结合，在新时代、新阶段，提出了协同、创新和集团一体化经营管理的新发展理念，以及建设一流证券金融集团的战略目标。

◎ **采访人：今年是公司成立30周年，您怎么评价兴证这30年来的发展？**

刘志辉：今年是我加入兴业证券的第13年，以我理解，公司这30年的转型发展主要分为3个阶段：2010年10月之前，属于创业阶段；2010年上市之后，进入快速发展阶段；2017年底，新一届班子成立，公司进入高质量发展阶段。

上市前，公司收入规模在10亿~20亿元体量，2017年底增长到将近100亿元，2020年更是接近200亿元；利润从上市前不到10亿元，到2017年30多亿元，再到现在将近50亿元。对比上市前后，公司收入和利润增长4~5倍；行业竞争力从原来十八位左右，提升到第十一位左右；收入结构从原来单纯地依靠传统通道业务、经纪业务，到现在的财富管理业务、大机构业务、自营业务“三足鼎立”，均衡发展；净资产收益率从不到5%增长到现在的11%，处在行业前十。

经过30年的发展，兴业证券从一个地方性证券公司发展成为全国性上市券商，从一个处在中部地位的证券公司，逐渐向头部迈进。

◎ **采访人：亮丽数据的背后，您觉得公司发展的最大动力源于什么？**

刘志辉：我认为公司能够取得如今的发展，不仅是兴业证券所秉承的工匠精神的体现，更离不开“兴证文化”的力量。

第一是“热爱”。认可兴业证券“简单”的人文，于是发自内心地热爱，像热爱家庭一样地热爱兴业证券。印青老师曾说，在创作《同梦同兴》司歌的过程中，他感受最深的就是兴业证券员工热爱公司，兴业证券这个词是大家共同的信念。

第二是“忠诚”。我记得在曾经的一个活动上，某地产企业合作伙伴看到我们员工工作很干练、很投入，半调侃地说："要不到我们公司来，给你发房子。"但我们员工用一句很响亮，也很简单的话语表达了对兴业证券的感情，他说："生是兴业的人，死是兴业的鬼"。我很感动，这反映出我们用"简单"善待员工，员工以忠诚回馈公司。

第三是"敬业"。同样令我感动的是，兴业证券从上至下都非常敬业，杨华辉董事长每天都要工作到凌晨，经常夜里给我们发微信布置工作，应该说他是兴业证券最大的客户经理，各个部门有事情，他都当仁不让冲在最前面。我想正是因为领导的率先垂范，善待员工，所以员工才发自内心地热爱兴业。

所以我说："兴业是一个大家庭，相亲相爱的大家庭。"

丨锐意改革，砥砺前行

◎ 采访人：您提到兴业证券30年的发展史中经历了三次重要转型，在那个历史节点，为何要提出改革，背景是什么？

刘志辉：兴业证券30年的发展，其实也是资本市场改革发展的缩影。证券行业从原来粗犷式、牌照式的经营，逐渐向专业化能力建设转变。兴业证券是较早提出服务模式转变和服务能力建设的券商之一。

兴业证券提出从坐商到行商的第一次转型，正是处在牌照稀缺、服务稀缺的历史阶段。置身卖方市场，诚然可以坐在家里等着客户上门。但我们敏锐地察觉到行业的变化，所以提出由坐商向行商转变，主动走出去接触客户、营销客户以及服务客户。

随着牌照资源的减少，券商能力建设的提出，谁更有能力，谁就能够更好地服务客户，这是行业发展的趋势。所以公司领先于行业，提出从行商向服务商的第二次转型，这是一种从模式向能力的转变。

当前，证券行业市场化的改革在加速推进，客户综合化需求在加速形成。以前的服务模式类似于生产队，取得一项牌照，就各自开展业务，客户群体割裂，综合需求也没有得到满足。所以在2017年底2018年初，公司创新性地提出了集团一体化改革，这是我们最本质的转变，也是真正从一个单位、一个团体，变成依靠整个集团的协同力量，服务和挖掘客户的综合价值。

◎ 采访人：协同也意味着资源的共享，这次改革初期有遇到困难吗，怎么解决？

刘志辉：困难对于任何一次改革转型都是不可避免的。但我们秉承集团一体化理念，首先要做大蛋糕，把客户服务好，再考虑各部门共享成果，这是理念层面的转变。同时，我们从顶层设计入手，把协同的体制机制纳入考核的关键因素、关键环节，把要不要做转变为必须要做。

从2017年底开始，我们摒弃争议，在考核体制、财务资源配置等方面设计了一系列的配套制度，让协同的观念深入人心，大家才会心往一处想，劲往一处使。

◎ **采访人：协同的力量主要体现在哪里，能否举例说明？**

刘志辉：公司提出集团一体化经营，提出协同，相互补充、相互赋能，并根据客户的需求不断创新，这一点在我们服务客户中体现得尤为突出。

举个例子，福光股份是全国首批25家科创板上市企业之一，同时也是福建省首批唯一科创板上市企业。这家企业之所以能够高效、高质量地登陆资本市场，正是由于兴业证券的集团化服务。在整个过程中，我们的投行、分公司、研究以及销售部门都充分介入，形成集团合力。当时向交易所申报的时间紧且材料量大，我们各个团队都工作到凌晨，后来该企业的董事长也颇有感触地说："如果不是兴业证券作为本土券商，以集团之力来提供服务，福光不可能成为全国首批的科创板上市企业。"这家企业也借助科创板的发展，走上了高速发展之路。

创新引领，绿色发展

◎ **采访人：近年来公司提出建设一流证券金融集团的战略目标，您认为要如何实现这一目标？**

刘志辉：根据证券市场的新变化，公司提出了建设一流证券金融集团的战略目标，包括强大的资本实力、一流竞争能力和盈利能力、一流科学体制机制、一流人才和企业文化、一流风险管理能力和较强的国际竞争力。并顺应客户需求的综合化、行业趋势的变化，公司提出了在科技赋能下以客户为中心的财富管理和大机构业务双轮驱动的业务体系。

要想实现这些目标，第一是创新能力。创新是我们服务客户的能力，也是我们发展的动力。第二是风控能力。平衡好发展和风险控制的关系，满足业务复杂多元化发展趋势，是必然要求。第三是金融科技水平。现在金融和科技日益融合，科技对金融的发展起到驱动引领作用，金融科技水平能否成为行业一流，也是建设一流证券金融集团的重点课题。

◎ 采访人："以客户为中心"的业务体系下，您如何看待和客户的关系？怎么为客户带来更好的体验？

刘志辉：我们和客户是共生共荣的关系。第一，客户是我们的上帝，作为金融机构，如果我们没有把客户服务好，就会失去业务发展的土壤。无论是财富管理客户、机构客户还是实体企业客户，只有通过我们的专业服务，让他们发展壮大，我们才有更广阔的业务土壤。第二，客户也需要专业的、综合的金融服务，所以他们需要战略合作伙伴，来提供贯穿全生命周期、全业务链条以及全方位的金融服务。兴业证券在践行以客户为中心的理念上，真正实现了与客户的业务共赢，特别是在以中小企业为主的投行客户中，很多企业正是通过我们的服务走上了快速发展道路。

就财富管理而言，我们提出了"三好"——好公司、好产品、好时机，坚持走精品化道路，坚持以买方思维选择合作伙伴和产品提供方，这充分体现出以客户为中心，通过专业服务为客户创造价值。事实证明，经过这3年的转型，客户在兴证财富管理的服务下，充分享受到资本市场带给他们的财富效益。

◎ 采访人：近年来兴业证券还将"绿色"作为创新的一大抓手，为什么会有这样的选择？

刘志辉：2018年，兴业证券率先提出要成为绿色金融的倡导者和先行者，要把绿色金融作为兴业证券的核心竞争力和品牌业务，主要有几个原因：

第一，兴业银行通过多年的探索，走出了一条成功的道路，值得我们学习借鉴；第二，习近平主席向全世界庄重承诺"30·60"的碳达峰、碳中和目标，标志着绿色发展是高质量发展中最重要的内涵之一。所以作为金融机构，如果不发展绿色金融，可能就失去了发展的方向。同时，发展绿色金融，也是我们履行社会责任最具体、最生动的体现。

◎ 采访人：绿色领域的开拓起步困难吗？兴业证券取得了哪些突破？

刘志辉：起步确实挺难的。因为在证券行业的绿色证券领域，整个行业还处在探索阶段，一是没有标准，二是没有人才，三是没有具体的支持和激励措施。

所以在公司提出绿色金融后，我们积极探索并先行先试。成立行业首个"绿色证券金融部"作为一级部门，推动探索兴业证券绿色金融的发展；在行业还没有形成清晰标准的情况下，率先建设兴业证券绿色标准体系；同时构建了"绿色融资、绿色投资、绿色研究、环境权益交易"四位一体的综合化绿色业务体系，以及围绕该业务体系的行动方案。

如今，绿色发展已形成共识，兴业证券在绿金领域也形成了自己特色。在绿色研究方面，依托兴证研究院对产业的专业研究，围绕碳达峰、碳中和，推出了关于碳减排的研究报告，也为政府提供了很好的智库服务；在绿色投资方面，我们与中证指数公司联合开发了“中证-兴业证券ESG盈利100指数”，子公司兴证全球基金也以该指数作为标的设立了相关产品，为投资者带来了可观的回报。这也是对“绿水青山就是金山银山”的生动诠释。

丨肩负责任，传承文化

◎ 采访人：兴业证券发轫于福建，怎么看待服务新福建建设的使命？

刘志辉：兴业证券起源于福建，又是省属国有金融控股集团，所以不论从政治责任还是经济发展角度，服务好福建高质量发展，都是兴业证券的核心工作，也是最基础的工作。

所以，兴业证券无论在人员配备、组织架构设计，还是在激励机制，以及领导的分工等方面，在福建都投入了大量的精力和能力。通过多年积累，应该说兴业证券已经成为福建资本市场的主力军、领头羊。如全国首批科创板上市的福光股份、福建首例分拆科创板上市的厦钨新能源、首批新三板精选层龙竹科技等，这些“福建第一”的背后都有兴业证券的身影，也充分反映了兴业证券对福建市场的高度重视。客户能够在头部券商和兴业证券同台竞争时选择我们，这就是最好的评价。

◎ 采访人：在您看来兴业证券最宝贵的文化的特质是什么？

刘志辉：我觉得是“责任”。兴业证券无论企业本身，还是领导班子、核心骨干，再到一线员工，每个人都有责任心，敢担当。一个有责任心的人，就会有思想、有追求，就会爱岗敬业，这也是兴业证券能够发展到今天的动力所在。

兴业证券是一家草根券商，我们没有含着金汤匙出生，头顶也没有太多的光环。所以无论是在服务客户，还是在做风险管理的时候，都需要脚踏实地、认真负责。

◎ 采访人：我们在众多采访中听到频率最高的一个词就是“责任”，您怎么看待一个企业的社会责任？

刘志辉：我认为，对社会责任的理解不仅仅只是捐赠。首先作为一家企业，我们要把自己经营好，这是对社会履行责任；其次，回归服务实体经济的本源，为社会创造更多的财富，为实体经济的高质量发展提供更优质的专业服务，这是最本质的社会责任。在此基础上，用我们的经营成果通过教育、扶贫等社会公益活动来回馈社会。

通过参与社会公益，“责任”文化也在兴业证券不断积淀和传承。我们很多员工深入贫困地区参与扶贫，回来后以更饱满的精神状态投入工作，整个过程不仅是简单地给予，其实也是对我们自身思想的一场洗礼。

◎ 采访人：十多年的辛勤耕耘，您给兴业证券带来了什么？

刘志辉：作为兴业证券的一分子，奉献自己的时间和精力，不能说带来什么，只是尽力做好本职工作。我很感恩，正如诗人汪国真的《感谢》所写，“我原想收获一缕春风，你却给了我整个春天”。来到兴业证券也是如此，在兴证人身上，在各级领导身上，对我的人生，对我的专业，对我的方方面面，我真的学习了很多，也收获了很多。

◎ 采访人：如今三十而立的兴业证券朝气蓬勃，一批批的年轻人成为兴业证券新力量，您想对他们说些什么？

刘志辉：“青年震荡”（youthquake）被选为牛津词典2017年度词语，它代表了年轻人对整个社会，包括对政治、文化和经济所带来的巨大改变，也反映出年轻人是未来的力量。

我想借用演讲视频《后浪》中的一句话，送给兴业证券的年轻人：“你们有幸遇见这样的时代，而这个时代、这家公司，也有幸遇见你们。”一个时代，一家公司，最美好的期待就是年轻人，你们是兴业证券未来的希望和力量。我也希望你们能秉承“开拓进取、担当奉献、协同创新”的兴业证券精神，为建设一流证券金融集团贡献力量。

◎ 采访人：您一直把兴业证券比成一个大家庭，作为一个家庭的一分子，在30周年之际，您想对它说什么？

刘志辉：我想说，兴业证券这一路走来不容易，30年能取得今天的成绩，也不容易。我希望大家能珍惜！同时，我也相信，兴业证券这个大家庭，在大家的共同努力下，我们能够创造更美好的明天！

王仁渠：
听从内心的召唤，与兴证同梦同兴

采访人/周志鑫

编者按：

伴随中国经济的高速腾飞和市场经济的改革大潮，公务人员放弃体制内的安逸稳定生活转而披荆斩棘闯荡商海，已经变得司空见惯。但在年逾半百之际，仍能保持这份豁达的胸襟与执着的勇气，实属难能可贵。

“听从内心的召唤。”谈及“下海”的心路历程，兴业证券党委副书记、纪委书记、监事会主席王仁渠的回答平静朴实而坚定从容。梦想无关岁月年轮，透过这寥寥数语，我们看到了一颗勇于挑战自我的追梦赤子之心。王仁渠用他的坚毅果敢作出了一个常人看似“不合时宜”的决定与选择，将自己的职业生涯之路与兴业证券紧紧联系在一起。3年多的日日夜夜，他用实际行动证明着内心的誓言，矢志不渝。

生活因奋斗而精彩，人生因梦想而伟大。时值“十四五”规划开局之年、中国共产党建党100周年及兴业证券成立30周年之际，王仁渠笃定，在资本市场创新发展的新时代背景下，兴业证券必将实现建设一流证券金融集团的战略目标，而他也将始终与兴业证券一道，同梦同兴、追求卓越。

兴证缘分：听从内心的召唤

◎ **采访人：您长期任职于福建省财政厅，后来为何会选择来到兴业证券？**

王仁渠：提起选择来到兴业证券工作的原因，这的确是个有趣的话题，和我自身的工作经历、性格特点有关。在此之前，我在福建省财政厅已经工作了30多年，积累了丰富的财政工作经验，对于机关单位的工作流程熟稔于心。相比而言，财政和金融较为相近，但从细分领域来看，二者差异很大。我是一个表面看上去喜欢平静安稳的人，但在我的内心深处，始终对生活充满了激情，渴望挑战自我，不断实现超越。我认为，人生不应该只是一种单色调，在恰当的时机挑战新的工作岗位，会让职业生涯变得更加丰满和充实。在得知我要作出这一决定时，身边的领导、同事对我的选择大多持有不同看法，甚至觉得难以理解。我没有过多的解释，只是告诉他们：我要听从内心的召唤。正是怀着对未知挑战的向往，我义无反顾地来到了兴业证券。这里富有挑战和创新氛围的工作节奏，和我内心的追求是比较相符的。

◎ **采访人：在完成从机关单位到国有企业的角色转换后，您在新的岗位上有没有感受到工作上的反差？**

王仁渠：由于单位性质和工作重心的不同，在机关单位和国有企业工作确实会有不一样的感受。机关单位的日常工作，塑造了我稳健的工作风格，培养了大局观意识。国有企业作为中国特色社会主义的重要物质基础和政治基础，负有国有资产保值增值的重要使命，每天需要面对各种各样的工作场景，应对处理复杂多变的新情况、新问题，因此工作中的挑战性和个性化色彩会更加浓厚一些。

◎ **采访人：您刚刚提到工作的挑战性，可否就某一具体事例，谈一谈您是如何应对这些挑战的？**

王仁渠：我在兴业证券的一项重要工作，就是协助集团党委书记分管公司党建工作。对于这项工作，我并不陌生。但是兴业证券作为一家国有金融机构，不能盲目地生搬硬套机关党建的工作经验与做法，应当既要全面贯彻落实党中央及福建省委关于国有金融企业党的建设工作部署要求，也要结合自身经营管理的实际情况，充分发挥党建引领作用，坚持党建与业务深度融合，推动“两张皮”巧变“一盘棋”，实现以党建促业务、以融合促发展的根本目标。求真务实、促进高质量发展，既是我们应对挑战的着力点，也是干事创业的落脚点。

当然，挑战远非只有党建工作，对于其他一些分管事项，我也经历了从陌生到熟悉的过程。在这里，我要感谢兴业证券的广大同事们，正是在他们的专业严谨与团结协助下，许多困难挑战才能迎刃而解。

兴证党建：旗帜鲜明讲政治

◎ 采访人：兴业证券一直以来非常重视党建工作，您觉得兴业证券的党建特点是什么？

王仁渠：坚持党的领导、加强党的建设，是国有企业的光荣传统和独特优势。兴业证券始终高度重视党建工作，尤其是在党委书记、董事长杨华辉同志履新以来，深入学习贯彻习近平总书记关于党的建设重要论述，牢牢把握国有企业的“根”和“魂”，将集团党建工作提到了前所未有的高度，教育引导集团全体党员干部牢固树立抓好党建的主责主业意识。在建党100周年的特殊时点，公司“12345”党建工作法入选了新时代全国金融系统党建百优案例，彰显了集团党的建设良好成效。

兴业证券集团党委始终坚持和加强党的领导，把政治建设摆在首位，固本强基，一是深入学习贯彻习近平新时代中国特色社会主义思想，以实际行动增强“四个意识”，坚定“四个自信”，做到“两个维护”，旗帜鲜明讲政治，不断提高政治判断力、政治领悟力、政治执行力，推进党中央及省委重要决策部署在集团落地生根；不断强化党的领导与公司治理的有机结合，切实发挥集团党委把方向、管大局、保落实的领导作用；严格落实党建工作责任制，推进公司全面从严治党主体责任落地生根；严肃监督执纪，从严治司，营造风清气正、干事创业的良好氛围；坚持党建带群建，充分发挥群团组织桥梁纽带作用；坚持党建与业务深度融合，这一点已经渗透公司经营管理的方方面面。如许多基层组织成立的党员创新小组，通过党小组带头攻坚、党员骨干引领业务研讨群策群力、党员分享研讨成果互利共赢等形式，扎实推动党建与业务同向发力、齐头并进。

◎ 采访人：您刚刚提到了从严治司和公司治理，作为兴证集团纪委书记和监事会主席，请您谈谈是如何在党建引领下开展集团监督执纪工作的？

王仁渠：一方面，协助公司党委理顺公司党委与董事会、经理层、监事会的关系，搭建起“党委领导核心、董事会战略决策、纪委和监事会依法依规独立监督、高级管理层授权经营”的现代公司治理格局；另一方面，协助公司党委建立健全“1+X”监督机制，整合纪检、合规、审计、风控等监督资源，在排查风险、信息共享、联合检查、综合考评等方面协同联动，促进下沉监督、精准监督。

通过坚持以党建为引领，加强顶层治理和监督执纪下沉，督促集团各单位主要负责人落实“一岗双责”，抓好业务、带好队伍，发挥监督职能单位协同优势，做到齐抓共管，统筹推进强监督与强监管、强治理相融合，切实提升监督效能，巩固提升从严治党、从严治司成效，全力维护公司、股东合法权益。

丨兴证协同：集团一体化发展

◎ 采访人：当前，兴业证券集团步入了一个全新的发展阶段，形成了拥有兴业证券特色的协同机制，对此您是如何理解和看待的？

王仁渠：公司新一届领导班子履职以来，从顶层设计着手，主导推动了集团一体化协同机制建设这项重要工作，在最大限度上释放公司的核心竞争力。经过几年时间，兴业证券协同机制不仅成为一项内部制度，而且成为集团上下的一种思想共识和文化自觉，更是走在证券行业改革前列并成为行业同仁争相学习借鉴的标杆。实践也证明，公司近年业绩不断取得新高，集团发展步入快车道，迎来了全新的发展阶段，集团一体化协同机制功不可没。

◎ 采访人：您刚刚提到兴业证券协同机制已经成为集团上下的一种文化自觉，那么这种文化自觉在平衡公司发展与个人价值方面发挥了怎样的作用？

王仁渠：证券行业是一个高度市场化竞争的行业，集聚了大量精英人才，人才流动也十分频繁。兴业证券高度重视人才工作，通过加强顶层设计，正确处理好人才“流”与“留”之间的关系，积极建设一流人才队伍，着力打造公司核心竞争力。文化在这其间所发挥的作用被展现得淋漓尽致。经过30年的发展，兴业证券孕育了底蕴深厚的企业文化，并成为糅合集团协同机制刚性约束与人性管理的“润滑剂”。通过企业文化的润物无声与熏陶感染，大家在兴业证券找到了归属感与价值感，充分认同并自觉践行集团协同机制，将个人的价值追求与公司发展乃至国家利益紧密结合，实现了个人价值与公司效益的最大化，达到了相辅相成的效果。事实上，这也正是兴业证券文化为建设一流证券金融集团战略目标所提供的重要赋能与无形力量。

丨兴证文化：文化建设是一项长期工程

◎ 采访人：兴业证券荣获文化建设实践评估A类最高评级。能否谈谈兴业证券的文化

建设工作？

王仁渠：兴业证券一直高度重视公司文化建设工作，认真贯彻落实证监会《建设证券基金行业文化、防范道德风险工作纲要》和中证协《证券行业文化建设十要素》的指引要求，用文化凝聚力量、引领公司发展。一是将文化建设与党建工作和公司治理深度融合；二是将文化建设与发展战略深度融合；三是将文化建设与行为规范深度融合。通过自上而下、由内而外的统筹推进，兴业证券真正做到了文化理念清晰、制度建设完备、组织保障有力、文化宣导到位、文化建设深入人心，并不断融入专业、协同、稳健、责任等文化底色。当然，文化建设是一项长期工程，今后我们还将继续扎实推进文化建设工作，久久为功。

◎ 采访人：兴业证券文化中的这些特质是如何提炼形成的？

王仁渠：文化形成的背后是实践的沉淀。兴业证券文化中的这些特质，都能在公司日常的经营发展中找到对应，它包含党的领导、公司的治理架构和与时俱进的内部体制机制等，从而成为拥有浓厚兴证特色的文化自觉和文化基因，并不断传承、得到认同。

◎ 采访人：所以文化的背后是一群人，您是如何看待兴业证券的这群人？

王仁渠：实际上我的看法和这些提炼出的特质是一样的。这是一群讲奉献、有担当的精英人才，他们拥有专业能力，富有创新意识。而兴业证券积极将坚持党的领导和实行市场化竞争机制融为一体，这种国有企业体制机制与广大兴证人共融共生、相互促进，并吸引培育了一批又一批的兴证人茁壮成长、堪当大任。

兴证责任：这是家国同梦的情怀

◎ 采访人：自1996年捐赠第一所希望小学，兴业证券开启了长达26年的慈善公益历程。兴业证券为何对履行社会责任如此重视？

王仁渠：第一，兴业证券是一家党领导下的国有金融机构，始终牢记国有企业的社会责任。历任集团领导也非常重视和关心这项工作，统筹开展延续至今，成为一种传承。第二，积极贯彻落实中央及省委、省政府重要的决策部署。党的十九届五中全会明确提出要“发挥第三次分配作用，发展慈善事业，改善收入和财富分配格局”。另外深入落实省委、省政府关于闽宁协作、闽藏对口支援等定点扶贫工作的部署要求。第三，兴业证券一直致力于做一家有温度、有责任的金融机构，正如我们的30周年司歌歌词所写的那样，“金融有温度，温暖千万家”。第四，我们在顶层设计上就提出了高远目标，要建设一流的慈善机构。2009年，在福建省民政部门的大力支持下，兴业证券出资500万元发起设立行业内最早的专业性非公募基金会之一——福建省兴业慈善基金会（后改名为福建省兴业证券慈善基金会），作为兴业证券专业化践行公益慈善活动的平台，并始终规范、独立运作。第五，感谢一批又一批拥有公益情怀的专业人士加入我们的慈善队伍，给予我们的社会责任工作强大支持。目前兴业证券还设立了“兴证公益日”，得到了广大员工的踊跃支持。

2020年，兴业证券集团扶贫案例荣获国务院扶贫办“2019年社会组织扶贫50佳案例”奖。2021年，兴业证券慈善基金会在福建省社会组织等级评估中顺利实现从AAAA级到AAAAA级重大跨越，成为证券公司发起的基金会中首家同时达到AAAAA评级和FTI中基透明指数满分的慈善基金会。荣誉只是一种认可，未来，我们将继续把这份责任传递下去。

◎ 采访人：您在兴业证券还负责分管投资者教育工作，目前证券监管部门对此也非常重视。请您谈一谈兴证投资者教育工作的特色？

王仁渠：兴业证券始终高度重视并扎实开展投资者教育工作，积极践行投资者权益保护的社会责任，开创了以集团化投教为抓手、国民教育为纽带、红色投教基地为亮点的投教工作新局面。

一是投教工作专业尽责，福州总部国家级投教基地近3年连续获得全国证券期货投教基地年度考核“优秀”评级，古田省级投教基地荣获国家级证券期货投资者教育基地称号；二是组织架构成熟完善，自上而下形成了集团化投教管理体系；三是投教内容特点鲜明，打造出“红色投教+国民教育+红色生态”三大特色投教模式，在业内首创红色投教生态圈；四是投教手段丰富多样，积极借助抖音、公众号和媒体平台，如在《福建日报》新福建App上线省内首个投资者教育专栏，通过科技赋能手段，打造投教工作的互动性、智能化、时效性等属性；五是投教对象多元覆盖，积极探索创新投资者教育和国民教育相结合模式，开展少儿财商和投资者教育进百校系列活动，将投教对象覆盖至各个年龄阶段，培育理性投资的理念。投资者教育是功在当代、利惠长远的大事，这份沉甸甸的责任，是激励兴业证券不断前行的动力。

◎ 采访人：感谢您分享了兴业证券责任的诸多故事。您觉得兴证人发自内心的投身社会责任事业，其深层次原因是什么？

王仁渠：我觉得是一种情怀。中国人历来抱有家国情怀，崇尚天下为公、克己奉公，信奉天下兴亡、匹夫有责，强调和衷共济、风雨同舟，倡导守望相助、尊老爱幼。在党领导下的社会主义中国，我们更加认同并弘扬了这种家国情怀的优良传统。

| 兴证30年：爱拼敢赢的闽商精神

◎ 采访人：兴业证券发端于福建、成功于福建，这30年的发展成果有目共睹。您怎么看兴业证券与福建之间的地缘关系？

王仁渠：经过30年的发展，兴业证券正朝着头部券商稳步迈进。取得这样的成功，除了前面提到的坚持和加强党的领导、建立健全内部体制机制外，还和福建这片土壤所孕育的文化基因有着莫大关系。“爱拼敢赢”的闽商精神根植于这片厚土，给予了闽商强大的精神力量，指引着他们拼搏努力、敢为人先。

兴业证券自创业伊始便立足八闽大地，两任董事长有情怀、有目标、有追求，更有战略思考，他们充分继承并发扬了闽商精神，携手兴业证券员工勇立时代潮头，“善观时变、顺势有为”，紧紧把握资本市场改革发展机遇，积极践行金融服务支持实体经济发展的初心使命，一步一个脚印，一步一个台阶，成功从闽地一隅的六尺柜台发展成为如今一家全国性、综合类、创新型证券金融集团。这充分证明福建这片沃土所蕴含的深厚文化基因与金融业的发展非常契合，并影响了一代又一代的奋斗者。

◎ 采访人：今年是兴业证券成立30周年，您对兴业证券的未来发展有怎样的寄语？

王仁渠：长风破浪会有时，直挂云帆济沧海。成功的路上总是布满荆棘，但只要我们统一思想、凝聚共识、强化担当、履职尽责，坚决贯彻落实集团党委的部署要求，定能扛过风吹雨打、克服重重困难，必将如期实现建设一流证券金融集团的战略目标，与中国资本市场同梦同兴，行稳致远迈向兴业证券百年的新征程。

胡平生：因为相信，所以看见

采访人/李冰　姚以镜　钟瑞芳

编者按：

“所谓志同道合，就是你要相信有彼岸的存在，相信公司会到达彼岸，最终就能到达！”

再次回忆起公司曾经历的生死时刻，兴业证券副总裁胡平生感慨：“我当时觉得自己就像嫁给公司了，和公司就像共患难的夫妻，始终坚信我们一定会渡过难关，一定会到达彼岸。”

作为兴业证券1998年引进的第一位博士，在公司他常被大家亲切地称为“胡博”，这也是他最喜欢的称呼。这一叫就被叫了23年。其间，资本市场历经风雨，取得了前所未有的成就，而兴业证券也在变革转型中取得了跨越式发展。他是时代的亲历者，也是兴业证券发展的见证人。

正如他所相信的那般，如今的兴业证券已成为总资产超1800亿元、员工近万人、直接服务客户金融资产逾3万亿元的证券金融集团。

谈及对公司未来的期待，胡平生坚信：“每个人归位尽责，做到敬业、专业、精业，兴业证券的未来一定更美好！”

你是副总，我是总经理，我去了那你怎么办？

◎ 采访人：1998年您博士毕业，据说当时已经拿到另一家券商的offer（录取通知），是什么原因让您最终决定来兴业证券的？

胡平生：确实，当时已经决定接受另一家体量更大的券商offer，但听到兴业证券兰总想见我，我当时想，就算不能共事也可以交个朋友，于是就赴约了。一见面，兰总二话不说，提出可以给我和其他券商一样的待遇，据说因为这次见面兰总把机票都改签了，我当即改变了主意。我夫人很惊讶，觉得明明另一家券商名气更大，也能给同样甚至更好的待遇，我为什么会突然改变主意？其实作为一名普通的求职者，我感受到一家公司的领导人如此平易近人，当时我就被这种真诚、务实、求贤若渴的企业文化所打动。

◎ 采访人：据说兰董当时给您开出了公司最高工资？您还为此主动要求降薪？

胡平生：刚进兴业证券没多久，有次在交党费时，无意间发现我交得最高，不敢相信自己比公司领导的薪酬高，但一看党费标准，我的工资居然三倍于兰总。当时我第一反应是兴业证券对人才的尊重，但也倍感压力，所以第二天我就要求把自己的工资降下来。虽然之前是按市场化薪酬招聘，但我初来乍到，还没给公司作什么贡献，却拿着比董事长还高的薪水，我心里非常过意不去。

选择加入兴业证券，不只是因为高薪酬，更多是被人和文化所吸引。有句话说“士为知己者死”，所以我愿意为兴业证券贡献自己的力量，一起把公司做大做强。

◎ 采访人：听说您后来为了吸引人才也是主动把所在部门“一把手”的位置拱手相让？

胡平生：重视人才是公司的特质，这早已融入公司的血液。我觉得作为领导，首先要能够接受比自己更优秀的人做你的同事，要有广纳贤才的胸怀。

当年，因为业务突出，港澳证券、金华信托、湖北证券和兴业证券4家外地券商被称为“上海四小龙”。当时我任公司研发中心（现经济与金融研究院前身）的副总经理，主持部门工作，看到港澳证券研究力量很强，便想引进人才，我和公司领导报告并得到赞同后，立刻买了飞上海的机票。

其实，当时我不认识张训苏，他那时已经是港澳证券研发中心总经理。他看到我的名片后就问了一个问题：“你是副总，我是总经理，我去了那你怎么办？”我说：“没事，你做总经理，我还是做副总。”就这样，2000年时张训苏成为公司研发中心的总经理，为兴证研究的发展打下了坚实的基础。

◎ 采访人：从您的加入到张训苏博士的加入，您怎么看兴业证券对人才的态度？

胡平生：公司的氛围就是这样，从董事长到员工，务实是兴业证券的特质，大家聚在一起是希望共同把平台做大，平台越大，每个人自然会得到更好的发展。说到底是因为每个人心里都有底气，相信公司重视人才，尊重专业，所以才会引进更多优秀的同事，与志同道合的人为伍，一起帮助公司发展。

| 所谓相信，就是喝粥也能熬过来

◎ 采访人：2001年到2005年，整个证券行业非常艰难，兴业证券也几次面临被并购，最艰难的那几年是怎么度过的？

胡平生： 2001—2005年是国内证券行业发展历程中的至暗时刻，证券公司代客理财承诺保底业务出现大面积亏损，市场低迷，有三分之一的证券公司倒闭。虽然当时我们资产管理的规模不大且风险处置比较早，但也面临着需要通过增资扩股补充资本金的问题。当时，我们曾先后与多家机构接洽，但最终都因价格、时间节点等原因没有谈成。

那个时候，就觉得自己相当于“嫁”给了兴业证券，必须与公司共患难。我记得当时张训苏主要负责资产管理业务的风险处置，压力很大，几乎每周有三四天要吃安眠药入睡，非常不容易。我当时是办公室主任，最困难的时候，公司接待费能省则省，有时候我们开会加班到很晚，兰总会和我们一起去公司附近一家叫“蓝与白”的小餐厅喝粥，那时候大家就是并肩作战，一起这么熬过来的。

◎ 采访人：那您对当时公司走出危机有信心吗？这个过程中有没有动摇过？

胡平生： 当然有信心。证券市场是周期性行业，而兴业证券历来在投研上很有实力，所以一旦机会来临，我们有这个实力走出困境。2006年，资本市场迎来股权分置改革，A股触底反弹，公司经营压力得到缓解，在大股东的支持下，资本金也得到进一步的补充。

另外，福建人本身就有爱拼才会赢的精神，正是在这种拼搏精神的支持下，公司从我入职时的400多人扩大到今天近1万人的规模。有一句话叫“因为相信，所以看见”。所谓志同道合，就是一群相信有彼岸存在的人，共同努力，最终共同到达彼岸。

◎ 采访人：十年磨一剑，2010年兴业证券成功上市是一个里程碑事件，您当时作为公司董秘，还记得拿到批文那一刻的心情吗？

胡平生： 兴业证券是行业第五家IPO上市的券商。上市要求连续3年盈利，这对证券公司来说是一道硬门槛，不过在上市过程中，我们还是比较顺利的。

我记得，当时报证监会机构部材料已是12月底，时间紧迫，如果不准时拿到机构部的函，我们就要再等一个财务报告期。12月30日，机构部终于通知我们去拿审批函，我们立刻告知当时的保荐机构让他们同步把材料送到发行部，当时我也在场，发行部在审核材料时说还差一个机构部的审批函，我说已经在路上了，然后没多久同事就把审批函送来了，当时文件上还有复印机的温度，真的是争分夺秒完成了材料的递交。后来，时任董事会办公室主任郑城美负责现场答辩，他答辩完后出来对着我舒了一口气，我就知道这件事成了。随着2010年的成功上市，公司正式走上快速发展大道。

所有的改革，都要面临利益的重新分配

◎ **采访人：2017年底，兴业证券迎来了新的领导班子，也很快开启了新一轮改革，为什么会作出这次改革？**

胡平生：2017年11月底，新一届董事会换届，杨华辉正式接棒董事长，他也是兴业证券最初组建成立时的几个主要领导人之一。当时兴业证券上海证券业务部就是在他的领导下筹备成立的。按杨董事长的说法，这是他时隔25年再重归兴业证券，相当于回娘家。

杨董事长刚来，连开一个多星期的调研会，在调研的过程中，发现当时分公司业务比较落后，大家共同探讨找原因，基于对未来发展的认识和判断，最终形成了如今的分公司转型战略。此外，公司当时各个业务条线相对独立，互相赋能较少，没有真正做到“1+1>2”，通过调研，自上而下所有人认识到集团协同的必要性，至此开启了集团一体化改革的新阶段。

◎ **采访人：改革遇到了哪些困难？大家最终是怎样统一思想，落实到执行层面的？**

胡平生：所有的改革都需要面对利益的重新调整和分配，否则就不叫改革。蛋糕重新分配后，要让大家觉得这是公平公正的，对公司未来发展是有利的，那首先就是思想意识要统一，让大家真正认可这样的改革理念。

就拿我分管的大投行来说，原先质控部门是大投行下的二级部门，这次改革把质控、内核分别独立出来，成为和投行并列的一级部门。我一开始也觉得这样的改动会降低投行的项目运作效率。但现在回过头来看，这样的改革是很超前的。在注册制下，做项目和审项目的人员一定要分开、独立，这样才会相互制衡，真正做到把风险拦在门外。这是公司从顶层设计上的改革，这样的改革是经得起时间检验的。这两年来公司的改革成效在业内有目共睹的，并且是深入人心的。

| 做到敬业、专业、精业，未来一定更美好

◎ 采访人：兢兢业业十几年，可以说您为兴证投行作出了积极贡献，怎么看待投行的发展？

胡平生：我在公司20多年，分管投行10多年。即使现在，我也经常跟客户讲，我们公司上市的时候，我是董秘，是做买方；后来我分管投行，帮助其他企业上市，是做卖方。所以我能深刻体会双方的心情。

从整个中国资本市场发展来看，投行经历过额度制、通道制、保荐制，再到现在的注册制，在不同阶段兴证投行总体来说做得都不错。早期额度制阶段，公司还属于兴业银行证券部，当时福建有5家企业上市额度，兴业证券拿到其中3家的承销资格，至此奠定了兴证投行在福建的地位；通道制时期，一般券商有2~8个通道不等，兴业证券当时是6个通道，但做到了年内100%的周转，排名最高达到行业第六；保荐制时期，我们在合规前提下通过创新获得市场认可；注册制改革阶段，我们在科创板、创业板、新三板精选层同步发力，2021年1—5月，我们的IPO融资金额和融资家数都进入了行业前十。

艰苦创业、勤勉敬业和励精图治，这可以形象地形容兴证投行的发展史。

◎ 采访人：您怎么看投行业务未来的发展？

胡平生：首先，在注册制大背景下，投行业务运作模式发生变化，不能固守原来的模式，要自我改变、自我提升。其次，要与时俱进地适应公司现在的管理体制。公司将质控、内核、销售分开成立一级部门，投行在承揽、承做方面专注发挥好作用。每个部门，每个人都能做到归位尽责，做到敬业、专业、精业，兴证投行和兴业证券的未来一定是美好的。

◎ 采访人：近期您个人又迎来了新挑战，面对财富管理有怎样的计划和期许？

胡平生：是的，根据工作调整，我目前分管财富管理条线，这是不同的赛道。让不同的人在不同的岗位熟悉不同模块的业务，有利于提高我们对公司各个业务的理解，提高公司运作和决策水平。

大机构业务和财富管理业务的双轮驱动是目前的公司战略，其实财富管理业务我原来有所涉猎，比如我们第一家分公司——福州分公司是我筹建的，我是福州分公司第一任总经理。公司原资管部即现在的资管子公司，也是2008年在我的分管领导下组建起来的。

对财富管理的未来，我希望能打开大财富价值循环链高质量发展通途，打造更具合力的集团大投行大财富闭环生态圈，推进财富管理加速发展，为建设与一流证券金融集团相适应的最佳财富管理体验券商打下坚实基础。

◎ 采访人：您觉得兴业证券文化里面区别于其他公司最大的亮点是什么？

胡平生：我觉得是家文化。文化不仅仅要从业务和专业的角度来讲，还要有爱。兴业证券一直注重公益事业，这其实也是一种爱的传递。比如像我们公司的司刊做得很好，办刊的出发点就是想让大家有一个充满文化气息的精神家园，体会到家的温暖，这也是一家公司凝聚力的重要来源。

郑城美：一步一脚印回望少年本心，峥嵘三十载兴证再出发

采访人/李冰　黄宽

编者按：

少年初出茅庐，从野蛮生长、沉淀锤炼到跨越新生，兴业证券董事会秘书郑城美的职业经历，恰是兴业证券30年成长道路的缩影，也是中国资本市场30年发展之路的一段剪影。

站在建党百年、资本市场发展30周年的节点远眺，也许令人可喜的，不止是少年已成长为中坚力量，而是登高望远再出发，发觉内心仍保有少年的纯真与热情。国家如是，行业如是，每个参与者皆如是。

星星之火

◎ 采访人：回首当年，初见兴业证券是什么情景？入职之后有什么感受？

郑城美：初见兴业证券时还是大二学生，经过华林路网点，现场是非常原始的状态：没有电子大屏幕，就在写字楼外面摆了几台29寸大彩电，显示着当时的就十几家股票的成交价格，股民们都抬着头看报价、排队递委托单，经纪人手动输入促成买卖。边上还有很多卖刊载各类消息小字报的小贩，其实多数是自印的非正规报刊，现在回想，那场景可能是中国资本市场最最原始状态的剪影。

当时还是刚毕业的大学生，对未来充满了想象、未知与兴奋。但入职后的感受反而是失落，说实在的可做的事真少，做做大户室卫生，发发报纸，客户来了聊聊天，一天天就这样过了。

◎ 采访人：这样的状态对于一个中国人民大学毕业的高才生，有过动摇吗？怎么看当

年的资本市场状态？

郑城美：说没有动摇是假的，主要困惑是学不到东西。当时券商可做的事很单一，凭牌照就能有充足利润：佣金打满到千分之三，是现在难以想象的；甚至当时委托还收费，委托一张一元钱，撤一单15元钱。当行业或者组织，能轻松赚取利润的时候，就不会考虑得更多、更远。

我记得当时一大困惑就是书本里的一句话：证券市场是经济的“晴雨表”。但那几年我国GDP以两位数的速度在增长，而股市1993年到1995年一路走熊，1996年又“哗”一下涨了很多。当时很困惑，到底是书写错了还是现实太复杂。现在回头看，其实恰恰是当时资本市场还不成熟，上市公司没几家，这个体量无法代表中国经济，那也是资本市场野蛮生长的年代。

到2000年前后，证券行业开始举办从业资格考试，当时就考虑反正工作时间较为灵活，那就把考试考好，能拿的资格都拿到，也很认真去准备，一路边做边学。

| 真金火炼

◎ 采访人：2001年前后证券行业遭遇了一次重大考验，也迫使兴业证券走上了改革之路，提出从坐商到行商的转型，您当时有着怎样的亲身经历和体会？

郑城美：当时我正好从办公室调往南平营业部，亲历了公司经纪业务转型全过程。我记得第一仗是销售海富通的产品，我们贡献了可喜的销售量，他们总经理为此还专门到公司给投顾做培训，这个待遇是很难得的。

紧接着就是卖我们自己的兴业基金，当时第一只产品是兴业可转债，整个分支机构全力以赴拼销售。首日的销售冠军落在我们南平营业部。当时销售冠军营业部总经理要手写一段话传到公司OA上分享心得和体会，记得我写得也很简单，如世上无难事云云，结果当时关系好的营业部总经理还打电话来揶揄，说你都不透露秘诀。这证明当时所有营业部都动起来了，由此兴业证券打通了财富管理和基金销售转型的突破口。

◎ 采访人：据说当时你们营业部周末都在外面摆摊，您作为负责人也上街吗？是怀着怎样的心情？

郑城美：上啊，跟他们一起，一起宣传，一起营销，我们还跑渠道。那是2004年三四月，春天的时候。没别的想法，就是我作为领头羊要带领这个团队，大家作为金融从业人员去“扫街”，对他们来说内心也是需要一个转折的，我想我去至少对他们是一种带动。

当时很多发的传单人家不要、不信任，觉得你是非法组织。后来我们也讲究技巧，懂得选点，比如周末，选银行门口，或找工厂合作，我记得当时在水泥厂大礼堂我们先作报告会，报告作完再发传单成功率就高了。办法总比困难多。

◎ 采访人：坐商到行商的转型，对公司来说有怎样的意义？

郑城美：2005年南平营业部的利润到了八九百万元，整个产品的资产规模接近10亿元，在公司排名第一。所以公司2006年、2007年一亿多元的利润，有市场方面的因素，也有那几年我们拼下来的基础。2005年市场处在底部的时候，公司还开展了“春风送金”的营销战役，现在想来还很激动，我们从市场上优选了业绩做得比较好的基金在福州全市范围内销售。我记得卖了十几亿元，到了2007年、2008年的时候，这些基金业绩增加了好几倍，给客户带来了非常好的体验。正是靠着我们走出去，一场场战役拼出来，兴业证券在基金销售上的品牌，在市场上完完全全地树立起来了。经过这场从坐商到行商的转型，公司也从行业资管危机中一步步走出来了。

| 燎原之火

◎ 采访人：公司第二次转型从行商到服务商的一大标志性事件是登陆资本市场，成为第五家上市券商。上市对公司来说有怎样的意义？

郑城美：IPO当时对公司太重要了。2001年行业低迷时期，如果资本金再多一点，公司不会受到太大冲击。如果资本金足够，我们自己熬过来以后就有条件去介入收购或重组一些还在泥潭中的券商。另外，通过上市我们能成为更加规范、更加透明的券商，发展也能更长远。所以当时公司把IPO作为头等大事，相关团队为此通宵达旦都是常事，我正好是两个执行部门的负责人，亲眼见证了大家为顺利发行齐心协力付出的艰苦卓绝的努力。

◎ 采访人：您还记得从模拟答辩到发审会的过程吗，能不能和我们再一起回忆一下当时的情景？

郑城美：说实在的，那天模拟会尽管问题涉及的材料都烂熟于胸，但内心还是有些紧张。因为当时发审会跟现在不一样，问题和范围事先并不知晓。厚厚的好几本上会材料，我刚开始还是坚持边工作边看，到最后两三天我向公司请假，我说到冲刺阶段了千万不能搞砸了，否则我就是兴业证券的罪人了（笑）。

所以当下心理压力很大，甚至压住自己那种感觉。但神奇的是，模拟答辩完，突然间好像轻松下来了。当时心里就是一个念头：关键的是公司整个经营状况已经达到了上市条件，这是基本面硬条件已经决定的。上会和委员沟通其实更多的是释疑。于是模拟答辩后还睡了个好觉，第二天早上起来坦然答辩去了。

我记得穿着西装，打了一条红色领带。上会后看了答辩问题，心就定下来了：都有准备！ 整个过程很顺利，与发审委员的互动能感觉出他们对回答是满意的。结束后我们留下来等结果，兰总没多逗留先走了。宣布结果时，第一家确实没过，当宣告我们通过时，大家情不自禁抱作一团。我第一时间给兰总打了电话，我说我们过了，兰总说好。

我想他走的时候心里已经有把握了。他是比较内敛的人，有很多情绪只放在心里。

◎ 采访人：上市当天的情况您还记得吗？

郑城美：很兴奋，起得很早，交易所去过很多次，但走进大厅是第一次。现场来了很多关心我们的监管、主管部门的朋友，有一个简短的仪式，九点半左右等待开盘那一刻，所有人都抬头看着电子大屏等待开盘。

当晚，我们还做了一个小型上市庆祝仪式，时任上海市副市长屠光绍莅临并致辞。仪式低调简朴，这也是兴业证券一直以来的务实作风，我们把仪式省下来的600万元捐给了当时福建省受洪灾比较严重的几个县市。

◎ 采访人：在进入上市筹备阶段，兴业证券是否已经启动第二次转型，转型的方向是什么？

郑城美：是的。当时中国证券业协会组织了针对日韩券商的考察团，我们部分高管参加。日本去了野村证券和一些小型互联网券商，韩国去了三星证券。回来之后大家就讨论三星的转型方向和我们很契合，他们当时产品销售收入已经超过佣金收入。兰总又去考察了一次，把很多理念带了回来。

首先是更加坚定了财富管理是未来转型的方向。其次是公司需要一个非常明确的目标，指引大家共同努力，于是当时提出TOP10的战略目标。最后是在三星整个转型过程中IT技术的深度运用、与业务的深度融合，以及对研究的重视。

◎ 采访人：这次转型，公司有哪些动真格的举措？

郑城美：第一，公司把筛选引进优秀产品作为重点工作，建立了一整套基于产品和产品销售的流程体系，不仅经纪业务相关部门，甚至研究、风控部门也参与进来。

第二，当时提出对研究所作战略性投入，研究所近年快速发展与此密不可分。我们研究所人才培养模式有别于同行，主张自主培养：从清华、北大、复旦等知名高校招收非金融背景的硕士、博士，自己培养成行业研究、市场研究、策略研究专家。

第三，IT的投入也在持续不断地推进，把IT领域分设了两个部门，一个专心做运营，另一个专门和业务做深度融合创新。这么多年下来，IT领域总投入还在加大。

| 薪火相传

◎ 采访人：2017年兴业证券迎来了新的发展阶段，新一届董事会成立并迅速进入转型发展周期，而这次转型是以集团一体化为主要关键词和抓手。为什么要进行这样的改革？

郑城美：企业发展到一定程度，“部门墙”多少都存在，“破墙”确实是个大课题，但如果机制不解决的话，一体化是很难实现的。

杨董来了之后，通过非常密集的调研，提出集团要一体化发展。因为我们服务的客户，尤其是机构客户越来越专业化、大型化，如果不能有一个整合公司整体方案的服务团队提供一体化综合服务的话，很难做好大客户服务。

我个人理解的集团化，一是业务部门与分支机构合作，整合公司整体的力量为客户提供服务；二是后台运营部门的集中，运营要高效集约又节约成本；三是合规和风控的垂直穿透管理。

要实现集团化，第一要统一思想，强调集团化并不是动谁奶酪，不要一开始就想着怎么分蛋糕，而是想着怎么把蛋糕做大；第二考核要跟进，对每个部门的考核，不仅考核自己的完成情况，还考核为别的业务体系输送了什么资源，提供了什么机会；第三是利益机制的设计，公司为了推动业务转型，作出战略性投入，采取“双计”政策。

通过宣导、考核和“双计”这三点，真正解决了“部门墙”的问题，集团整体协同做起来了，也为分公司的转型奠定了坚实的基础。

◎ 采访人：兴业证券给人的印象是一个很稳健的公司，您作为董秘又是首席合规官，这方面有什么体会？

郑城美：在当前的监管态势下合规越来越重要了，分类监管评级体系下，一个违规事件的风险对公司的影响可能是致命的。

所以我非常认可公司提出的集团合规和风控垂直穿透管理。合规风控不仅只做总部和自己部门的工作，更要对整个集团的合规和风控负责任，要把整个集团的合规风控队伍都垂直管理起来。

此外，我们更多要在事前培训、事中督导、事后问责方面，建立一整套督促体系。合规与业务发展要一体两面相互融合，是个大课题。一方面业务部门在展业时一定要有合规和风控理念，要为整个业务持续稳定长远发展负责，不能只踩油门不踩刹车；另一方面合规部门也要有业务意识，我常说合规不是法官，得是律师，要懂得找既能发展又合规的路径。

◎ 采访人：您有提到过兴业证券的家文化，怎么理解？

郑城美：这么多年在兴业证券很温暖，很愉快。我在兴业证券的整个成长遇到一位又一位导师，我是被他们一步一步带起来的。刚从营业部到研究所工作的时候，不知道怎么写市场分析报告。当时研究所所长胡平生博士，就一字字帮我改，改完还把我叫到身边告诉我为什么这么改。

这种传帮带的精神，真的是薪火相传。所以我在想，我现在在这样的一个岗位上，其实除了把工作做好，也希望能多带年轻人，希望年轻优秀的干部承担更多的责任。兴业证券要成为一家百年企业，靠的是人才的代代相传。

◎ 采访人：在30年的节点上，您看当时22岁的小伙子郑城美，会送给当时那个自己一句什么话？对兴业证券的年轻人您想说什么？

郑城美：你选对了一家公司。兴业证券陪伴我一路成长，我对这样的自己是满意的，这是兴业证券给我的最大礼物。

我想对兴业证券的年轻人说，你们要对未来充满想象和信心，未来是你们的！希望我们做到薪火相传。

夏锦良：
图之于未萌，虑之于未有，
风险管理为企业可持续发展保驾护航！

采访人/李冰

编者按：

“我从事风险管理这些年，给公司留下的是一些风险管理理念，一套风险管理制度，还有一批风险管理人才。同时，兴业证券给予我更多的是机会、信任与支持！”

当被问到“这些年来，您给兴证留下了什么”时，首席风险官夏锦良的回答也如往常般平和、谦逊。

俯首甘为孺子牛。从1998年入司，经历了证券行业从野蛮生长到规范化经营，从快速扩张到精细化管理，20多年的职业生涯中，他参与主导了公司大大小小的风险事件处置。当再次回忆起曾经的那些危机时刻，一向“胸有惊雷而面如平湖”的夏总，几次动容：“压力一定有，但回避是解决不了问题的。你只有正视它，敢于担当，善于思考，才能把它处置好。”

兴证的30年，也是业务发展和风险控制不断博弈的30年。图之于未萌，虑之于未有，夏总常说，“业务与风险是孪生兄弟”，业务是基础，合规是前提，风控是关键。风险管理控制的不是业务，而是在支持业务发展的同时，管控隐含在业务中的潜在风险，为企业长期稳定发展保驾护航！

“我最大的愿望是兴业证券能够在2025年前，进入证券行业头部券商行列，并实现可持续地、稳定地发展！”

30年，矢志不渝！这是夏总的愿望，也是每个兴证人不懈努力的方向！

| 一场没有硝烟的战斗，从“精准拆弹”到“排除危险”

◎ 采访人：您还记得您主导处置的第一次公司重大风险事件吗？当时公司遇到了怎样的困难？

夏锦良：2004年，整个证券行业还处在野蛮生长阶段，我记得当时公司发生过一起债券质押式回购风险事件。由于某机构客户通过债券质押回购放大操作，当时债券市场连续下跌，发生了大概1.76亿元的穿仓。当年公司资本规模小，出现那样的风险对公司冲击很大。

◎ 采访人：得知这一消息时，您当时内心有怎样的反应？

夏锦良：当时我觉得就像一颗定时炸弹，突然出现在你身边，必须慎重处理，如果拆不好，会被炸得粉身碎骨。所以采用什么样的方法来处置，决策就变得尤为关键。

当时内部出现两种观点：一种认为要快刀斩乱麻，不能让风险继续扩大；另一种认为这么大的风险，这个时候引爆，公司是承受不起的。不想扩大，又不能引爆，到底采用什么方法？我比较坚持用时间换空间，也就是想办法去化解风险，精准拆弹。

一是要做好客户的沟通和安抚，取得客户信任，增强客户信心；二是要研究债券市场价格趋势，把握投资操作盈利机会；三是动用各方资源，尽可能快地解决债券欠库问题，满足中国结算对于客户账户限期清理要求。

所以，当时非常紧张，能够化解风险的各种路径，都得去想。

◎ 采访人：最终这颗“雷”是如何一步步化解的，对公司来说这次“拆弹”有着怎样的意义？

夏锦良：其实我们和客户是利益共同体，我们要保住自己，就要保护好客户。所以当时我们的策略是，一方面解决客户债券欠库问题。我们取得客户信任，说服客户利用股东资源，补充账户资金，增加债券持仓，减少该客户的债券欠库以及对其他客户债券的占用。

另一方面要解决客户亏损与账户穿仓问题。当时我们抽调研究所的两个博士，持续跟踪研究债券市场走势及投资策略，并为客户提供专业的操作建议。当账户穿仓消除时，我们并没有立即平仓，而是从保护客户利益、避免或有事项发生的角度，继续指导客户谨慎操作。当客户账户负债还清后资产余额达到5000万元左右时，我们才与客户商量恢复了一般客户的正常交易，对得起客户的信任，也对得起公司了。

对公司来说，如果这个债券质押式回购风险没有处理好，当年规范类券商的评价可能通不过，并存在被别人收购的风险。可以说，这次事件的成功处置，为公司成为规范类券商、取得创新类券商以及为后来的上市排除了风险、创造了条件。

| 一次载入证券史的危机，用担当探索多元化解机制

◎ 采访人：业务发展过程也是风险累积的过程，在兴业证券投行业务发展中遭遇过保荐、承销项目欣泰电气退市的重大危机。这次危机同以往的风险事项相比有何不同？公司第一反应是什么？

夏锦良：这次是“雷”炸了，欣泰电气因欺诈发行成为深交所创业板退市的第一股。一方面，大量投资者“受伤”了，他们的损失怎么办？另一方面，我们作为保荐和承销机构，如何承担责任？对自身业务又会造成多大影响？如果风险没处理好，对兴业证券未来的发展都会造成很大的不确定性。

这次风险的处置，公司决策层意见高度一致，兰总当时说：“是我们的责任，我们必须承担。”所以公司当机立断，主动提出“先行赔付”。

这样做的目的，一是有利于保护投资者；二是有利于促进退市程序的推进，因为在当年欣泰电气退市，证券监管层、证券交易所、社会相关方面都面临巨大的压力；三是保护我们自己，减少对公司业务的伤害。

◎ 采访人：决策不易，执行更难。当您组织落实“先行赔付”时，遇到了哪些困难和挑战？

夏锦良：可以说是困难重重。一是因为“先行赔付”的行业经验有限，赔付的法律依据不足。当时我国证券领域的法律法规及监管规定中并没有先行赔付的相关规定，而证券行业先行赔付也仅有万福生科和海联讯两个案例，退市又先行赔付的，欣泰电气是第一个。

二是清算数据获取和市场风险因素剔除计算困难。当时交易所要求先有方案，再给数据。但方案的制订、赔付金额的测算都需要先获取交易数据。另外，投资者的损失除了虚假陈述因素外，还受市场波动的影响。每个投资者买卖时间不同，市场价格波动也不同，怎样建立一套模型，能够相对准确地计算出市场风险因素造成的投资者损失，是

一个艰难的挑战。

三是先行赔付方案悬而未决。我们先后出了10稿方案，因为这次赔付可能成为行业的一个典型案例，赔付金额既要得到投资者的认可，又要尽可能赔得合理。赔得多了兴业证券股东会抱怨，赔得少了欣泰电气投资者会不满。所以赔付方案的确定，需要证券监管、投保机构、交易所、投资者等各方满意，并要取得权威机构的认可。

在欣泰电气先行赔付工作期间，吃闭门羹、遭遇冷眼、挨骂，这都是很正常的事情。也正是在这个过程中，我们探索出一条解决问题的路径。由中国证券业协会作为组织协调机构，由投资者保护基金作为赔付基金托管机构，由证监会相关部门、证券交易所、中国结算、投资者保护机构、法律专家等作为先行赔付方案评审委员，在证监会法律部的大力支持下，尝试利用证监会和最高人民法院的“多元化纠纷解决机制”取得最高人民法院的专业支持，终于将这个极其复杂的风险事件推上了化解的正轨之路。

◎ 采访人：事件最终得以解决，投资者对处置结果反馈如何？这场危机的化解，对兴业证券乃至中国资本市场来说有着怎样的意义？

夏锦良：关于投资者的反馈，我们可以用一个数据来反映，那就是申报率和赔付率。申报率是我们提出方案后，适格投资者主动申请赔付的比率，当时涉及二万多名投资者，申报率达到了95.16%。而赔付率是实际赔占应赔的比率，赔付高达99.46%，这两个数据说明投资者对方案的接受度是非常高的。

对兴业证券来说，由于处置及时妥当，首先对公司业务影响很小；其次保证了团队的稳定；最后也是最重要的一点，我们先行赔付了适格投资者的损失，保护了投资者的权益，体现了负责任、有担当的企业形象。

从行业角度来看，这次探索有效支持了退市政策的实施；厘清了券商应该承担的责任；为我们整个行业先行赔付的指导意见，乃至《证券法》的修订提供了实践经验；同时成为多元化解机制有效融合的经典案例。

丨一场全行业流动性困局，带来集团一体化改革实践

◎ 采访人：我们知道2018年一场史无前例的行业风险悄然而至。2013—2018年，5年间券商“股票质押式回购”融资余额从846亿元迅速攀升达1.6万亿元。然而，2018年受宏观经济景气度下降、A股连续大幅下跌、金融去杠杆持续推进、减持新规等影

响，质押股票流动性枯竭，证券公司股票质押业务风险集中爆发。在这场灾难中，兴业证券遇到了怎样的挑战？

夏锦良： 我们在这场全行业的风险中，可以说比别人更早地看到了股票质押回购的风险。2017年11月底，杨华辉董事长正式到任，也很快发现了股票质押回购业务风险症结所在。他认为股票质押回购业务风险很大，相比银行来说券商并没有优势，主要体现在以下几点：

一是尽调不充分，现金流难以把握。银行可以通过账户来控制现金流，而券商不具备这样的条件；二是对客户第一还款来源把握不住，贷后的跟踪也跟不上，对客户资金用途更无法把控；三是过度依赖质押的股票，而股票减持新规的限制大比例质押股份缺乏流动性。

我记得2017年10月，我们股质融资规模最高达到448亿元，而公司只有300多亿元的净资产，如果质押出现较大风险，对整个公司意味着灭顶之灾。所以当时公司果断及时作出决策，迅速削减业务规模，上收业务权限，由总部集中统一授信及管理，由风险管理部、证券金融部会同业务部门，负责股票质押回购业务的风险处置。

◎ 采访人：也正是在2017年底，兴业证券进入集团一体化转型，当时为什么要提出这转型？从风险管理角度看，集团一体化管理体现在哪些方面？

夏锦良： 集团一体化转型，实际上是针对非一体化存在的不足提出的，如非一体化经营会造成业务分散、风险频发、资源不能共享、管控失效等问题。

2017年底，杨董事长在听取了10多场调研会后，提出集团必须实施一体化管理。一是解决发展动力问题；二是解决资源整合问题；三是解决协同问题；四是解决风险管控有效性问题。

从风险管理角度看，集团一体化穿透式风险管理，既是集团内部作为股东对被投资企业经营管理的需要，也是外部证券监管部门对证券公司全面风险管理的需要。具体从九方面开展一体化建设：一是建立并实施集团授权管理机制；二是组织实施集团统一的风险偏好与限额；三是深化子公司垂直穿透管理机制建设；四是加强分公司垂直穿透风险管理；五是搭建集团证券池管理机制；六是组织计量各业务预期信用损失和经济资本成本，细化风险考核机制；七是推动投行业务风控协同机制建设；八是完善投资交易业务应急管理机制确保业务平稳运营；九是启动集团业务连续性管理体系建设工作，护航公司持续稳健经营。

◎ 采访人：通过这几年的实践，您觉得集团一体化管理优势体现在哪里？

夏锦良：集团一体化管理的优势很多，至少包括以下五方面：

一是聚焦主业。总部业务部门与子公司的业务范围更加清晰，各自主业突出，规避了同一业务的重复交叉。二是整合资源。集团一体化可以整合全集团客户资源和服务资源，为客户提供综合服务，为公司创造更多效益。三是协同发展。在集团一体化背景下，母公司与分公司协同、母公司与子公司协同、子公司之间协同，可以将集团公司的蛋糕做大。四是有效管控。实施集团统一的风险偏好、风险容忍度，实施集团统一的授权管理体系，增强投行质控与内核的独立性，实施对子公司、分公司的合规风控穿透式管理，管理的有效性得以体现。五是质量提升。券商发展也需要质量，而集团一体化管理统一了标准、机制、流程、考核、绩效等，正向引导明确，对客户的服务质量提升，公司稳健发展的质量得以提升。

丨烈火真金的考验背后是“正视”和“责任”

◎ 采访人：您经常说“业务和风险是一对孪生兄弟”，您是如何处理好这对孪生兄弟的关系的？

夏锦良：用一句话来概括就是，业务是基础，合规是前提，风控是关键。风险管理要支持业务的发展，但由于业务发展的过程就是风险累积的过程，所以我们要管控好隐含在业务中的潜在风险。这个潜在的风险是消灭不了的，是固有的，但是固有的风险可以让它不发生，就像人的癌细胞是固有的，但可以控制不让癌细胞扩散影响身体健康。所以加强风险管理，防范重大风险的发生，才能够为企业的可持续发展保驾护航。

◎ 采访人：您觉得兴业证券凭什么能够一次次经受住烈火真金的考验？

夏锦良：我认为这源于公司的文化，自我认知，自我否定，正视风险，敢于担当，积极处置。出了风险，回避解决不了问题，必须重视它、正视它，并且敢于承担责任、妥善处置。另外，公司逐步拥有较为健全的风险管理保障措施，将风险管理引入技术、机制、绩效考核等多个方面，也为风险有效处置提供了基础。

◎ 采访人：2021年是兴业证券成立30周年，您觉得这些年您给兴业证券留下了什么？

夏锦良：我感觉留下的不多，如果从风险管理的角度来看，我可能留下的是一些风险管理理念，一套风险管理制度，一批风险管理人才。同时，兴业证券给予我更多的是机会、信任与支持！

◎ 采访人：展望下一个十年，您觉得对兴业证券的期待是什么？如果要送给年轻人一句话，您会说什么？

夏锦良：因为我2021年底就要退休了，以一个工作了近20年的老兴证人来说，我希望兴业证券能够在2025年之前进入头部券商，未来能够持续地、稳定地发展，维持头部券商的发展地位。

我也想对年轻的兴证人说，用心做事，用脑思考，敢于担当，要看得远一点，把自己的能力培养出来，未来广阔的天地终将是你们的！

黄奕林：一直“奔跑”在正确的路上

采访人/李冰　柏天予

编者按：

“堵在高速路口，我们就下车一路狂奔，不愿意放弃，因为每一个项目对我们来说都太关键了。”

兴业证券副总裁黄奕林再次回忆起那段激情燃烧的岁月时说：“做业务，我们没有比别人更优秀，只能比别人更努力！”

与公司风雨同舟二十一载，他曾临危受命，带领一度陷入困境的债券融资业务、债券投资业务等发展壮大；他相信专业推动业务，建章立制、引进人才，见证并参与了兴证研究、投行、资管、金融衍生、固定收益等业务的长大与壮大；他敬畏市场，敬畏风险，有所为有所不为，将风控意识和风险理念深深烙在业务发展的各个环节。

从无到有，从有到优，从优到精。在黄奕林看来，如今的兴业证券正在正确的道路上不断向前。他说，最可贵的是兴证人血液里流淌着创业与精益求精的激情，30年来从未改变。他相信，以创业之姿，携手奋进，推动更多业务跻身头部，“到那时，建设一流证券金融集团的目标就一定能实现”。

从无到有，不破不立

◎ 采访人：据了解，兴业证券真正意义上第一份工作报告写作是您牵头的，当时为什么要写这样一份报告？对公司有什么意义？

黄奕林：2003年公司发展遇到了很大的困难，但同时也给了我们静下心来思考未来该怎么做的机会。我印象非常深，当时公司决心要作工作报告的调整，组建了一个6人工作报告写作小组，由我牵头。在福州的40多天里，我们认真研究行业经验，逐字逐句讨论修改，有几次从晚上七点不知不觉就讨论到第二天天亮。

这份报告的写作，不仅是学习行业头部券商经验的过程，也是形成公司未来定位、经营目标、制度规划，甚至是文化理念的过程。从2003年到现在，有些本质的理念，如“专业立司”“稳健发展”，已经根深蒂固地融入公司的文化中。

◎ 采访人：从无到有的过程最是艰难，您当年接手固定收益业务时，您觉得最大的困难是什么？如何突破？

黄奕林：当年公司的债券融资业务、债券投资业务、衍生品业务，都处于未起步状态，而头部券商已经发展得非常好。2006年公司决定让我牵头组建固定收益业务部及衍生产品部，部门最初只有我一个人，开始确实非常非常艰难。记得第一次跑一家青海企业西部矿业，争取一个40亿元规模的公司债业务，对方财务总监说兴业证券从来没听过，福建的公司怎么跑这来做项目，所以当时我们做业务根本就没有任何基础，没有人、没有资格、没有项目储备，甚至没有一个人做过任何债券项目，完全从零起步。

如何快速突破？靠内部培育周期太长，也不现实，于是我们放弃了自我逐步成长的发展路径，着眼高起点打造团队，用行业最优秀的人打造优秀的业务，这是我们当时追求的发展目标。于是我们开始引进头部券商的优秀人才。当年公司在自身经营困难的时候，能够打破收入结构，实现市场化薪酬机制，坚持对业务发展的投入，现在看来，对人才的重视和渴求，是一项业务真正能够不断发展壮大、走向优秀的核心因素。

◎ 采访人：债券业务从籍籍无名到被市场认可，您认为依靠的是什么？有没有哪单业务印象特别深刻？

黄奕林：2008年，我们第一次有机会参与一只150亿元规模的债券发行。我们是和一家头部券商联合主承销，压力巨大，最起码不希望比别人弱。但当时市场不了解我们，很多机构根本就没买过兴业证券的债，我们必须一家一家机构去跑，很多机构甚至不接待我们。我在北京总共待了40多天，经过了极为艰难的销售过程，最终我们销售了125亿元，占销售总额的83%。我们没有比对方更优秀，只能比对方更努力，跑得更多、路演得更多，花的时间更多，我们证明了努力的价值。那年是2008年北京奥运会，一晃13年了。

从零开始，从别人都不认识你开始，大家苦干了整整10个年头，好像一瞬间，终于在2016年，公司获评上海证券交易所5家“优秀公司债券承销商”，其他4家是海通证券、国泰君安、中信建投、中信证券。短短几年兴业证券的债券业务进入行业前五，实属不易。同时，在当年国家发展改革委企业债券承销评分中排名第四。由于取得中国证券业协会年度证券公司债券业务排名前五，为公司年度分类评价加2分。我记得，在首次“上海证券交易所优秀公司债券承销商”颁奖现场，上交所一位领导对公司领奖代表赞许道：“这次评选我们完全根据市场表现、发行质量等客观指标进行打分，在评分结果出来之前连我们都没有料到兴业证券能够在5家优秀承销商之中。”

实际上，这一切也并非无迹可寻。公司将人才和制度视作业务发展的两条腿，在搭建专业化人才队伍的同时，也持续通过健全制度和机制为业务稳健发展保驾护航。2012年以后，随着人才源源不断涌入，兴证固收发现不同背景的业务团队对业务理解存在较大分歧，如何让大家形成相对一致的业务理念成为亟待解决的问题。在我们的努力与推动下，兴证固收制定了一套详细的业务制度，近百条展业、立项标准为业务团队明确了执业理念，创造了公平的制度环境。兴证固收还将“风控承诺”作为人才引进的前置条件，凡欲加入公司者必先认同公司风控文化。除此之外，还制定了与业务制度相匹配的绩效制度，严格地鼓励合规执业，这也为后续制度规范的切实执行奠定了良好基础，“我们给予质控负责人一票否决权，即便部门领导也无权干预。如果项目不符合风控标准，不论发行人行政地位有多高，在我司也不会通过立项。”

| 与优秀的人同行，一直奔跑在路上

◎ 采访人：刚刚您有讲到领导带头跑业务，为什么用的是“跑”字？

黄奕林：因为在业务发展初期，每一单业务对兴证人来说，都太重要了，我们必须花巨大的努力，和时间赛跑。我印象非常深刻，有一次去企业的路上堵在高速路口，怎么办？只能下车一路狂奔，就是为了第一时间赶到，因为我们不愿意放弃。

从员工角度看，可能他一年只做那么一个项目，如果因为是员工的项目，我们就不着急，对他来讲也是不公平的。所以有时候我们必须冲在第一线。

即使在福建大本营，我们都需要格外努力。像厦门、三明、南平、泉州这些地区的项目，有些项目也是跟踪了5~8年，甚至10年的时间，才能落地。福建的项目，我们会更加谨慎、更加努力、更要确保质量。

◎ 采访人：在债券业务激烈的竞争中，您觉得我们是靠什么赢得了客户的信赖和认可？

黄奕林：记得当年好不容易争取到一个厦门的项目，结果遭遇市场环境变化，债券很难销售，真的非常困难。印象非常深，当时我在深圳出差，接到企业负责人电话，对方压力也很大，我们双方仔细分析了当时的市场形势，我也努力去做好企业的利率预期管理，表明我们一定会全力以赴。经过反复努力，最终发行利率比市场总体水平还降低了100多个基点，企业当时非常满意，第一时间给我们发来贺信表示感谢，对方董事长与部分公司负责人还专门前往上海来我司表示感谢。至此之后，双方友好合作至今，一晃已13年。

其实客户最关心的，一是资金成本，二是发行效率。我们的优势可能就是在任何时间都把客户放在第一位，重视风险、做好细节、确保效率，因为我们别无其他，只有这一点可以做得更好一点！

◎ 采访人：我们知道您特别惜才爱才，据说公司有很多优秀的人才都是您在跑业务的路上引进的，当时是如何说服他们加入您的团队的？

黄奕林：我举几个例子，如今固定收益业务总部王静静，那些年她业务一直很稳定，非常优秀，当年我是在三明出差时引进的；兴证国际总裁李宝臣，第一次见面是在厦门机场。还有现在的质量控制部总经理栗蓉、投行总部总经理徐孟静、销售交易业务总部总经理李毅等，这么一大批优秀人才，每个人进入兴业都有一段精彩或者有趣的故事，来了以后，都有过骄人的业绩。大家有着共同的业务理念和追求，理念相同才有机会同行。

另外，我们还从头部券商引进了一大批成熟团队，一开始对方都很犹豫，只能一遍遍去谈，有的甚至谈了七八次。除了薪资保障以外，能吸引优秀团队更多的是管理的授权，平台的发展，以及对业务清晰的规划、相同的风控理念。能看到他们身上都有股韧劲，真正想把业务做好，而兴业证券正需要这样有共同目标的优秀团队。

实际上，今天我们又在重新打造公司金融衍生产品业务团队，依然采用了当年的、用最优秀的人才去构建优秀的团队、优秀的业务的老方法，我想也一定能够重现当年的业务成长与发展。

◎ 采访人：在券商这样一个高度竞争性的行业，如何保持团队的凝聚力？

黄奕林：在券商，凝聚力对于团队的稳定与业务的长期发展太重要了。我认为保持团队的凝聚力，文化氛围和评价机制很重要。我们的团队氛围非常和谐，至今大家还非常怀念那个时代。记得以前经常去苏州、无锡、扬州、宁波等地拜访客户，员工不会开车，我就给他们当司机。因为大家是一个团队，是一个文化理念一致的团队。

更为核心的是，我们建立了一套客观公平的评价机制，在这个团队里，你不用担心付出没有回报，也不用担心成绩会被埋没，评价是客观的、公平的。回想当时，大家很开心，当然很努力，很有成就感。那些年，员工真的很投入，也很融入。

另外，我们非常强调风控文化，债券业务是高风险业务，我们自从成立就构建了优秀的风控队伍，所有新人进来的第一件事就是要签风控承诺，要能够接受在别的券商可以做的项目，在我们这里可能无法立项。实际上大家最终选择留下，也是认同兴业证券的风控文化，长期来看是真正对大家有益的。

团队能够一直欣欣向荣，凝聚在一起，文化和制度才是最好的黏合剂。

| 传承，像一颗种子自有其生命力

◎ 采访人：我们知道从兴业证券自营走出一大批投资界的标杆，自营就像一颗种子，生根发芽并把一种理念代代传递下去，您认为究竟是怎样的一种理念？

黄奕林：兴证自营确实培养了一大批优秀的人才，从最早的杨东开始，到庄园芳，到徐京德，再到现在证券投资部的总经理迟宇、债券与衍生产品部的总经理陈刚，以及刚刚成为我们新的一员的金融衍生产品部总经理连敏伟，我觉得他们对投资理念、文化、风控的思路，20多年一脉相承，只有理念一脉相承的业务才能发展到今天。

公司的债券投资业务我们是从2006年开始的，15年来一直保持优秀的业绩。其中的优秀，既有优秀的投资收益率，更是对信用风险的严格控制。这些年来，我们一直秉承低风险理念，风险是第一位的，业务是第二位的，只有在控制好风险的情况下，业务才能稳定，才能发展。所以在债券投资标的的选择上，我们一直秉持极其严格的标准，不会因为追求高风险而去冒投资风险。回头来看，我们的投资收益这么多年一直非常优秀，也成为公司最重要的营收来源之一。

◎ 采访人：业务理念传承是靠什么留下来的？

黄奕林：首先是制度传承。举例来说，最早我们在形成债券业务制度前，实际上也是分歧严重，但我们最终通过努力，颁布了一套严格的制度，明确了什么能买，什么不能买，什么项目能做，什么项目不能做，即使有外在因素干扰，我们的决策也必须按制度执行。

其次是文化传承。我们从2004年资管出现重大风险的时代起，从上到下就逐步形成了一致的风险理念和投资观念。只有理念一致，大家才会团结，才能保证人才队伍稳定，业绩才能持续增长。

◎ **采访人：谈到传承，您觉得兴业证券传承的精神是什么？**

黄奕林：我觉得，首先是一种创业的激情，包括我们杨董，真的非常投入、非常辛苦。他如此拼搏，也给我们做了一个好榜样。

其次是对风险的敬畏。兴业证券是一个非常稳健的券商，30年资本市场大浪淘沙，多少家曾经辉煌的券商因风险事件倒下，而兴业证券还能稳步迈进，这离不开对风险的重视。

◎ **采访人：展望未来，您对兴业证券有怎样的期待？**

黄奕林：我相信，依靠大家的共同努力，一定会有越来越多的业务跻身头部业务，到那时，建设一流证券金融集团的目标就一定能实现。

孔祥杰：
忠诚与奋进，我与兴证共成长

采访人/李冰　蔡孟奇

编者按：

一个21岁的小伙子，怀揣着金融梦来到初生的兴业证券，在紧张和期待中开启了他不平凡的职业生涯。从最基层的六尺柜台营业员起步，直至今日的副总裁，30年筚路蓝缕，30年栉风沐雨，孔祥杰与兴业证券同成长、共患难、齐奋进。从他生动的回忆中，我们看到了一代兴证人的坚持与拼搏，也看到了兴业证券如何拥抱时代变革、实现自我突破，成长为行业财富管理转型的翘楚。

“公司给了我平台和动力，我用忠诚与拼搏给予回报。”这是孔祥杰从业29年发自肺腑的最深感受。

丨从“六尺柜台”出发，打造标杆营业部

◎ 采访人：兴业证券的历史要从一张“六尺柜台”说起，您还记得当年工作的情形吗？实际工作和预期有差距吗？

孔祥杰：其实“六尺柜台”只是一个比喻。1992年证券市场刚刚起步，有了股票交易后，公司便在屏东写字楼门口临时搭建了一个小木屋，自建了木头柜台，我21岁一入职就被分配在这个柜台接受客户的委托单，记得当时一单委托费是6元钱，光这块每天都有大几千、上万元的收入，足见证券市场初期交易的火热。

当时条件十分简陋，夏天特别热，冬天又很冷，而交易和清算的手续又很复杂，都需要依靠人工来完成。我记得当时报单员是庄园芳（现任兴证全球基金总经理），每天是她报给上交所场内的红马甲杨东，杨东（曾任兴证全球基金总经理）再把单下到交易所交易系统里。清算数据基本要等到当天晚上十点以后，通过电话model信号传输回

来，我们收到数据再转换成交割单打印记账完成清算，第二天客户才能够正常交易。那时经常加班到凌晨三四点钟，周而复始。

尽管这些基础工作与我刚毕业时对金融业“高大上”的期待存在落差，但这段宝贵的经历使我充分了解了业务链条的全流程，也能够体谅一线人员的辛苦，对后期走向管理岗位，制定较务实、科学的管理决策帮助很大。

◎ 采访人：从一名前台柜员到深交所第一批“红马甲”，为什么当时公司会派您去？有没有印象深刻的事？

孔祥杰：1993年公司取得深交所交易席位，当时兰总考虑到年轻人的培养，第一时间派我到深圳参加“红马甲”培训，给了我宝贵的锻炼机会。回顾我个人在兴业证券近30年的历程，实际上每一次工作变动都是组织的安排，我们都积极配合和服从，现在看来都是最好的安排。

在“红马甲”培训期间，除了要参加资格考试，熟记交易代码以外，让我印象深刻的是，第一次学会了打领带。那个时候每天我们会打着专用领带，穿着红马甲，在电脑面前完成整个公司几千、上万单的交易。

作为异地券商，兴业证券能取得深交所异地会员资格是相当不容易的，所以我代表兴业证券的“红马甲”给自己的要求就是确保准确性。在深交所做了1年多时间，我也做到了零差错。

◎ 采访人：公司提出第一次转型后，也迎来了第一次人才竞岗革新，您觉得这次竞岗对公司来说有怎样的意义？竞岗成功对您来说有什么挑战？

孔祥杰：2001年，我参加了公司第一次营业部总经理竞岗，竞争非常激烈。当时我的笔试成绩是第三名，但现场群众投票环节我排名第一，最终公司综合考虑各方面因素，将当时第一大营业部——湖东路营业部总经理交棒于我。我觉得这次的竞岗对于公司全面内部市场化竞聘选拔人才具有里程碑的意义。后期公司又采取了很多类似的形式，选拔了各类管理和专业人才。

成为第一大营业部总经理，压力肯定是有的。所以首先是确定业务发展思路，我们开始尝试财富管理转型，开展机构类、基金类业务等。其次是建立人才培养机制，按照干部梯队体系进行人才培养，也招了很多应届和外部的优秀人才，形成了良性循环。

当年湖东路营业部综合排名从全省第六位跃升至第一位，在我任期内连续7年保持全省第一，甚至在全国交易量进入过前五；营业部的客户资产从最低7亿元到600多亿元，实现了近100倍的增长。在全司的支持下，我们也算不负众望，打造出省内标杆的营业部。

从扫街卖"鸡精"，开启财富管理转型之路

◎ 采访人：您如何理解坐商到行商的转型，为什么转？转型后效果如何？

孔祥杰：实际上过去券商就是牌照业务，大家坐在那边等着，客户自己就来了。但经历了行业危机，如果再不突破就可能被淘汰。所以当时公司提出坐商到行商的转型，我们要走出去开发客户，不是坐在柜台里等客户。这是公司从上到下经营思路和理念上的变化，也自此开启了公司市场化竞争之路。

印象最深的是，虽然下定决心要出去展业，但是大家既不知道去哪里，也不知道展业的形式和方式。所以我带着大家从最简单的"扫街"开始，我们跑遍了福州每一个能跑的小区和写字楼。我还带着孩子一起，有一次我儿子看到超市货架上的"鸡精"说，我爸爸就是卖"基金"的（笑）。

走出去之后确实取得了非常不错的效果，业务量增长明显。公司的考核机制也非常市场化，员工在经济收入和荣誉上都得到体现，生活条件大大改善。当时营业部楼下的停车位，八到九成被员工占满。从那时候起，我感到公司终于度过了最艰难的时刻，业务开始回暖，员工也更体面更有信心，公司对外品牌也有了一定影响力。通过这次转型，公司真正走出危机，走上了差异化发展之路。

◎ 采访人：2009年的一次考察引发了一场思考，也开启了公司二次转型之路，您还记得当年考察的情形吗？给公司带来了怎样的思考？

孔祥杰：去韩国三星证券的考察使我深受震撼，也由此建立起财富管理的理念。参观时我们发现，相比国内人声鼎沸的营业部，三星已经没有现场客户，取而代之的是装修亲切高级的一间间会议室。通过进一步交流，我们看到除了组织机构、人员、考核绩效都是以客户为中心，更重要的是从卖方向买方模式的转变。

之前我们销售产品是为了卖产品，是以产品为中心。经过对三星证券的学习，我们才知道以客户为中心的买方模式，才是财富管理的转型之路。因为客户的需求是多元的，给客户做好中长期的资产配置，这才是海外财富管理的真正意义所在。由此，公司

提出了从行商到服务商的转型目标。

◎ **采访人：对于财富管理转型，您做了怎样的实践？改革效果如何？**

孔祥杰：考察回来后，我以湖东路营业部为模板，向公司提出财富管理转型的方案。一是要以客户的真实需求为核心，为客户提供投资、融资、传统交易、财富管理、后期资产管理等一揽子服务。二是需要下调传统交易业务和零售客户占比，加大发展财富管理转型力度。三是针对组织框架、人员、机制体制等方面提出了相应的改革措施。

由于前十几年的资本市场是以自主交易为主，市场不够成熟，波动剧烈，客户追涨杀跌频现，受损很大。此时我们提出财富管理理念，以客户资产保值增值为目标，帮客户做好资产配置。转型后，我们有三成左右客户开始转变投资方式，逐步进行资产配置，客户也在此过程中不断成长。我们作为公司财富管理转型的试验田，取得了不错的效果。

◎ **采访人：此后您又经历了个人的转型，在期货子公司期间再次创造了金融衍生品业务的佳绩，您是怎么做到的？**

孔祥杰：我到期货子公司履职时，正值公司刚取得各项业务资质并大刀阔斧发展业务之际，同时也恰逢期货市场创新深化改革之际。2010年我们提出“做大客户权益”的业务目标，2014年提出“机构化、产品化、专业化”的战略指导思想，聚焦机构客户、高净值客户和超高净值客户，通过专业化的管理和服务持续提升各项业务竞争力和风险管理能力。随着上述战略布局一一落地，期货子公司客户权益在2016年突破百亿元，成功进入行业前十，2017年净利润突破亿元，2014—2017年连续4年被评为A类A级期货公司，期货子公司的综合竞争实力、行业地位和市场影响力不断提升。

集团一体化协同，迈向高质量发展新篇章

◎ **采访人：2017年公司提出集团一体化转型，这一改革是基于怎样的考虑？**

孔祥杰：我当时在兴证期货子公司任董事长，对提出集团化转型这一点，感触比较深。原先的放养模式使得各子公司发展不均衡，牌照价值没有充分发挥，对集团经营贡献不大，同时还存在一些风险隐患。拿杨华辉董事长一句话讲：“我们生了小孩不能光生不养，要负责养，还要花心思去养！”通过集团化协同，让子公司充分成长起来，是

这次转型的目标之一。

◎ 采访人：在这次一体化的转型的重点和难点是什么？转型的效果如何？

孔祥杰：我理解公司的转型分两块，一是分公司的转型，二是协同的改革。最大的难点是思想的统一，改革必然会触动原有的平衡，因此最初有很多不同的声音，也遇到过很多不理解。但通过这3年的实践，整体改革成果显著，现在大家思想统一，行动力强，公司经营业绩也取得了历史最好成绩。

以财富管理为例，以代销金融产品作为财富管理转型的一大抓手，得到分公司大力支持。3年来，公司产品代销收入保持行业前十；2021年第一季度股票及混合公募基金保有规模441亿元，行业排名第六；同时推动券商结算模式，带动资产、交易量、佣金收入等多项指标联动提升，扩大机构经纪业务影响力；通过培训持续赋能分公司，投顾队伍连续两年获得新财富“最佳投资顾问团队第一名”。此外公司2021年还获得了基金投顾资格，迈出了财富管理未来由“卖方”向“买方”模式前行的关键一步。

再以机构托管业务为例，原先托管部是有销售团队的，改革后将销售端放在了分公司。当时托管部也有过疑虑。但现在看，公司托管业务通过协同受益最大，这两年托管规模和行业排名迅速提升。同样，固定收益业务的销售已经有70%来自分公司。因为我们分公司有6000多人，原来直销部门再大也就一两百人的规模，只有利用好分支机构的力量，蛋糕才能做大。

协同的最高境界，应该是大家不用再提协同两个字。现在协同的思维已深入骨髓，期待未来有更多业务模块从协同中受益。

◎ 采访人：您再次转型分管投行业务，对兴证投行有怎样的目标和计划？

孔祥杰：毫无疑问，投行是整个券商的龙头业务。公司已经提出双轮驱动战略，其中投行业务模块未来能不能做得好，决定着公司是否能够进入头部券商行列，实现成为一流证券金融集团的目标。如何加快改革步伐、尽快成为行业领军的决策，对于公司来说意义重大。

未来，公司将在双轮驱动战略的基础上，进一步落实大投行区域化和专业化战略，以构建业务生态圈为抓手，推动客群拓展工作取得实效。首先，大投行业务部门将加快业务下沉步伐。在持续做优做强福建总部的基础上，深耕核心地区的县域企业，推动投行业务本地化。其次，加快推动行业组建设，持续提升行业研究专业化水平以及行业研究和投资银行业务协同水平。最后，推动客群拓展工作取得实效，持续深化“投行+商行”合作，扎实推动“投行+直投”合作。

接下来我们也将继续发扬兴证人的奋进精神，不断提升自身的专业性，也希望未来10年能够把我们的大投行业务带上一个新台阶。

◎ **采访人：2021年是公司成立30周年，有什么话想对兴证说？**

孔祥杰：我1992年入司，2021年是在公司的第29年。回首过往，从未想过能有今天的成就，因为我基础很一般，是公司给了我机会和平台，让我在工作中不断成长。不仅是我个人，我的家庭也从最早龙岩的小地方，到了福州，又到了大上海，如今小孩健康成长，家庭幸福美满。一个企业能给我提供这么好的平台，我只能以忠诚和拼搏作为回报。

30年不容易，犹如一个婴儿变成少年，如今成为有担当的中年人。历经坎坷，也主动转型，公司现在经营管理已经进入成熟阶段。我希望兴业证券能够尽快进入行业头部，早日实现一流证券金融集团的目标。

◎ **采访人：如果送一句话给当年的自己和如今兴业证券的年轻人，您想说什么？**

孔祥杰：想对21岁的自己说“青春真好”。对如今的年轻人，我想说：“奋斗吧，唯有奋斗，一切皆有可能！”

林红珍：
青衿之志，履践致远

采访人/罗叶红　叶迎

编者按：

“青衿之志，履践致远。云程发轫，万里可期。”无论是个人还是企业的成长，只有脚踏实地，努力耕耘，才能走得更远。兴业证券首席财务官林红珍，在接受《兴·访谈》采访时如是说。从1994年进入公司，喜欢挑战和创新的她，一直在探索与发现的路上。她说，守住初心和价值底线，简单善良做人，认真踏实做事，在最平凡的岗位上注重专业能力和个人素养的提升是最重要的事。

“刚刚进公司的时候，资本市场是新的，大家的思想也是新的，那是一群年轻人在一起探索奋斗的感觉，那是青春的时光。兴业证券带给我最大的变化，就是让我一次次地蜕变、成长，克服一个又一个困难，不断创造出新的辉煌。”林红珍的讲述仿佛带着我们看到了当年那位刚参加工作、眼里闪着光芒的女生，对未来充满了憧憬和梦想，与公司共成长，素履以往，行稳致远。

她从财务核算走向财务管理、从财务管理走向经营管理、从记录价值走向创造价值，从刚参加工作的财务人员，到推动公司战略落地的计划财务部总经理，再到首席财务官，27年过去了，“专业”二字始终深深镌刻在她的心里。她说，以德立身，以才立业，担当精神首先要有专业能力支撑，只有不断思考才会有所不同，只有不断反思才能走向成功。“君子不重则不威。过，则无惮改。”

初识：专业、亲切，朝气、青春洋溢

◎ 采访人：您还记得公司初创期，刚刚加入公司的场景吗？

林红珍：当时的感觉是充满着青春的朝气和亲切感，清晰地记得当时的办公室布局

是长长的一条走廊，门对着门，我们财务部在最里间，二十多平方米，十几个人，一群年轻人聚在一起，洋溢着青春朝气，就像在学校里一起奋斗的感觉。那时的资本市场是新的，大家的思想也是新的，一起探讨，在学习中不断成长。我刚来的时候做财务管理工作，记得当时我独立编制了公司第一份财务分析报告，改变以往简单的会计报表数据呈现方式，而是将财务数据与业务结合，寻找财务成果下的业务发展变化，给大家耳目一新的感觉，对我来说也是来到兴业后感到比较有成就感的第一项工作。

◎ 采访人：创业初期的困难很多，您有感觉到挑战吗？

林红珍：我刚来不久，就赶上了银证分离，我被派往厦门证券部跟进与兴业银行脱钩的工作。当时证券营业部要完成和银行的业务剥离、人员剥离、财务剥离，时间很短，大家又没有经验，一方面要完成剥离，另一方面还要抢占市场，为尽快走上正轨，大家同心协力，边学习，边实践，边摸索，虽然中途也遇到了很多挫折和困难，但每个人都满怀期待，加班加点，毫无怨言，对公司和整个资本市场充满了信心。

挑战肯定会有，主要是从财务经理到财务管理的角色转变，一方面要协助证券营业部完成搭建和剥离工作，另一方面是传达落实公司的战略意图，与营业部总经理共同探讨业务发展路径和行动方案。在专业和思路上都发生了很大的变化，从财务会计的思维转变成经营管理的思维，这是一个很大的跨越和挑战。

◎ 采访人：2009年公司开始二次转型阶段，这时候开始探索战略财务模式，作为当时的财务管理部负责人，能否谈谈当时的情况？

林红珍：在公司二次转型阶段，我和部门全体成员一直在思考怎样才能塑造能够提升服务支持效能的财务管理体系，推动公司战略落地。从2012年开始，中国证券市场和监管环境发生了很大的变化，客户对于券商提供金融服务的综合化需求越来越高，券商集团化规范化管理要求也应运而生。同时伴随着公司的二次转型，业务规模快速提升，网点数量大幅扩张，区域分公司组织架构设立，对财务服务层次和效率也不断提出新的要求。2012年计划财务部发布了《关于印发公司2012年经营计划的通知》，首次构建全面综合经营计划体系，积极探索传统财务向战略财务转型，并随着集团战略转型而不断调整优化；开始逐步实施业务单位、子公司、分公司财务经理委派制，不断扩展对业务单位财务服务的深度和广度；自2013年起，我们统筹管理集团资产与负债，开始构建集团资产负债管理体系，至2014年末，搭建了涵盖资产负债配置、筹融资、流动性储备投资、流动性风险管理、资金运营在内的证券公司全面资产负债管理体系；2015年，经过深入行业调研及管理咨询，探索出适应集团自身特点的内部资金转移定价体系方法，成为业内广为借鉴的行业典范；从2016年起，随着网点的大幅扩张，我们进一步探索共享财务理念，不断优化财务核算工作流程，将分支机构同质工作标准化，在实现统一清算核算的基础上，进一步统一核算规则、统一报表编制、统一处理标准，形成“一人完成所有单位同一事项”的规模效应。“九层之台，起于垒土”，正是我们不断探索和实践，才为集团战略财务的转型和财务服务质效的提升奠定了坚实的基础。

| 集团协同：俱怀逸兴，不改初心，开启集团财务一体化新篇章

◎ 采访人：2017年底，公司深化改革，首次提出以集团协同为核心举措，能和我们谈谈集团协同带来的变化吗？

林红珍：从2017年底开始，公司着手打造符合自身特点的多元化协同战略、管控体系和协同机制。我们计划财务部是承接落实集团协同机制的部门，我们在内部组织架构上增设了集团协同处，由我兼任总监，专职全面负责集团整体协同机制体制的搭建工作。在最初的一年里，我们研究了许多大型集团企业、同业的优秀协同经验，梳理了公司整体业务协同模式，从无到有创造性地提出了一整套协同路线图及集团客户、服务协同指标矩阵图。在已搭建的协同机制体制框架基础上，我们不断朝着精细化、精准化的目标前进，前后出台了40余项业务协同相关机制。从协同制度的完善，到协同指标的优化，到分支机构协同转型，再到业务的协同推动，集团协同的价值在引领集团高质量发展上结出了沉甸甸的果实，也逐渐成为集团在同业券商里独树一帜的特色与标识。经过3年多的努力，集团业务协同理念早已深入人心，协同成效逐步显现。

◎ 采访人：公司近两年一直在实践集团一体化，这对计划财务部提出了更高的要求，您体会最深的是什么？这两年您的工作节奏是不是更快了？

林红珍：只有紧跟公司前进的步伐，以战略为纲，才能引领财务管理适应新时代的发展。记得2017年底改革之初，连续几天调研会后，我们马不停蹄地做顶层设计，马上推进改革，2018—2019年，公司综合经营计划、综合考评分析机制、财务分析报告体系基本完善，从同业交流来看，我们公司财务精细化管理水平已明显优于大部分对标券商，在行业中形成了较好的品牌与口碑。

为了贯彻集团一体化经营理念，我们一是实施了委派财务经理体制，加强对集团各单位的财务服务和财务监督；二是对全集团所有经营单位实行了集团统一的分类分级财务授权；三是建立了集团统一的经营计划管理和分析考评体系；四是强化了集团各单位资源配置的穿透统一管理；五是宣导树立“集团一盘棋”理念，不断优化、完善集团业务协同机制体制，促使集团各个单位同其心，一其力，共同促进集团战略目标的实现。

◎ 采访人：每天夜里，我们看到计财部和您的办公室的灯总是亮到最晚的，通常忙到什么状态？

林红珍：做管理分析的这些员工，每天平均工作时间不低于12小时，我本人也是，这是平均工作时间，基本上所有思想、全部时间都用在了工作上。从事管理分析的职业，长年累月忙到停不下来，通宵也是常态，12点休息很正常。对计财部同事来说，白天与黑夜似乎并没有太大的区别，我们每个人都能够切身感受到工作带给我们的压力，无论是有形的还是无形的，这是工作性质使然。我们一直用行动告诉大家，我们都坚持下来了，而且尽可能做到极致。在人生的某个阶段你会觉得很辛苦，但是偶尔回过头，你会感激那段时光。对于年轻人来说，在职业前期不要害怕辛苦，那段时间会是你职业的积累期和沉淀期。

◎ 采访人：我们都觉得您是做事很拼的人，您觉得是什么支持着您一直有着饱满的热情和拼劲？

林红珍：责任、担当、使命、进取，这是公司的文化，也是我的座右铭。因为我本人也是从一般员工发展起来的，很多岗位都从事过，做后台职能部门其实不像业务部门那么容易出成绩，业务部门一项项业务的成果能很直观地展示出来，但是财务更多的是在支持服务，要搭建机制，要思考很多管理细节，很多的工作是没办法直接展现出来的，但是整个公司的发展又离不开这些岗位。所以我自己从职能部门做出来，我确实知道做好这个岗位的工作，会面临很多的挑战。我会更多地从自身的感受和自身的发展经历来带领、引导他们。

计财部的这个团队，这帮年轻人，他们专业素质都比较高，而且也都比较积极进取，是比较好的苗子，我很怕他们如果没有业务发展的理想以及专业提升的目标，会很容易被淹没在日常简单的工作中，最终发展成为简单的记账人员或者简单的报表分析人员，而不能真正体现自身的专业价值。所以我告诉他们，一定要沉得住气，要去耕耘提升自己，才能成长和蜕变。

◎ **采访人：我知道您所带领的财务部门，这么多年一直都是得到集团A级的考评。您觉得这个A意味着什么，代表着什么？**

林红珍：代表了公司对整个计财工作的肯定，也代表了对计划财务部从简单的记账职能到支持服务、业务财务、战略财务职能不断转型的成效的肯定。这几年整个计财部门紧跟业务的发展，贴近市场的脉络，不断调整转型，能得到优秀的评价，也证明我们有在努力，有在提升，但是我还是觉得做得还很不够。

| 平凡之路：创新，进取，责任，担当

◎ **采访人：您是一位优雅的女性，但是在财务管理这个重要又特殊的岗位，工作中是否有冲突的时候？您是如何看待的？**

林红珍：工作中的冲突总是难免的。比如有的业务单位一时没有业务思路，也不知道业务增长点在哪里，但是一味要求计划财务部必须给投入、给政策，这个时候就必须拍桌子。但是兴业证券这个大家庭有一个优良的传统，就是无论是业务还是财务，大家的整体方向和目标是一致的，都是想着为这个企业奋斗，并希望它成长壮大，所以只要这个共识达成了，很多矛盾就好解决了。财务既要立足于业务，也要独立于业务，纯粹的监管或者服务都不行。从开源节流的角度来说，财务是一个监管的角色，财务需要控制成本，去评估每项费用的合理性以及投产比。从另外一个角度来讲，财务也是服务的角色，与业务部门共同探讨，如何引进人，如何发展，如何科学投入，这在很大程度上也是在帮助业务部门解决问题，因此也能得到很多业务部门的理解和支持。企业和个人，就是在这种冲突、磨合中不断发展、成长、壮大的。

◎ **采访人：27年过去了，您觉得兴业证券给您带来最大的变化是什么？**

林红珍：这27年时间，兴业证券带给我最大的变化，就是能克服一个又一个的困难和波折，一次又一次地蜕变、成长，不断地创造新的辉煌。不设限的人生有无数可能，愿意改变，尝试改变，是缔造奇迹的开始，打破固有的认知，矢志不渝地努力，照亮自己也能影响别人，这才是我们的人生最应该做的事情。

◎ 采访人：那您觉得27年时间，您给兴业证券留下最重要的印记是什么？

林红珍：我只是它成长发展光辉历程中最小的一个环节，就是一枚螺丝钉的作用。一是螺丝钉的韧劲，百折不挠，用自己的责任与担当为公司实现战略愿景；二是螺丝钉的钻劲，针对公司发展中遇到的难点和重点，钻研挖掘最底层的动因，有针对性地寻求解决方案；三是螺丝钉的凝聚力，带领我所管理的部门和团队，凝聚大家的干劲，团结伙伴的力量，在公司发展和战略落地的过程中发挥作用，实现财务和业务的高效协同，在体制化和机制化中寻求突破和推陈出新。正如钉子一样，受到的锤炼越多，扎根越深，迈向未来的脚步也更加坚定。

◎ 采访人：这27年里，您切身感受到的兴证人身上展现出来最宝贵的特质有哪些？

林红珍：创新，进取，责任，担当。

◎ 采访人：4个层面你觉得最重要是哪个？

林红珍：进取。因为兴业证券从开始一个小小的营业部发展成为全国综合性的全牌照证券金融集团，如果没有这种拼劲，是没办法达到这个成效的。不去拼的话，天上永远不会掉馅饼，只有去努力进取，才会有所收获，有所成就。证券行业日新月异，外部竞争环境的变化也要求整个集团保持拼搏和进取的精神，要不断地去挑战自我，要创新性地去开拓业务，才有可能实现一流证券金融集团的宏伟目标。

◎ 采访人：展望未来这10年，您觉得兴业证券应该保有怎样的一个进取心？

林红珍：兴业证券已经有了很好的一个进取心，我们已经制定了集团的“十四五”规划，提出了建设一流证券金融集团的目标和新发展理念，要通过5年的时间，力争只用3年，集团综合竞争力要达到行业前十，这就是兴业证券最大的进取心。

◎ 采访人：如果要送给兴业的年轻人一句话？您会说什么？

林红珍：行而不辍，未来可期。只要行动不放弃，一步一脚印、一步一创新、一步一进取地去奋斗，未来都是你们年轻人的，集团发展宏图也一定可以在你们手上实现。

李予涛：
全面推动兴业证券集团金融科技转型突破

采访人/王玉玲

编者按：

2021年，三十而立的兴业证券迎来了集团数智化转型向纵深推进的关键一年，李予涛担任公司首席信息官一职也正好两年。他用一句话概括自己的感受："在兴业证券，发展金融科技不是纸上谈兵。"

李予涛说，2021年以来，兴业证券在探索证券行业金融科技创新与数智化转型发展方面的工作进一步提速，通过"内联外合"加快打造开放式业务生态，全面推进大机构服务体系数智化转型，实现业务和技术超融合发展。

尤为值得一提的是，继2020年推动与互联网平台战略合作、设立行业首家聚焦互联网生态运营的金融科技联合创新实验室之后，2021年兴业证券围绕机构服务能力建设，重点打造"五位一体"全业务链机构客户服务体系，利用金融科技整合集团机构经纪、托管外包、投资研究和产品销售等各项业务资源和服务能力，站在集团高度为机构客户提供全业务价值链综合金融服务，同时联合战略伙伴构建机构服务生态圈，推动机构业务发展与数智化转型。

在兴业，发展金融科技不是纸上谈兵

◎ 采访人：您之前分别在芝加哥商品交易所、郑州商品交易所和香港交易所工作，为什么当时会选择来到券商？

李予涛：当时有一定的机缘巧合。2019年6月，《证券基金经营机构信息技术管理办法》正式实施，要求各证券机构设置CIO（首席信息官）职位。很多证券公司开始招聘首席信息官，兴业证券在行业内率先开启了招聘动作。

我在国内外交易所任信息技术高管时，也一直关注证券行业的科技发展动态。近年来，各大金融机构对金融科技空前重视，我也想换个领域尝试推动金融科技在证券行业的应用。兴业证券需要一个在金融科技领域具有国际视野和丰富经验的CIO，而我在几大交易所积累的经验以及一些互联网巨头的资源正好与兴业证券的需求相契合。当时我与兴业证券的管理层交流后，一拍即合，就决定来兴业证券了。

◎ 采访人：兴业证券这个平台有哪些吸引您的地方？

李予涛：我一向把自己定义为职业经理人，选择平台主要看两点：首先是自身能力能不能和平台互补。如果一个平台已经很成熟和领先了，那么职业经理人就很难有充分施展的空间。其次是平台有没有充分的决心和资源去做科技投入。兴业证券以建设一流证券金融集团为战略目标，需要利用金融科技去推动甚至引领业务发展，对金融科技的重视背后体现的是集团的战略决心。这是我当时最看中兴业证券的一点。

◎ 采访人：兴业证券的金融科技战略定位是怎样的？和其他券商相比，有哪些特色？

李予涛：在兴业证券，发展金融科技不是纸上谈兵。我加入兴业证券以后，就见证了集团对金融科技的投入每年以30%~50%的速度增长。现在金融科技已经被提升到集团战略高度，是推动集团“财富管理+大机构业务”双轮驱动战略的重要引擎。

以财富管理为例，随着行业互联网流量红利逐步消逝，公司如何实现零售客户规模的大幅增长？兴业证券没有简单选择互联网引流的路径，而是通过与互联网巨头达成战略合作，共建互联网生态。2020年11月，兴业证券与阿里云联合挂牌成立行业首家金融科技创新实验室就是一大创新探索。

金融科技赋能大机构业务的特点在哪里？实际上，兴业证券的综合服务能力一直很强，包括机构交易、投研服务、托管外包、销售服务以及机构增值服务等，每一个单项的能力都很不错。2021年我们要利用数智技术，建设涵盖这五大服务的“五位一体”全业务链机构客户生态圈，将这些能力联动起来，强化协同优势。

再就是集团协同。我们在以金融科技赋能集团一体化办公协同与垂直穿透管理，加快经营管理领域数字化建设，推进集团级人力资源、财务核算与管理会计、协同信息线上化统一管理的过程中，集团协同都是被放在首位的，这也是兴业证券的一大特色。

数智化转型是行业的必然选择

◎ 采访人：您到兴业证券以后，在团队管理上做了哪些改变？

李予涛：主要是三个方面。

一是将技术团队按照专业导向拆分为金融科技部与信息技术部，分别聚焦创新与保障。这使兴业证券能在保障业务安全稳定运行的前提下做好金融科技创新，稳中求进。

二是重点推行KYB（Know Your Business）文化。我要求科技团队多作行业调研，了解行业动态和同业打法。无论是监管的新政策还是行业的新动向，我都要求科技部门第一时间进行解读。同时，在公司内部也要和其他相关部门多沟通和多互动，主动了解甚至引导和创造业务需求。

三是成立了扁平化管理的产品团队。我们的部门负责人下面就是各产品团队，这种扁平架构在金融机构非常少见。相对于资历我们更加注重综合能力，给大家创造公平竞争的机会。这可以有效提升团队的主观能动性，同时也方便管理者清楚团队骨干的状态。

◎ 采访人：兴业证券在数智化转型的过程中，有没有遇到过阻力？

李予涛：阻力一定是有的。过去，证券行业非常依赖供应商提供的标准化服务，很少有券商选择自主研发，这就导致了各家券商的技术能力同质化非常严重。但是现在行业已经发展到了新的阶段，券商的差异化专业能力重要性凸显。

在过去依赖标准化服务的时候，大家的日子过得比较舒服，现在要转型，就会对原来的理念文化、工作习惯、系统流程等形成冲击。例如，传统的IT主要是做系统和产品，简单地满足功能需求和客户体验。现在要做平台和生态，要创造新的商务模式并固化到系统中去，必然会对原有的模式和传统的部门边界产生冲击。

再举一个例子，兴业证券五年金融科技规划里的重点领域之一是经营管理，而集团运营一体化是经营管理领域里非常重要的工作之一。过去子公司相对独立，运营能力较弱，集团化管理就要将兴业证券的运营能力输送给子公司，帮助子公司推动数智化转型，这也算一个挑战。

◎ 采访人：在您印象中有没有和团队成员产生意见冲突的情况？

李予涛：没有大的冲突，因为我们统一了思想和路径。2019年我来兴业证券以后，首要任务是牵头制订集团五年金融科技战略规划。我们花了半年的时间做这个规划，群策群力，在IT内部和集团上下对金融科技如何赋能公司发展达成了共识，所以在大的方向上不会有太多矛盾。执行层面的冲突与矛盾相对比较容易解决。

金融科技规划长达上百页，除了宏观上的行业分析以外，还精确到12个细分领域的资源投入和项目卡片。在金融科技规划的大框架下，项目决策流程和审批链条大大缩短，整体决策效率大大提高。

◎ 采访人：2020年，兴业证券先后与阿里云、腾讯云、恒生电子签订战略合作协议，这些与互联网巨头的合作，为兴业证券带来了什么？

李予涛：我简单介绍一下兴业证券和互联网公司合作的背景和思路。兴业证券希望通过金融科技赋能将整个零售业务做大，一定绕不过互联网转型。从2019年底开始，我们同时与腾讯、阿里、字节跳动、京东等多个互联网巨头接触，然后根据双方的战略意愿和资源禀赋推动个性化、可落地的战略合作。

与腾讯的合作有几点创新，包括合作建设基于微信的营销平台、共同打造财富成长小游戏等，不仅在客户拓展和服务方面大大提高了效率，也实现了寓教于乐的投资者教育目标。

与阿里云的合作则是基于互联网生态共建的理念。我们不想简单地以导流变现的方式合作，而是通过生态融合，达成全面深度合作，实现对客户服务模式和生态运营模式的全面转型。2021年我们会继续探索数据驱动的数智化生态运营与对客服务。

| 要为兴业证券集团下一个30年的发展夯实科技基础

◎ 采访人：在您眼中，兴证人最宝贵的文化特质是什么？

李予涛：协同与开拓。兴业证券从福建起家逐步走向全国，甚至辐射全球，背后折射的是兴证人爱拼才会赢的精神。几年前，兴业证券开始做分公司转型，加强分公司的机构服务能力，开拓一条很少有券商走的路。兴业证券愿意做孺子牛、老黄牛、拓荒牛，在新环境、新形势下努力拼搏，这种特质非常宝贵。

◎ 采访人：您来兴业证券有两年了，怎么评价这两年的感受？

李予涛：从个人职业发展和技术团队转型的角度，我觉得来兴业证券这两年的收获完全超出我的预期。

首先，从交易所到券商这个转变对我来说是非常有意义的。我在交易所工作了十多年，对很多业务和系统都比较熟悉了，而券商对我来说是一片新的蓝海。我很喜欢经营机构充满竞争的环境，压力也是动力，感觉自己年轻和充满活力。

其次，随着这几年集团加大科技投入，兴业证券的IT团队在不断壮大。我带着团队一起成长，很多优秀的年轻骨干被培养起来，大家一起做有意思的事情，认真和快乐兼得。

我相信兴业证券的金融科技在不远的将来一定可以充分赋能业务、引领业务，并在某些领域实现突破和弯道超车，为公司下面30年的发展夯实科技基础。

◎ 采访人：您刚刚提到在某些领域弯道超车，有没有具体的目标？

李予涛：互联网创新需要一个过程，短期内不一定能看到客户规模井喷式的增长，但是我相信，当我们把互联网生态运营这个关键的核心能力建好以后，我们会创造出客户规模和客户服务能力的二次增长曲线，在2~3年内树立行业财富管理数智化转型的标杆。至于机构业务的科技能力，我的目标是3~5年进入行业前五。对行业发展的充分调研，与业务部门的超融合，再加上集团的战略重视与投入，让我有这个信心。

整体来说，“十四五”期间兴业证券致力于打造“财富管理、机构服务、金融科技”三大生态，重点建设“数智化基础支撑、数智化风险管理、数智化运营”三项能力。我希望用3~5年的时间，全面推动兴业证券金融科技转型突破。

庄园芳：无问西东，自成芳华

采访人/李小天　蒋寒尽

“资本市场是很吸引人的、向上的、充满变化的市场，一直有新东西吸引我们不断学习了解下去。我很幸运在年轻时进入这个我热爱的行业。”

——庄园芳

编者按：

庄园芳是兴业证券初创期就加入公司的老员工，从事投资管理事业29年，作为中国第一代“红马甲”，她的成长经历与中国资本市场和资管行业发展紧密相连。曾任兴业证券副总裁，分管自营投资、研究、机构、固定收益等核心业务板块，三度荣获集团最高荣誉“兴业奖”；现任兴证全球基金总经理，以责任价值观和纯粹的投研文化独树一帜，率领公司在人才团队、产品线布局和资产管理规模方面再上一个台阶，主动投资管理能力及净资产收益率在行业内名列前茅。

与深厚的从业经历相对，庄园芳的个人风格低调淡雅，又亲和率真。她笑称自己是“理科生的内核”，回顾往昔，往往化繁为简云淡风轻，但你总会被她对投资事业的热忱所感染，被她话语间四两拨千斤的利落感所折服。

此次《兴访谈——同梦同兴三十周年》的专题采访，我们有幸与庄园芳进行了两个小时的深度访谈，回忆早期的“红马甲”生涯、集团历史上的几次关键转折，听她讲述兴证全球基金的核心文化及管理理念，以及她29年从业生涯中独特的从业心得、人生感悟。

忆往昔：近30载青春献给兴业证券

“其实我觉得我和兴业证券的关系，就像冯小刚写的那本书，叫作《我把青春献给你》，我的青春是伴随着这家企业一起成长的。”

——庄园芳

1992年，庄园芳大学毕业分配到兴业银行。同一年，兴业银行拿到了上海证券交易所的会员席位，于是当时复旦大学和上海财经大学的4位应届毕业生，就一起被分配到证券业务部，从中国资本市场第一代的“红马甲”开始做起。

当时国内的资本市场也刚刚起步，许多方面并不成熟，但在庄园芳看来，一切都是新奇而有吸引力的，洋溢着向上、充满变化的氛围。“一直有新东西吸引我们不断学习了解下去”，就这样一路与行业共同成长，29年弹指而过，但对投资事业的热忱仍一如往昔。

每个人都身兼数职，在试错和创新中快速成长

中国最早一批“红马甲”的工作方式，放到今天是很难想象的。

不同于如今的计算机操作，当时的交易下单全靠人工，而且打单设备落后，经常卡壳，经常要到晚上12点才能把单打出来，新员工加班基本是常态。“那时候杨东（时任上海业务部交易员）负责每天到交易所打单，还记得他每天骑着一辆自行车往返于交易所与住所。”庄园芳回忆道，年轻的“红马甲”们白天接单作交易，晚上还需要手工对账。基本上每天都要加班加点，从没有人叫苦叫累。“当时没考虑过累不累，大家都不喜欢抱怨，就是一门心思把手头工作做好。”

令人振奋的则是个人能力的飞速成长。“那时候我们的工作还有一个特点：因为很多业务都还在摸索过程中，人员也有限，所以每个人都要身兼数职，可以说职能范围很大：白天做交易，晚上做会计，还要做客户经理，自营业务，到周末还要做资讯服务，这对于年轻人来说其实是好事，方方面面都得到了锻炼，成长得也特别快。”

当时中国的资本市场还是“摸着石头过河”阶段，很多金融产品亟待填补还未出现，对于年轻人来说，也意味着可以充分创新，试错，将设想付诸实践，充满挑战和吸引力。“兴业证券的公司文化一直都是包容、开明、重视创新的，只要有充分的理论和实践依据，同领导和监管层沟通后，就有较大概率获得通过。有时候我们要解决某一个问题的痛点，都是去图书馆查资料寻找解决方案。在公司领导的带领下，我们针对客户痛点做了很多创新业务。”

在这个阶段，兴业证券开展了许多业内首开先河的业务创新，如1994年，兴业证券承揽福州东百和闽福发的配股项目，在国内没有相关先例可循的情况下，经监管部门批准，发行了国内最早的备兑权证，将法人股的配股权以权证形式向社会公众有偿转让，成功解决客户的痛点。1995年，兴业证券主承销福建豪盛配股，又首创了法人股转配股非定向转让模式。“当时开盘后1分钟1000多万股转配股就销售一空，成为转配股市场上一个绝无仅有的奇观。当时媒体纷纷报道，还有学术机构专门针对此进行了探讨研究。”

从自营到研究所，再到兴证全球基金：一脉相承的投研理念

研究业务是兴业证券的金字招牌。无论是庄园芳最早带领的自营投资团队，还是后来分管的研究所，再到现在管理的兴证全球基金，都有着一脉相承的理念——以研究为中心，以专业为准绳。

“1998年，《中华人民共和国证券法》发布，首次对证券投资运作进行了规范，我们清晰地认识到投资必须是一件很专业的事情，这一认知也迅速体现在我们对投研人员的挑选、培训和学习中。我们确定了一个基本的理念——我们不能做短期的事情，要做长期的事情。”

在庄园芳看来，投研体系的专业化布局，让兴业证券一开始可能就用正确的打开方式做了正确的事情，让公司的自营业务取得了顺利的开局，进而形成了良性的正循环，于是激励团队在这条路上不断地走下去。

进一步在研究上加大战略性投入是在2009年底。当时兴业证券正在筹备上市，时任董事长兰荣带队前往韩国三星集团调研，重点调研的是三星集团如何在倒闭的边缘转危为机，成长为一家世界级企业，背后的驱动力到底是什么。

“这次调研给了我们很大的触动和启发，”庄园芳表示，“我们发现了这家企业的两大特点：第一个特点是他们有着深刻的‘第一性原理’思维模式，也就是对事物的本质理解得特别透彻，有足够的高度和远见，因此在制定和执行战略的时候能够排除干扰因素、抓住主要矛盾。第二个特点就是他们‘在研究上大笔投入’，他们认为研究才是一家企业的发动机。当时我思考了证券行业的业务模式，证券公司作为把投资方和融资方结合在一起的中介，我们提供的最重要的服务就是定价。而只有做好研究才能提升定价能力，所以研究也是证券公司的发动机。那次调研完以后，公司就下定决心对研究加大战略性投入，打造我们的研究金字招牌。”

而对研究业务进行考核，也是延续兴业证券一贯的理念，以客户为导向。“研究所对内提供服务的成果很难衡量，几乎每个部门都需要研究服务。摸索了一段时间以后，我们意识到最客观公正的其实是来自外部客户的考核，所以外部机构客户的评价就成为我们研究员的考核标准。这也再次回归了我们‘以客户为先’的经营理念。”

陪伴公司度过最困难的2003年

2003年是兴业证券经营史上最困难的一年——资本市场在2001年和2002年经历了连续两年的大幅下跌，2003年市场仍在调整震荡市中，当年整个证券行业的受托投资管理业务受到巨大冲击，经营状况持续恶化，几乎全行业亏损，风险相继显现。兴业证券也在这一年出现了成立以来的首次亏损，生存发展面临严峻考验。也是在这一年，庄园芳带领的证券投资自营团队竟然创下佳绩，帮助公司顺利度过了2003年的经营困境，庄园芳也因此获得了公司内部最高荣誉“兴业奖”。

对此，庄园芳谦逊地解读为“搭上了市场的东风”，她说：“其实那一年的资本市场有非常好的投资机会。回顾A股的发展史就会发现，以前的股票投资其实就是纯粹地作‘交易’，直到2003年，资本市场逐渐开始回归股票基本面研究，随之出现了A股的‘五朵金花’——煤炭、汽车、电力、银行、钢铁5个板块。受益于当年所处的经济周期，这五大行业的盈利情况都非常好。而我们正因为一开始就走在了正确的道路上，一直非常重视对企业本质的研究，所以在那一年里把握住了不错的投资机会。”

谈管理：人才、责任，是兴证全球基金最核心的关键词

“我们在每一年结束后都会反思，万家灯火之中或者说老百姓的幸福之中，是不是有我们的付出。”

——庄园芳

2016年，庄园芳出任兴证全球基金董事长，2017年1月兼任总经理，后转任总经理。5年多来，庄园芳始终坚守公司的责任文化，坚持以投研为导向、以投资者利益为核心的价值观，持续推进精品战略，坚持高质量、专业化的发展道路，带领兴证全球基金成长为一家有特色的、受人尊敬的基金公司。

慢就是快，一步一个脚印打造“精品策略”

了解兴证全球基金的人都知道公司的“精品策略”——只发行具备核心竞争力的，能够穿越周期、有持续生命力的基金产品，并在管理上深耕细作，把每只产品都打造成精品。

截至2021年第一季度末，兴证全球基金总资产管理规模超过5743亿元，其中公募总规模4953亿元，而基金数量仅40只，远少于同等规模的其他基金公司。而这40只基金累计为客户盈利超过1547亿元，盈利数值超越了公司旗下所有基金的累计发行规模

1421亿元，业内鲜见；平均单只基金盈利38.70亿元，在同期可比的36家基金公司中位居第一；公司成立3年以上的11只主动偏股型基金平均年化回报超过20%，真正做到了以时间见证价值。

庄园芳表示，兴证全球基金在发展初期，资源比较有限，发行一只产品很不容易，产品数量很少、规模也较小，公司最大的资源禀赋是人才，在这种背景下，公司专注于投资管理，深耕细作，把仅有的几只产品管理好，进而逐渐形成了公司的“精品策略”。她生动地比喻说：“产品就像我们的娃，娃不多，大家就会投入全部精力去精心地照顾他们，因此我们的每一个娃都长得特别好。”

“精品策略”的实践也实现了良性循环。“我们发现，当公司真的把每一只产品都管理得很好以后，自然而然就赢得了客户的信任，因为客户在你这里选产品不用焦虑，不管选哪只都不会错。就像我前面所说的，因为资源的因素选择了‘精品策略’这条路，然后获得了正反馈，于是就坚定地在这条道上走了下去。”

投资出身，所以更理解投资

兴证全球基金的投研文化在业内也是颇有独特之处，多元包容、尊重专业、简单纯粹。这与公司总经理的经营理念和企业战略密不可分。公司成立以来分别由杨东和庄园芳担任总经理，两人都是拥有近30年投资经验的投资老将，对于投资事业也有更多专业理解和洞察。

“可能因为我们都是投资出身，所以更理解投资。作为公司管理层，我们不会觉得自己懂行、有经验，就要求基金经理听我们的。相反，我们深知，如果一言堂控制投资，很容易形成错误的交集。所以我们采取的是‘基金经理负责制’，在投委会把控风险的基础上，鼓励每个基金经理独立决策，保持自己的风格，努力成长为他这种风格最优秀的选手，并且不断扩大自己的管理半径。总之基金经理对自己管理的产品有比较大的权限。”庄园芳说道。

不仅在管理方面尊重专业，在投研人才的选拔上，庄园芳同样倾注了许多心血：“好的研究人才是比较容易判断的，比如看他是不是有独立的思想、对事情的理解是不是有深度等；而投资除了要专业能力，还对人的本质、心性有高度的要求。具体来讲，一个是你能不能很诚实地面对自己，承认错误并及时纠错，因为每一次股票交易都有买卖双方，也就是说当你认为某只股票好的时候，一定有人认为是不好的，双方必然有一方的判断是错误的，所以在投资中犯错是常有的事。因而在投资中愿意承认自己是一个会犯错的人，不断换位思考，是非常重要的品格。另一个是你是否有很强的耐挫力，做投资的挫败感比作研究要大得多，投资这个职业很纯粹，好与不好都由市场来评价，可能百分之六七十的时候都是被市场打脸。我经常说，如果作研究有50%的成功概率，作投资成功的概率可能就只有5%。如果没有一颗强大的内心，是很难坚持下来的。从这个角度来讲，并不是好的研究人员都适合作投资。”

立足客户需求，协同乃是水到渠成

从2017年起，兴业证券开始实施集团战略转型，兴证全球基金与集团进行了全方位的业务协同。对此，庄园芳表示：“集团协同是发展到一定阶段水到渠成的事。当公司还很小的时候，各子公司、各业务条线都还没有什么资源，谁也帮不了谁，就要鼓励大家独立出去闯，这样才能不断提升自己的实力。但是当企业规模大了以后，大家都有一定的资源积累，此时加强协同，可以通过资源共享提升整个企业的经营效率，所以我觉得公司发展到这个阶段确实需要战略协同。”

庄园芳介绍说：“集团战略协同的本质是共同服务客户。集团和基金公司都是以客户为中心，立足客户需求来开展工作，出发点都是通过提供专业的产品、优质的服务，为客户创造更多价值。”

提及对兴证全球基金未来的期许时，庄园芳说道：“在我看来更重要的是坚守责任文化，大家在一起正确的事情，产生的结果是不断努力后自然形成的。”她表示，中国资管行业是一片巨大的蓝海，中国老百姓积累了几十年的财富，急需好的管理人，资管产品尤其是优质的产品是供不应求的。所以说现在最重要的还是资管机构需要提高生产优质产品的能力，真正为持有人赚到钱，基金公司应该致力于打造有质量的产能——不断培养出优秀的基金经理，增加优质基金经理的产能。

谈人生：做热爱之事业，行普世之责任

“热爱是克服一切困难，从而不断前行最重要的一个特质。”

——庄园芳

两个小时的访谈中，庄园芳多次提到自己是非常幸运的。一毕业就进入了证券行业，站到了一个好的赛道上，分享了行业快速成长的红利；更幸运的是从事了自己热爱的投资事业，热爱是最大的驱动力，所以她才会在这个行业、这家公司一干就是近30年。

要感谢时代的红利，要保持谦卑

当提到个人及企业所取得的出色成绩时，庄园芳总是抱有一份感恩与清醒。她表示："我一直跟大家强调，我们所取得的成绩，不是因为我们个人有多么优秀，而是得益于搭上了高速前行的列车。如果说中国是一辆高速行驶的快车，那金融行业就是快车上的快车，我们有幸分享了时代给予的红利。以我自己的经历为例，我1992年毕业，乘着改革开放的东风，国内最热门的是外贸行业，最优秀的一批毕业生都倾向于选择这个行业，我当时也有机会进入外贸行业，但因为一些偶然的因素选择了当时刚刚起步的证券行业。现在看来，证券行业比外贸行业发展得好，这中间当然有个人的努力，但更多的是历史进程造就的行业红利。时代给个人的加成远超过我们的想象。"

"我们这个行业最大的问题就是，很多人都认为自己的成功是因为比别人厉害、比别人有力量，这就直接给投资埋下了风险的种子。当你能清楚地认知到自己能力的局限性，认识到是行业给予你的红利的时候，你就能保持一颗谦卑的心，更加敬畏市场，这是防范风险很重要的一点。"

要心中有爱，要心存善意

公益是兴业证券及兴证全球基金醒目的标签。在庄园芳看来，公益与企业责任，与企业的文化建设都是密不可分的。

"身处这个行业是极其幸运的，我们的所得与我们的付出之比，远远高于在别的领域工作的人。在公益事业上的身体力行，一方面是承担社会责任，另一方面也让我们的从业人员不浮躁，能够设身处地去思考社会上还有很多付出却得不到回报，或是回报很低的地方，理解社会的千姿百态，理解不同的行业和不同的人，理解那些生活不易的老百姓的真实处境。这样，我们内心会有更强的责任感，会时刻提醒自己：我是在为广大辛辛苦苦赚取生活费的老百姓管钱，我的行为会直接关系到千家万户的生活质量，进而就会更加珍视客户的每一份托付，而不是只想着自己个人的得失。如果在投资过程中只考虑个人利益，就很容易出现投机行为。所以我们做公益绝不是一种施舍，而是有更深层次的含义在里面。"

兴证全球基金的责任文化不止公益，更与资管行业的专业禀赋紧密结合。2008年4月，兴证全球基金发行国内首只社会责任基金——兴全社会责任基金，成为业内践行责任投资的先行者，致力于通过资本市场引导资金流入社会责任感强的企业；2011年5月，发行兴全绿色基金，首开倡导绿色投资理念先河；从2016年起，陆续发行兴全社会责任专户，以专业能力为公益基金会的资产管理“开源”。从2009年起，兴证全球基金在业内第一批发布社会责任报告，之后每年都会坚持发布公司在客户、员工、股东、合作伙伴等责任的履行情况。

值得一提的是，兴证全球基金旗下兴全社会责任基金、兴全社会价值基金等产品，经董事会批准，每年计提部分管理费用于公益支出，这一机制在业内是绝无仅有的。截至2020年底，公司及员工的累计公益捐赠已经超过1.2亿元，公司有专门的由员工组成的“爱心大使”队伍，在工作之余义务担当起公益项目对接人的角色。

“作为资产管理者，必须要坚守信义责任，其中最重要的责任就是能够给投资者创造财富，保值增值。只有真正把这个责任放在心上，你才能做好资产管理。我们的公益、责任投资等，都是围绕着让我们的员工理解‘责任’这两个字，这也是我们最重要最本质的企业文化。”

唯有热爱，驱动我们不断前行

被问及想要对30年前那个刚毕业的自己说什么时，庄园芳说：“我会对她说，做自己热爱的事。只有热爱，才能在遇到挫折的时候不折不挠；才能在面对失败或错误的时候勇于面对和纠正；热爱是克服一切困难，从而不断前行中最重要的一种特质。”

她进一步表示，如果缺乏热爱，就要靠外力来驱动，而外力是不可持续的，总有熄火的那一天；只有热爱产生的内驱力可以持续下去，甚至能量越来越大，不断驱动你克服一切困难、痛苦、挫折，径直向前。“我们常说投资行业需要独立思考，而只有热爱的人才勇于独立思考。我选人的时候也会考虑这一点，我不希望你是因为这个行业热门、薪酬高才选择来这里，而是因为真的喜欢这份工作。”

结语

庄园芳是一个非常低调的人，我们多次邀请她参与集团30周年纪念视频的拍摄，她都礼貌地拒绝了，她说自己比较喜欢待在镜头后面。“我希望外界是通过优质的产品和服务来认识和认可我们公司，通过中长期良好的投资体验建立对我们的信任，这也是我对于好的管理的理解。”

踔厉奋发三十载，新征程上再出发

文/投资银行业务总部

从1992年推荐福耀玻璃上市，到2019年保荐福光股份成为首批科创板上市公司，再到厦钨新能分拆上市，作为公司龙头业务，30年来，兴业证券投行业务以服务实体经济为己任，紧扣资本市场发展脉搏，把握发行制度市场化改革的机遇，累计股权融资近300次，帮助客户融资约3500亿元，其中公司承销规模超过2200亿元，极大地提升了品牌形象和市场影响力，为我国资本市场发展作出了自己的贡献。

| 星星之火，可以燎原，承销团主干事奠定投行业务基础

兴业证券投行业务最早可以追溯到公司诞生之初。1991年9月，福建兴业银行成立证券交易营业部，下设3个处室中，其中业务科负责债券发行，是投行业务雏形。当时的证券发行工作由全行共同推进。1993年6月，福建兴业银行担任福耀玻璃和福联股份2家福建首批上交所上市公司推荐人，为股票承销业务打下基础。

1993年，证券业务部获得福建省内5家IPO额度中3家企业的主承销商资格，成为省内投行龙头，并在全国打出名气。当年，为防止各地投资过热，证监会对股票发行采取额度指标制，福建省首批试点企业共5家，分别是福建水泥、闽东电机、福州东百、闽福发和福建豪盛。围绕5家企业的主承销竞争非常激烈，证券业务部面临闽发、华福和厦门证券3家省内专业证券公司和万国、申银、海通、南方、国泰、华夏等多家全国知名证券公司的竞争。经过激烈角逐，证券业务部最终突出重围，夺得福州东百、福建水泥和闽东电机（华映科技）3家企业的主承销商资格，并成为发行团主干事。

公开发行股票在福建尚属首次，发行工作不仅涉及广大投资者的切身利益，更关系福建省改革开放的形象。因此，承担主干事并主承销其中3家，是兴业证券历史上具有里程碑意义的大事。恰逢国家发布了一系列和股票发行有关的法规政策，证券业务部一边学习法规政策，一边和省体改委的同志探讨方案。当时没有银行卡业务，股票认购全部以现金收付形式进行，客户交来一捆捆现金，经办员拆分处理，再转手工清点，过点

钞机，交另一经办员复点，再过点钞机，最后打包，工作量之大超乎想象。在此期间，从总行到证券业务部领导，到各科室负责人，再到普通员工，齐心协力完成了此次艰巨而光荣的政治任务。经此一役，福建兴业银行证券业务部发行承销业务迅速在省内打开知名度，在全国范围的竞争中占有一席之地。艰苦奋斗的过程锻炼了队伍，培育了骨干，积累了经验，为后期投行业务的进一步发展奠定了重要的市场、品牌、人才和专业基础。

丨匠心独运，开拓创新，成立投行部，持续创新走向专业化道路

1994年，在银证分业政策下，在福建兴业银行证券业务部的基础上成立福建兴业证券公司，在此大背景下，公司进行组织架构调整，将原证券业务部下的发行部门改组为投资银行部。投资银行部以此为起点，开启专业化发展道路。

当年二级市场暴跌引发新股发行暂停，给投行业务的发展造成很大的困难。配股是当年一级市场仅有可运作的业务，由于法人股不能流通，其内在价值尚未被市场发现，大多数股东往往放弃认购配股，主承销商余额包销存在大额资金占用的风险。在此环境下，公司多次深入研究国外证券市场的有关案例和产品，提出“配股权证”这一大胆设想，即对国家股、法人股的配股权，以权证形式向社会公众有偿转让。在没有先例的情况下，公司与沪深交易所、中国证监会等有关主管机关进行初步沟通，得到监管机构和交易所的高度认可。这一方案既为发行人募集尽可能多的资金，又可降低主承销包销风险，还能满足公众投资者的投资需求，从而击败竞争者，最后争取到闽福发和闽东百配股的主承销资格，为公司注入了创新的基因，奠定了公司投行业务在权证领域的初创者地位，并在接下来几年内为公司赢得上亿元利润。

1998年的证券市场股权融资仍仅有发行新股和配股两种模式，并购仅有资产置换模式。当年3月，公司投行承揽上海巴士股份配股主承销项目。公交作为公用事业，一直是财政补贴的重点对象，依靠自身滚动发展难以在短期内实现资本跃升和规模壮大。为帮助解决发行人遇到的难题，投行策划定向发行法人股吸收合并非上市公司模式，成功实施巴士股份定向增发法人股，此后巴士股份迅速成为上海公交龙头企业。这种以资产换股权的新模式广受业内好评。

丨困知勉行，积厚成器，走向全国，通道制下的高光时刻

2000年是公司增资改制后，确立全国性发展战略的元年。在福建省政府的支持下，公司采取了一系列措施搭建全国性组织架构，为便于业务发展和吸引人才，投资银行业务重心逐步从福建走向全国。2000年初，投资银行总部成立，下设上海、北京、福州、深圳4个区域总部，实行垂直管理的模拟事业部制，投行业务由区域走向全国。自此，投行业务组织架构基本定型为“投行总部+区域团队”模式，并在后续发展过程中孵化出江苏团队、浙江团队和广州团队。

业务发展上，2001年，额度和指标正式废止，股票发行迎来通道制时代。当时有牌照的证券公司同时推荐的企业拥有通道上限，最多8条，最少2条，推荐企业每核准一家才能再报一家。投行当时拥有6条通道。在全国化发展战略下，当年证券市场融资额同比下降50%，投行股票主承销家数、主承销金额均逆势上涨，进入全国20强。

2002年，在市场低迷、经纪业务经营困难的情况下，投行总部大胆进行改革，完善制度建设、改进内部运转流程、加强基础工作，优化绩效管理与激励机制。管理体制改革极大地提高了投行队伍的积极性。在一级市场萎缩的大背景下，投行主承销股票金额27.7亿元，主承销家数6家，业内排名上升至第七位和第四位，通道周转率达100%，连续3年增长水平居业内前列。

值得一提的是，当年投行担任南钢股份要约收购案独家财务顾问，是中国证券市场第一例要约收购案，推动要约重组走向市场化，极大地提升了投行业务影响力。该次收购使复星集团成为南钢股份的实际控制人，是民营企业灵活的管理和国营企业优质资产的成功对接。

丨与时俱进，因时而变，业务流程再造，成为首批保荐机构再获好评

2004年，国务院发布关于推进资本市场改革开放和稳定发展的若干意见，对资本市场发展具有积极而深远的影响。公司提出以流程再造为抓手进行变革与转型。恰逢证券发行上市保荐制度暂行办法实施，发行上市通道制转向保荐制，股票发行由证券公司通道推荐变成2名保荐代表人推荐。保荐代表人成为保荐资格获取的必要条件和投行业务重要资源，为此，投行总部按照保荐制要求进行业务流程再造，组织业务骨干认真备课迎考，12名同事注册为第一批保荐代表人，公司顺利成为首批保荐机构。

2004年9月，因二级市场持续低迷新股停发，投行通过创新仍保持较好的态势，担任独立财务顾问的“一百华联”吸收合并案，成为中国证券史上首例上市公司之间的吸收合并案。

2005年公司共完成9家上市公司股改保荐，股改家数列行业第十六位。其中，多个创新方案得到市场各方的高度评价。如新钢钒股权分置改革方案，首次采用“送股+认沽权证”方式并顺利实施，解决了大股东难以高比例送股的问题，取得良好反响；华菱管线的股改方案，将权证与转债转股巧妙地结合起来，成为业内解决此类公司股改难题的标杆；在华发股份股权分置改革中，通过创新方案合理解决内部职工股对价难题，该方案成为股改中内部职工对价的范本；担任邯郸钢铁独立财务顾问，完成第一例上市公司社会公众股份的回购，受到市场的高度关注。此外，新钢钒再融资项目中，创造性地提出了可交换债券业务模式，缓解限售流通股集中上市对二级市场的冲击，也为上市公司大股东创造了一种新的股份减持方式，获得监管、市场和客户的高度认可和一致好评。

| 鉴往知来，行稳致远，挫折磨砺，强化质量控制重获新生

保荐制的推行，为投行指明新的发展路径和方向，投行也具备了更加自主的发展空间。券商投行人才延揽、客户争夺等全方位竞争更加激烈并显性化，兴证投行面临大券商竞争优势虹吸和新型券商不计代价争夺的两面夹击。

2007年之后，兴业证券及时决策，加大投入力度重塑投行生态圈，投行迈上艰辛的二次创业征程。一是建章立制，为投行规范化发展提供制度保障；二是重建队伍，稳定存量提升士气，大力内延外引，礼贤人才，充实包括保荐代表人在内的核心骨干力量，同时着力培养内生力量，争揽一大批有志向、有潜力、肯拼搏、具备较高综合素质的优秀应届毕业生加入，队伍规模稳步扩大，梯次结构逐步完善，队伍面貌焕然一新；三是根据公司资源禀赋，制定差异化竞争策略，打造行业战略，聚焦医药、先进制造与装备、新能源、电子、信息技术等细分行业领域的具有高成长性的龙头优质企业，提供优质服务，与其相伴相长；四是强化质量控制，加强项目全过程管理，把控保荐风险，长期保持100%保荐过会率，提升市场美誉度；五是加强协同，通过与研究所协同，推动投行提升细分行业企业分析挖掘、估值定价能力；通过与直投协同，在符合当时监管政策的前提下为直投业务提供项目资源，提供直投骨干力量储备，培养锻炼直投队伍，带动公司直投业务起步发展。

2007年至2015年，经过公司领导、投行管理团队以及全体投行人员倾情投入奋斗，投行在历经短短3年的管理归序和业务调整后，厚积薄发，实现业务快速恢复性增长。公司股票主承销项目累计59个，股票主承销金额累计645.65亿元，先后成功保荐了中国南车、赣锋锂业、先导智能、晨光文具IPO，片仔癀、华兰生物、象屿股份、海特高新再融资以及福能股份、象屿股份、星网锐捷借壳并购重组等一大批具市场广泛影响力的融资和并购重组项目，协力推动中国南车、片仔癀、赣锋锂业、先导智能等成长为细分行业领域市值千亿元的龙头企业，并重新确立福建市场的龙头地位，公司并多次获得交易所"年度优秀保荐机构"、证券专业报刊"最具成长性投行""创业板最佳投行"等项荣誉，重新赢得市场信誉和客户信赖。2015年，兴证投行队伍规模达257人，核心骨干占比48%，股票主承销家数行业排名第十，股票主承销金额行业排名第十五，兴证投行重新跻身券商优秀投行行列，为公司持续迈向一流证券金融集团目标奠定了坚实的基础。

这一阶段，投行完成的洛阳钼业"现金收购+非公开"项目以其精密的方案设计、精准的时机判断、高效的申报节奏、复杂的交易流程广受同业好评。2016—2017年，投行帮助洛阳钼业两单海外优质矿产资源收购。两单海外并购交易对手方分别为伦敦证券交易所、纽约证券交易所上市公司，洛阳钼业为港交所和上交所上市公司，并购标的分别位于巴西和刚果金，涉及多国和多个交易所法律和交易规则适用，尽调核查难度极大。投行项目组在1个月内完成重组预案的出具，抓住了大宗商品价格下跌的窗口期，保障并购的顺利进行；3个月内完成了大额非公开的申报并通过发审委审核，并根据二级市场有色金属板块行情走势准确判断发行时机，出色地完成了180亿元非公开发行，获得市场的高度认可，也丰富了投行海外并购和大额询价非公开项目的经验。

集团协同，双轮驱动，集团改革背景下，把握注册制改革契机再上新征程

2018年，兴业证券以建设一流证券金融集团为目标，启动新一轮改革，从顶层设计上推动全集团协同深化。3年多来，投行贯彻落实集团政策，面貌焕然一新。在集团支持下，2018年，投行原质量控制处、资本市场处先后独立，投行业务的承揽、承做、承销、质控工作日趋精细化。2019年，中小微企业融资业务部并入投资银行业务总部，投行实现从新三板到场内主板的全链条股权业务服务体系。2020年以来，投行先后成立TMT、金融、碳中和等行业部，组织架构上形成区域与行业交叉格局。

为适应市场环境变化，投行进行三维四驱国际化布局，即区域战略、行业战略、产品战略三位一体；构建“投行+商行”“投行+投资”“投行+财富”“投行+研究”的四驱生态；持续提升国际化水平，探索港股、SPAC等业务机会和国内国际投行业务联动新模式。投行业务战略取得良好成效，2020年，投行创收超过10亿元，达到历史最高水平，保荐承销收入进入行业前十。

以注册制为基础的投行业务流程再造鲜明地体现了集团协同对业务的推动作用。2018年底，习近平主席在进博会上提出要设立科创板并试点注册制，2019年7月，科创板正式开板。注册制以信息披露为中心，创新性地进行了一系列市场化改革，投行业务不仅仅需要投行保荐，还需要另类投资进行保荐跟投、研究部门出具投资价值报告、资管子公司参与高管和核心骨干专项资管计划。

公司对注册制业务高度重视，杨华辉董事长牵头成立科创板领导小组，投行与销售交易业务总部、投行质量控制部、兴证投资、研究院、兴证资管等部门对注册制相关制度进行深入研究，重新梳理了投行业务流程，大大加速了投行注册制业务发展，成功保荐福光股份在科创板首批上市。从2020年起，在创业板注册制改革过程中，投行保荐的润阳科技、朗特智能、创识科技等项目顺利平移，华利集团IPO注册制首批申报、星云股份注册制再融资当年发行。此外，龙竹科技在新三板精选层首批挂牌。

华利集团创业板注册制IPO是贯彻落实集团办投行战略的典型成果。企业于2021年4月上市，募集资金38.87亿元，是投行30年来承销金额最高的IPO，也是A股首单采用“QFII基金+境内资管计划”模式进行战略配售的企业，上市首日市值突破千亿元。客户收入规模大，资产分布于全球多个地区，存在多层持股嵌套，尽调和规范任务极重。兴证投行克服各国语言、法律差异和疫情带来的困难完成保荐工作，福州分公司协助客户承揽及维护，研究院出具新股投资价值研究报告，兴证资管、兴证国际协助管理战略配售计划，销售交易部完成销售支持、质控和风控部门协助做好项目质量控制和风险管理，集团各部门紧密配合，形成集团立体、综合、全方位的投行客户服务体系，形成高效的投行综合竞争力。

30年栉风沐雨，日就月将，兴业证券投资银行业务从无到有，进入行业前列。下一阶段，在“双轮驱动”和“集团化办投行”战略的驱动下，兴业证券投资银行业务将积极发挥龙头作用，为服务实体经济的高质量发展和一流证券金融集团的建设贡献力量。

兴固收，债出发

——记兴业证券债券承销业务发展史

文/固定收益业务总部

债券承销业务是兴业证券最“年长”的业务之一，1991年11月兴业证券的前身兴业银行证券业务部便完成了首个企业债分销，可以说兴业证券有几岁，债券承销业务就有几岁。30年中，债券承销业务曾经历过挫折，业务一度停滞，但发展壮大的意志却始终生生不息。

2006年兴业证券决定组建固定收益与衍生产品部，蛰伏多年的债券承销业务涅槃重生。作为一个年轻的部门，十多年来兴证固收在团队建设、业务建设、制度建设、创新发展等方面形成了别具一格的兴证特色，兴业证券债券承销业务逐步成长并跻身行业最前列，一度成为交易所评定的五家“优秀债券主承销商”之一，成为公司一张亮丽的名片。

| 第一次“会面”

1991年10月29日，兴业银行证券交易营业部正式开业；11月1日，兴业银行证券交易营业部首笔业务——第一次独立承销600万元中福公司企业债，仅用两天便销售一空。债券承销业务与公司的第一次“会面”就这样发生了。

最初，证券业务部下设3个科室，负责债券和股票等证券融资业务的证券业务科便是其中之一，这意味着此时公司大投行业务便已具雏形。1992年，证券业务科先后为实达电脑、胪雷茶厂、闽江电力、洪山科技园等6家企业发行企业债和短期融资债券，累计融资规模22060万元。此后数年，债券承销和代理买卖业务成为公司重要的收入来源。

然而，1998年中国人民银行颁布了《企业债券发行与转让管理办法》，提出了“企业发行债券应提供保证担保”的要求，对企业债承销业务造成不小冲击，随着此后担保要求一再强化，企业债市场发展缓慢，公司的债券承销业务也受到影响。

2003年10月，党的十六届三中全会通过了《关于完善社会主义市场经济体制若干重大问题的决定》，明确指出要大力发展资本市场，“积极拓展债券市场，完善和规范发行程序，扩大公司债券发行规模”。这为债券行业发展点亮了希望之光，兴业证券公司也在那时组建起债券业务部，开始了债券业务的探索和尝试。

丨从一个人到一支队伍

2005年，中国人民银行发布《短期融资券管理办法》，允许符合条件的企业在银行间债券市场发行短期融资券，放宽发行主体限制，并实行注册制，为企业债的市场化发行奠定基础，成为信用债市场加速发展的起点。

公司敏锐地预见到债券市场发展大趋势，兴证固收的故事就此拉开序幕。2006年，公司决定组建固定收益与衍生产品部，成为兴证固收的起点。据老员工回忆，由于缺少专业人才，当时公司对债券承销业务可以说是一无所知，甚至没有人说得清楚业务开展需要申请多少资格、该如何申请、向哪个部门申请。

吸取了之前的经验和教训，公司深刻认识到债券承销业务的竞争本质上是优秀人才的竞争，将专业团队建设视作业务发展的重中之重。然而，面对一个刚起步的市场、一个新创立的部门，应聘者们纷纷保持观望，使招聘工作困难重重。“很多优秀人才，都是在拜访客户、在做项目的过程中，甚至是在机场候机的时候引进的。”大家回忆部门创业的过程时深有感触，“有个候选人前前后后谈了七八次。”凭借求贤若渴的诚意，许以大有可为的平台，到2011年债券承销业务员工规模逐步扩充到30多人，兴证固收也逐渐在市场站住脚跟。

2012年5月，沪深交易所双双推出中小企业私募债，交易所债券市场进入新阶段，证券公司债券承销业务也迎来重大发展机遇。在公司领导的周密部署下，公司顺利获得首批试点资格。为推动业务跨越式发展，公司决定进一步加大投入，采用“高举高打”的人才战略大力吸引优秀债券承销团队，专门为债券承销业务定制了差异化的薪酬体系，同时还授予部门较大的人事自主权。短短3年内，公司接连从头部券商引进了一批优秀团队，固收员工规模迅速扩张至上百人，成为一支极具竞争力的队伍，开始在行业内占据一席之地。

现如今，兴证固收已经打造了140多人的承做团队，同时包括质控、风控、承揽、承销等职能在内的全公司债券业务条线人员更是超过200多人。而十余年前引进的这批人才或是成长为公司众多业务板块的中流砥柱，或是在行业内担任重要岗位，共同推动证券行业发展。

三个“第一次”转动了新业务

部门成立初期，为了尽可能多地承揽项目，让“想干事”的年轻人“有事干”“干成事”，部门骨干纷纷开足马力，平均每周3~4天的出差成为常态。然而，由于当时公司品牌影响力较弱，加诸业务地缘属性很强，大家在全国拜访客户时几乎绕不开同样的问题：“作为一家福建券商，兴业证券凭什么和全国性券商竞争？”

在2008年初的工作会议上，兴业证券对债券承销业务提出“调动资源争取优质项目”的要求，尝试以标杆项目的局部突破带动业务的整体发展。在公司正确方略的引领下，第一个“第一次”很快到来，兴证固收抓住兴业银行金融债的承销机会，第一次担任金融债主承销商，一举在行业扬名。该项目发行金额高达150亿元，是当时国内发行规模最大的金融债，由兴业证券联合承销。发行前夕，兴业证券专门成立“兴业银行金融债发行工作领导小组”，举全司之力组织营销。8月7日，在北京奥运会开幕前一天，债券成功发行。融资成本之低、发行速度之快，得到了发行人的充分肯定。

金融债破局，兴证固收趁热打铁，努力实现对其他信用债品种的突破。2009年，第二个“第一次”如期而至，兴业证券在企业债券发行政策改革后，第一次担任企业债主承销商，帮助厦门海沧投资总公司发行6亿元企业债，成为当时国内为数不多的企业债券主承销券商之一。

2011年，期盼已久的第三个“第一次”终于到来，公司在证监会发布《公司债券发行试点办法》后第一次担任公司债主承销，实现对主要信用债品种的全覆盖。当年，公司帮助西部矿业股份有限公司分两期发行总规模40亿元的公司债，这是当时发行规模最大的公司债之一，为公司积累建立债券公司债承销业务口碑起到巨大的促进作用。

连续的业务突破给团队带来了莫大鼓舞。兴证固收首批员工回忆到，当时项目作业周期漫长，报批环节繁多、手续复杂，一个项目在承做期间仅是发行人财务报表都要更新数次，“项目成功发行，既能为发行人提供资金支持，又能为发行人所在地区基础设施建设等发挥很大的推动作用，工作成就感很强”。

回忆当年的打拼发展历程，老员工不禁感叹，每项新业务就像一台手摇发动机，只有速度达到一定程度才能发动起来。从2008年完成1个项目，2009年的2个项目，2010年的3个项目，再到2011年的5个项目，兴证固收一步一个脚印，树立品牌、走向全国。而在经历一个个项目的洗礼后，团队也逐渐感受到“业务仿佛开始走上正轨了”。

| 意料之外与情理之中

2015年，《公司债发行与交易管理办法》颁布实施，公司债发行主体由上市公司扩大至所有公司制法人，同时非公开发行公司债登上历史舞台，公司债业务掀开新的篇章。当年得益于厚积薄发，兴业证券债券承销业务迎来爆发式增长，2015年主承销发行17只企业债、31只公司债和3只中小企业私募债，实际主承销金额667.45亿元，承销规模跻身行业第七位。

2016年，兴业证券债券承销业务再更上一层楼，成为上海证券交易所5家“优秀公司债券承销商”之一，在国家发展改革委企业债券承销评分中排名第四，并取得中国证券业协会年度证券公司承销家数排名前五位，为公司年度证券公司分类评价加2分。全年累计主承销发行27只企业债、105只公司债、2只金融债，实际主承销金额1500亿元左右。当年，在首次“上海证券交易所优秀公司债券承销商”评选中，兴业证券和国泰君安、海通证券、中信建投以及中信证券一起获此殊荣。上交所的一位领导在颁奖典礼现场对公司领奖代表赞许道：“这次评选我们完全根据市场表现、发行质量等进行打分，在评分结果出来之前连我们都没有料到兴业证券的表现竟会如此优秀。”

实际上，这一切并非无迹可寻。公司将人才和制度视作业务发展的两条腿，在搭建专业化人才队伍的同时，也持续通过健全制度和机制为业务稳健发展保驾护航。2012年以后，随着人才不断涌入，兴证固收发现不同背景的团队对业务理解存在较大分歧，如何让大家形成相对一致的业务理念成为亟待解决的问题。在公司领导的推动下，兴证固收制定了一套详细的业务制度，近百条展业、立项标准为业务团队明确了执业理念，创造了公平的制度环境。兴证固收还将“风控承诺”作为人才引进的前置条件，凡欲加入公司者必先认同公司风控文化。除此之外，部门还制定了与业务制度相匹配的绩效制度，严格地鼓励合规执业，这也为后续制度规范的切实执行奠定了良好基础，“我们给予质控负责人一票否决权，即便部门领导也无权干预。如果项目不符合风控标准，不论发行人行政地位有多高，在我司也不会通过立项。”

人才与制度俱备，在政策利好的推动下，公司债券承销业务厚积薄发、蓬勃发展，2017—2018年度公司又连续两次获得上交所债券市场优秀主承销商称号。更加重要的是，无论日后制度规范将如何随着时代变化而更迭完善，建制度、守规矩的精神已经在这一时期深深镌刻在兴证固收的文化基因里。

创新发展正当时

2018年，在杨华辉董事长的领导下，兴业证券以建设一流证券金融集团为目标，大力实施集团化转型，兴证固收也大步迈入协同发展新阶段。兴证固收原质量控制处、资本市场处先后独立；结构融资部并入固定收益业务总部，债权融资业务全面融合；部门内部施行大部制改革，组织效率和专业能力进一步提升；债权融资业务承揽、承做、销售、质控、风控等专业化分工日益精细。债权承销业务组织结构全面重塑，焕发新风采。

面对信用债发行市场加速转型、债权业务监管日益趋严的大趋势，兴证固收提出拥抱债券业务新时代，打造固收生态圈，全面推动专业、协同、创新“三大升级”行动，一是专业升级，进一步扩大团队规模，打造一支风险识别能力和风险处置能力双高的人才队伍；二是协同升级，夯实协同承揽机制，进一步打通“固收+商行”“固收+投行”“固收+投资”“固收+财富”的价值链；三是创新升级，全面覆盖债权融资创新品种，着力打造绿色债券、公募REITs等创新业务竞争优势。

近年来，兴证固收在保持债券承销业务行业地位的基础上又取得众多新突破。截至2020年，兴证固收与分公司高效的总分协同模式已经成型，公司作为主承销商发行的债券约70%、资产证券化产品约90%来自集团协同；绿色债权融资业务快速发展，2020年沪深交易所绿色公司债（含资产证券化产品）承销规模17.48亿元，排名行业第十五；资产证券化产品探索获得不断深入，理财计划募集资金规模屡创新高；2021年，杨华辉董事长统筹部署，带领公司获得非金融企业债务融资工具主承销商资格，兴证固收实现了跻身债券承销业务全牌照券商行列这一多年来的夙愿。

站在兴业证券成立30周年和“十四五”规划开局之年的交汇点上，兴证固收将继续追求卓越、不懈奋斗，推动固定收益业务高质量发展，争取早日建设成为一流的固定收益业务总部，不负一代代努力拼搏的固收人，不负公司的期许和厚望。

财富管理路非坦途，砥砺前行更需坚韧

文/财富管理部

30年前，伴随着沪深交易所的开锣声响，中国资本市场应运而生。30年来，兴业证券与中国资本市场同伴相生，从闽江之畔证券业务部六尺柜台起步，伴随中国资本市场的蜕变成长，成为一家全国性、综合类、创新型证券金融集团。

财富管理之路并非坦途，但我们始终坚守“客户价值思维”，砥砺前行。面向新时代，我们以“满足人民群众日益增长的财富管理需求”为责任担当，以战略雄心、强大信心和超凡耐心，努力打造与“建设一流证券金融集团”相适应的最佳财富管理体验券商。

初次创业，开福建股票委托买卖之先河

自上海、深圳证券交易所在1990年底建立后，全国性证券市场开始发展起来。1991年公开发行股票试点城市扩大，股票市场出现冷清和火爆交替的行情，在中国资本市场开始萌生的大背景下，兴业证券随着股份制改革的出现而诞生。

上海、深圳，一个是金融创新的前沿，一个是改革开放的阵地。作为第一批异地会员，福建兴业银行证券交易营业部果断加入上海、深圳证券交易所，并陆续设立上海证券业务部、深圳证券业务部，以福州为核心，基本搭建起省内网点，证券业务部在1年多的时间里，迅速完成了作为一家专业证券经营机构的营业网点布局。

1992年，经过4个月的紧张准备，兴业证券于10月开办股票委托买卖，直到次年3月手工操作被电脑委托取代前，十几位证券业务部的年轻人在屏东写字楼一层的临时柜台，与上海的“红马甲”，以专业的服务精神进行着高强度的工作。在精神高度集中的交易时间里，营业柜台不停接受客户委托，手工填单，往场内报盘；场内的“红马甲”们守着一部电话和一台电脑，不停接电话确认品种、买卖方向、数量、快速完成下单，周而复始，不容有错。训练有素的“红马甲”，一般一天需要下1300多单。交易终了，证券部还要进行所内一级清算、轧抵、划拨和交割，等待交易所回报数据后，再打印出交割凭证三联单。十几号人一起上阵，全部手工操作。快节奏的工作，高强度的劳动，

为赶超竞争对手，有的同志病倒了，有的累晕在柜台上并被送往医院抢救，创业时期的热情和梦想点燃了这群年轻人。

1998年，公司将经纪部整合更名为经纪业务总部，以强化对经纪业务和营业部的指导管理力度，同时以“高起点、高服务、高效系统”为策略，在三方面推出提升服务的举措：首先，良好的现场环境、高效准确的电脑设备和服务系统。为加强对各营业部的统一管理，这在当时现场交易占绝大多数的环境中，起到较好的效果。其次，探索采用当时先进的信息技术，开办远程交易，筹备推出网上交易，并与银行首先联网等。最后，也是最重要的，就是努力推出服务创新，在服务品种和范围创新上，积极代理申购新股，代办配股等；在服务形式创新上，研究推出经纪人制度；在服务内容创新上，利用研究、自营和投行力量，集合资源为客户提供更好的市场分析、操作建议、投资组合等，达到与客户信息、资源共享。

正因为没有翅膀，人们才会寻找飞翔的方法。混沌初开的中国资本市场，机遇俯仰可拾，但危机也四处潜伏。从对股票交易的一无所知，到边起步边操作，兴业证券稳健而敢闯，在风险集中爆发之年连续保持盈利，从福建几十家金融机构中脱颖而出，在激烈的行业竞争中勇拔头筹。千禧年前夕的兴业证券，已从9年前一家小小的银行证券业务部，一跃成为全国首批仅有的9家综合类券商之一。从1991年福建兴业银行证券业务部起步，到1999年改制增资为全国综合类券商，标志着兴业证券从福建走向全国的战略布局。

坐商到行商，力挽经纪业务首次亏损

1999年公司改制后，兴业证券确定了面向全国发展的布局，不断新设的营业网点加快了行进的步伐。但浮动佣金制度的出台，使本已如火如荼的佣金战更加惨烈，加上因熊市连绵交易量下降，在成本上升、交易量下降、佣金下滑的三重压力下，2002年公司经纪业务首次出现整体亏损，一路顺风顺水的兴业证券遭遇了自创业以来的最大危机。

在这样的严峻形势下，2002年9月23日至25日，在福州预备役高炮师基地的会议室里，兴业证券召开了发展史上首次经纪业务系统工作点评会。时任董事长兰荣在会议上要求全体参会人员在经纪业务面临转型时，认真思考“我们是什么？”、“我们能干什么？”和“我们如何干？”。这3个富有人生哲思的问题拉开了公司变革的序幕，公司上下进行了深入思考与实践，形成了第一次战略转型的共识。“金融服务业的本质是服务，为客户提供专业服务是我们立足之本。”兰荣的一席话，将建立优质金融服务公司作为转型的方向和目标，回答了“我们是什么”的问题，引领着兴业证券的队伍开始由坐商向行商转变。

在战略转型目标的引导下，经纪业务加快转型步伐。2003年，证监会授予公司开放式基金代销资格，公司在战略层面上重视这项工作，把打造基金销售和服务的核心能力作为经纪业务转型的重中之重。在之后的一年里，公司开放式基金销售量出现爆炸式增长，销售总量位居行业前列。更重要的是，基金销售改变了投资顾问观念，使公司零售业务的营销能力在这一时期得到磨砺。

而在市场迈入新一轮发展周期之际，队伍的转型也尤为重要。在2003年全行业裁员减薪的大背景下，公司逆势而上，实施一项极具前瞻性的战略举措，即为转型建立一支新军，被称为“金牛计划”。通过“金牛计划”，有力促进了经纪业务优质人力资源的补充、储备和发展，为未来竞争提供了基础和保障。从2006年开始，经纪业务在全司范围内正式启动投资顾问改革，建立起以业绩贡献为导向的绩效考核分配制度。

当黑夜最昏暗时，火焰燃烧的光芒才最夺目。抓住基金销售和队伍转型的变革机会，经纪业务不仅在2003年末便基本实现扭亏为盈，更是注入了产品销售的基因。正是由于在市场低迷时期，强化以基金为代表的低风险的产品销售，公司留住并锻炼了一支过硬的队伍，形成了较强的零售业务能力，业务收入也不断增加，营业部因此盈利面扩大，弱市中对公司业绩的提升起了重要作用。经纪系统沿着“在合适的时机将合适的产品以合适的方式配送给合适的客户”的路线，进行了创造性销售的一次成功实践；从制度上保证新形势下的队伍建设向深层次发展，使经纪业务在2006—2007年两年的大牛市中焕发出生机，为取得优秀业绩奠定了基础。

二次转型，探索财富管理变革之路

悲喜交加的2008年，将证券业经营和市场波动高度相关的脆弱性暴露无遗，“靠天吃饭”的模式难以为继。一方面，佣金水平持续下滑，给20年来券商收入最依赖的经纪业务带来无法逆转的负面影响；另一方面，市场出现与日俱增的专业理财服务需求，中外各类金融机构拼命进入这个领域，“财富管理”4个字开始被越来越多的人提及，人人知道要转型，却又不知向何处转。

2009年，兴业证券年度工作会议首次提出“证券行业产业升级”的论述，认为证券行业经过20年发展，到了从以通道为主的模式，向以通道为基础、以投资服务为中心的产业升级阶段，业态从同质化向多样化转变，就此吹响第二次转型的号角，探索向财富管理业务转型，以寻找新的奶酪。

当局者迷，旁观者清。转型的领军者们不再囿于本土的摸爬滚打，开始把目光投向境外同行，希望借助他山之石，开阔眼界，走上那条适合自身发展的道路。

为了让第二次转型少走弯路，在转型战役号角吹响后，公司马上加强对境外投行的学习和考察，包括组织人员对美林证券财富管理业务模式进行专题研究，先后两次赴韩国访问三星证券和友利证券。同时，利用海西经济区的优势，加强与台湾金融机构的交流，探讨证券公司业务模式转型及财富管理等问题。

对三星证券的考察学习，给公司带来很多启发。在此基础上，财富管理业务转型开始了探索。一是财富管理组织架构和培训体系的探索性调整，正式成立机构客户部，以提升机构客户服务的专业性和有效性；二是财富管理培训体系的初步建设，建立与财富管理配套的培训体系，制订针对不同层级、不同岗位的系列培训计划。

从提出二次战略转型以来，公司明确将证券研究和信息技术作为财富管理转型的重要支撑。为探索财富管理转型提供核心基础支持，证券研究业务开始积极向卖方研究方向转型，同时在客户分类基础上，对产品和服务进行风险分级，完成客户风险特征数据来源整合，实现客户分析分类，并上线新一代交易系统。

在积极向财富管理转型的同时，传统经纪业务也没有停止营销工作。网点建设形成“申报一批、筹建一批、开业一批”的滚动发展局面，向全国战略性扩张的步伐不断加快。

在财富管理产品代理方面，与银行、信托、基金、阳光私募等同业紧密合作，开发多项创新产品，主动出击。公司抓住市场恢复发展的机遇，围绕做大做强客户金融资产的主线，对财富管理转型做了初步探索，迈出了第二次转型的第一步。

丨把握时代脉搏，迎接财富管理大时代

2017年底，当年被借调派往上海证券业务部的兴业银行南平办事处证券科科长杨华辉，在时隔29年后掌舵兴业证券。杨华辉履新后明确表示：“将乘着新时代中国资本市场发展的东风，把兴业证券建设成为监管部门放心、股东称心、员工舒心、具有高度社会责任感的一流现代大型证券金融集团。”

财富管理转型之路任重道远，集团上下早已形成共识，未来单纯依靠同质、低价的通道业务的道路将越来越狭窄，证券行业的经纪业务又一次站在了时代发展的岔路口上：向后，牌照本身的红利正在消失，人口的红利也正在消失；向前，综合化与财富管理的未来正等待着我们。一味固守经纪业务牌照的券商终将被淘汰，不能很好地经营客户的券商终将被淘汰，不能从客户的生命周期出发为客户创造价值的券商也终将被淘汰。未来，“以客户为中心”将比过去任何时候来得更为重要。

一是发挥公司强大的投研实力，以专业和工匠精神在全市场遴选最优质的产品。兴证财富遵循好公司、好产品、好时机为核心的“三好”产品遴选标准，秉持核心化、精品化、定制化的“三化”理念，为客户甄选优质金融产品，以专业为客户创造价值。

二是贯彻集团协同制度，坚持实施“大财富+大机构”双轮驱动战略。构建兴业证券集团大财富版图，囊括兴业证券总部及分公司分析师、投资顾问，还包括兴证基金、兴证资管、兴证期货及兴证资本等子公司，并充分发挥“集团一盘棋”的理念，打造联通资产端和融资端的集团协同内循环、外联动的双轮驱动高效服务特色。

三是科学布局网点及推动分支转型，充分发挥客户服务前线阵地的经营主体地位。近年来，兴业证券主动赋能、全面提升，使集团在全国各地的分支机构成为服务各地实体经济发展、居民财富管理需求的有效平台。截至2021年9月末，公司总资产已超过2000亿元，净资产超过400亿元，260家分支机构遍及全国31个省份，服务网络布局实现全国化经营。

四是推进金融科技与财富业务超融合，提升客户服务体验感。兴业证券将金融科技置于集团战略的高度，不断加大对金融科技的投入力度，推动金融科技对集团业务发展与经营管理的全面赋能，以科技的手段全面提升客户财富管理体验感。

万里蹀躞，以此为归

——兴业证券经济与金融研究院发展之路

文/经济与金融研究院

过去的30年是中国经济激荡的30年，承载着包括兴证人在内的每一个中国人的梦想与现实。30年来一路栉风沐雨，兴证研究发展历程是中国证券研究行业发展史的一个缩影，更是公司30年不平凡成长之路的见证。

1997年兴证研究自兴业证券研究发展中心（以下简称研发中心）蹒跚起步，牢牢把握每一次历史赋予的发展机遇，对接公司发展重大战略转型需求，先后更名为兴业证券研究所（以下简称研究所）和兴业证券经济与金融研究院（以下简称研究院），不断蜕变、超越自我，在百舸争流中脱颖而出。

截至2020年，研究院连续10年部门考评为A，卖方综合席位佣金收入在行业排名前五，新财富最佳研究团队前五，并囊括金牛奖、水晶球奖以及IAMAC（最受保险资产管理业欢迎分析师）等诸多权威奖项。兴证研究已成长为业内一流的证券研究机构，拥有全产业链的研究团队以及多名金牌分析师，具有广泛的市场影响力和高度的社会认可度。

如今，兴证研究积极落实集团双轮驱动战略，朝着以卖方研究为基石、内部协同和智库业务并重发展的综合型证券研究机构的新目标迈进。研究院多形式多渠道协同大投行、财富管理业务发展；2018年获批国家级博士后科研工作站；2020年研究院作为唯一金融机构获批福建省首批重点智库建设试点单位。

雄关漫道真如铁，而今迈步从头越。在资本市场战略地位不断提升，金融对外开放的大门越开越大的时代背景下，未来中国金融市场大有可为。兴证研究始终保持着创业般的初心，迎接新时代的浪潮，作为兴业证券发展的先锋部队，不忘初心，砥砺前行，让过去启迪未来，继续发出时代最强音。

| 1997—2009年的起步成长阶段：晨光熹微，雨霁风光

1997年兴业证券顺应行业发展形势，在上海设立研究院的前身——证券研究发展中

心，成为创设研究部门较早的券商。彼时中国资本市场处于全面探索阶段，公募基金业1998年才起步，机构投资研究需求很小，证券研究所普遍以对内服务为主。

1997—1999年，兴业证券研发中心处于缓慢起步阶段，团队规模仅20余人，研究员的工作成果及主要考核体现为发表研究报告数量以及在“三大报”发表评论文章，研究所发展状态与国内其他机构几无二致。

2000年，张训苏博士成为兴业证券研发中心总经理，而2000—2005年是兴证研究发展史上最为困难却打牢基础的时期。

一方面，研发中心前瞻性地将有限的研究资源优先配置到具有发展潜力的医药、新材料和部分TMT行业，实施以点带面实现突破的战略，其中医药行业很快崭露头角，逐步形成了特色研究为抓手、对内服务为主的业务模式，为兴证研究日后的大发展打下坚实基础。2000年公司将首届代表最高荣誉的兴业奖颁给了张训苏博士，以表彰其为公司发展作出的突出贡献。

另一方面，这一时期A股经历了历史上一轮漫长的熊市，证券行业整体进入发展较为困难的时期。2005年研发中心维持日常运转经费捉襟见肘，甚至一度遭遇存废之争。但研发中心上下一心，共克时艰。伴随市场环境的改善，证券行业整体发展形势明显好转，研发中心也走出了最困难的时期。

2009年兴业证券谋划公司转型发展，即从一般经纪业务向机构业务拓展，优化公司收入结构，提升公司竞争力；2010年兴业证券成功实现A股上市。公司的招股说明书中明确募资使用的三大战略方向：研究战略、人才战略和科技战略，研发中心成为公司转型发展重要战略支点。

是年，兴业证券研究发展中心更名为兴业证券研究所，迎来第一次重大历史性的转折。为了完成公司战略转型发展的重要使命，时任研究业务分管领导的公司副总裁庄园芳（2003年、2014年、2019年三次兴业奖获得者）审时度势，抓住行业发展机遇，大力拓展机构客户，带领研究所探索卖方研究服务模式。当时研发中心第六任负责人颜克益重建研究体系，确定新一批宏观、策略和重点行业领军人物，打造强有力的研究团队。

为了可持续发展，在公司的大力支持下，2009年研究所制订了“T计划”（TOP人才计划），组建符合业务发展方向、具有高度竞争能力的梯队化人才队伍。这一培养人才计划覆盖范围除了已有优势行业领域外，还向总量研究和其他行业研究领域延伸，为日后的全面发力积蓄能量。如今研究院多名中坚力量均出自该计划。

与此同时，公募基金行业正快速发展，证券研究发展各项规范制度渐次落地，开展卖方研究的市场和制度环境进一步趋向成熟，行业竞争格局正在酝酿一场巨变。面对内外部环境的变迁，站在历史转折点上，历经风雨的兴业证券研究所正脱胎换骨，踌躇满志，憧憬前方一场全新的激烈角逐。

| 2010—2017年创建一流阶段：披荆斩棘，一鸣天下

2010年以后，国内证券研究行业进入新一轮快速发展时期。此时，兴业证券研究所的人才培养体系已经逐步开始向生产力转化，涌现出多名优秀分析师，从质和量两方面均有效弥补了兴业证券研究所与头部机构的差距，极大地提升了研究所的竞争能力。

在2010—2011年的新财富评选中，兴业证券研究所实现总量研究方面宏观、策略及重点行业研究的突破，并首次进入本土最佳研究团队前十名，获得进步最快研究机构第三名，兴证研究正向一流证券研究机构发起冲击。

2012年初，公司任命王斌为兴业证券研究所第七任所长。作为研究所培养的老员工，王斌见证了研究所过往发展中的每一个重要时刻，他深深扎根于研究所这片沃土，以宽厚、至诚、睿智感染着周围的每一个人，以多年锤炼出的敏锐度、专业度和前瞻力掌舵研究所的航向，在前期发展基础上带领研究所踏上了一段快速发展的新征程。

2012年新财富评选中研究所实现2个总量团队和7个行业团队上榜，以及最佳研究团队第八名和进步最快研究机构第五名的好成绩，就此正式进入一流卖方研究团队行列；2013年至今，兴业证券研究所一直成为新财富大户，最高峰时有5个总量研究团队和12个行业研究团队同时上榜，连续在最佳研究团队、本土最佳研究团队、最具影响力研究团队等奖项中位居前列。

除了新财富评选之外，兴业证券研究所还在金牛奖、IAMAC、水晶球奖等市场权威奖项中高歌猛进。从2018年开始兴业证券研究院连续获得金牛奖五大金牛团队、IAMAC最佳研究机构、最受险资欢迎研究机构、最受中小险资欢迎研究机构、最受保险系公募基金欢迎研究机构等重要权威奖项，显示出兴业证券的研究实力和服务水平受到市场不同机构客户的广泛认可。

奋楫笃行不啻微芒，凝心聚力造炬成阳。2012—2017年兴证研究以王斌为核心的领导班子满怀二次创业的豪情，扎实做好每一项工作，带领研究所较好地完成了从部分领域突出到实现全产业链研究优势的跨越，在证券研究格局起落之间始终保持着不断前进的势头。回首来路，可以总结出四方面宝贵经验。

第一，兴业证券以人为本、尊重专业、勤勉务实的文化基因，天然地契合研究工作所需要的张弛有度、沉心致远、专业为重的工作环境属性，为研究所的稳定、向上发展提供了优良的软环境。

第二，发扬“拼命干，有章法”的创业精神，成为研究所不断迈向新高的不竭动力源泉。颜克益在任时提出“拼命干，有章法”的口号，王斌上任后将这一精神继续发扬光大。为了协调研究员的时间，研究所经常将部门会议时间安排在晚上十点以后。孜孜以求的奋斗精神让兴证研究不断超越自我。

第三，成功的人才培养体系避免了因人员流动造成研究成绩大幅波动的行业瓶颈问题。以“T计划”为代表的人才培养机制卓有成效，兴证研究通过内部培养打造了多名明星分析师。随着平台质量不断提升，研究所对人才的吸引力不断增强，核心成员的归属感明显提升。

第四，良好的激励机制，不拘一格降人才的制度安排令能力较为突出的研究员能快速脱颖而出，并形成良性的竞争氛围。

2016年和2017年公司将兴业奖分别授予了王斌和王涵。坚实的卖方研究基础、成熟的团队文化和成功的人才培养体系令兴业证券研究所具备足够的自信向更高水平迈进，在新时期为公司发展作出更大贡献。

2018年至今的综合研究转型：百尺竿头，以梦为马

当研究所在卖方研究领域斩金夺银时，2018年兴证研究迎来发展史上第二次重要的转型时刻。2018年兴业证券提出建设一流证券金融集团发展战略，全力推动“财富管理业务+大机构业务”双轮驱动，兴业证券进入全新发展阶段。面对公司发展战略的重大转型，研究所自当发挥桥头堡作用，让研究成果为公司转型发展服务。

因此，在王斌所长的领导下，兴证研究上下很快达成共识，明确了以卖方研究为基础，内部协同和智库研究并重的综合型发展道路。是年，兴业证券研究所更名为兴业证券经济与金融研究院，简称兴业证券研究院，开始全面探索推进收入多元化模式转型，为公司其他业务条线发展赋能的综合性发展的有效路径。

首先，研究院继续夯实卖方研究基石，持续打造研究品牌影响力，巩固现有客群并开拓增量客户市场。研究院大力拓展包括QFII/RQFII、银行理财子公司、私募基金，以及信托、财务公司等在内的增量客户。2020年兴业证券研究院席位佣金规模和行业主

流评选双双跻身行业前五，稳居行业第一梯队。

其次，研究院充分对接“财富管理业务+大机构业务”双轮驱动战略，协同业务发展取得了明显成效。

在协同大机构业务条线方面，研究院全力协同发力大投行业务。如打造产研融合协同联动模式，组建产业研究中心，与投行相应团队合作开展境内外股权、债权、ABS、新三板融资及一级股权投资等业务，提供全流程研究支持等。针对大机构业务涵盖的不同机构客户业务开展的要求，研究院协同销交总部及分公司成功入选头部理财子外部研究机构遴选白名单；协同资产托管部通过管理人服务平台向私募专业机构投资者提供研报，延伸对机构客户的服务边界等。

在协同财富管理业务条线方面，研究院以多种形式满足财富管理业务发展的不同需求。如研究院积极协同财富管理部共同策划电话会议、网络会议、晨会录播、视频直播等线上服务客户方式；研究院助力公司获批社保理事会全国首批四家转融通出借业务代理券商之一，为公司扩大券源、同业合作及分公司拓展融券客户创造有利条件等。

最后，作为综合研究转型方向，兴业证券研究院继续贯彻集团打造业内一流智库的战略方针，对外积极与政府机关、监管部门、沪深交易所、行业协会等开展密切合作交流。仅2020年研究院开展各类智库活动541项，为各级政府机关、监管机构、行业协会等机构提供智库服务。2018年，公司获批国家级博士后科研工作站，研究院作为主要工作组成员单位发挥重要专业指导作用；2020年，成为首批福建省高端智库建设试点单位中唯一的金融机构，智库建设已初具规模。

2018年以来，兴业证券经济与金融研究院向综合型研究平台转型，实践证明转型之路越走越宽，兴证研究的品牌价值在这一过程中不断提升，未来广阔的发展之路已经清晰可见。

| 未来综合化发展之路：万里蹀躞，以此为归

回首兴证研究走过的历程（1997—2021年），既见证了我国证券业波澜壮阔的发展史，也参与了公司历次发展关键时点的重大战略转型，同时也书写了一部研究院同仁不同时代、相同初心的锐意进取、勠力同心的奋斗史。

经历25年的发展，兴业证券经济与金融研究院已经形成覆盖从总量到全产业链的完备研究体系，并涌现出宏观、策略、医药、化工等具有传承性的优势领域，构建了独具

特色的人才培养体系和优良的研究文化，享有巨大的社会声望和极高的专业权威地位。

万里蹀躞，以此为归。兴证研究在2018年明确综合化发展目标，将研究服务重点回归公司业务、社会智库研究需求上来。这次“回归”并不是简单的服务扩散，而是建立在不断夯实的卖方研究强大实力基础上，经营模式的升级以及与公司战略发展的充分融合，甚至代表着下一阶段证券研究行业发展的新方向。

云程发轫万里可期，兴证研究发展前行的画卷徐徐打开。未来，兴业证券经济与金融研究院必将继续发扬锐意进取的精神，在卖方服务、内部协同、智库等方面继续深耕细作，把握未来市场的研究定价权和市场影响力，加强全球研究能力，铸造中国证券业综合型金牌研究平台。

未来，中国将成为引领世界经济发展的新引擎，中国证券业也将随之进入新的发展机遇期。岁月不居，时节如流。兴证研究将在集团战略指引下，充分对接公司发展需求，牢牢把握时代红利，将综合型金牌研究平台的发展战略推向纵深，在新征程中取得更大的成就！

保持定力砥砺前行，管理协同促进发展

——擘画大机构业务新篇章

文/机构业务发展部

30年栉风沐雨，30年耕耘不辍，30年春华秋实，兴业证券迎来了发展30周年的辉煌时刻。大机构业务对兴业证券而言是一场新战役、大战役，关系到集团的业务与收入结构优化、竞争力提升和未来长远发展，更是做大做强主流业务、提升分公司综合能力、进入行业前列的关键。大机构业务顺势迎来重要时刻，2020年12月3日，兴业证券战略客户与协同创新部正式更名为机构业务发展部，并明确赋予了以“大机构业务推动”为核心的全新职能。

| 创新性设立机构业务发展部

解码证券行业的机构业务，从国外成熟资本市场看，高盛集团成为典范。高盛集团作为全世界规模最大的投资银行之一，屹立于华尔街超过150年，机构业务则是支撑其成为巨擘的“传奇力量”。大机构业务收入占高盛等国际投行总收入的比重超过60%，且受市场波动的影响较小，持续性高。

随着国内资本市场的日益成熟，国内证券公司竞相布局机构业务，由于各家证券公司资源禀赋不同，所以机构业务的发展规划和实施路径也有所不同。目前机构业务的内涵外延尚未统一，但都在积极探索机构业务发展模式，希望借此找到决胜未来的关键。兴业证券经过近3年的改革摸索，创新性地设立机构业务发展部，虽然部门名称与其他券商类似，但从具体职能看，它有别于其他券商，既不是一部分大客户的直接营销机构，也不是某个证券业务品种或牌照的经营部门，而是以客户为中心，针对机构客户的整体组织管理与推动部门，更接近国内商业银行总行的某些前台业务管理和推动部门，对于证券行业来说，确实是一个新生事物。

回顾国内证券行业30余年的发展史，我们会发现一个很有趣的现象，就是证券行业基本不设业务管理部门，证券公司总部的管理部门基本上就是关于人力、财务、风控、审批方面的管理，但是没有部门承担业务管理的职能，各业务品种的管理基本上由各业务牌照部门自行承担。那么兴业证券的机构业务发展部如何履行好自己的职能、如何找到一条行之有效的工作路径？这个问题将是横亘在机构业务发展部全体员工面前的重大课题。在回答这个问题前，我们首先在思索公司为什么要成立机构业务发展部？

机构业务发展部成立的三大驱动因素

兴业证券牢牢把握资本市场新时代的历史机遇，构建双轮驱动发展体系，把大机构业务作为集团转型发展的重点工作。兴业证券杨华辉董事长曾说，大机构业务对兴业证券而言是一场新战役、大战役，关系集团的业务与收入结构优化、竞争力提升和未来长远发展，更是做大做强主流业务、提升分公司综合能力、进入行业前列的关键。

兴业证券通过机构业务发展部这种模式，探索行业机构业务发展新模式。机构业务发展部在业内的职责定位较为创新，这正是兴业证券基于客户综合服务、行业趋势的必然选择，也是公司自身改革的必然选择。

驱动因素之一：客户综合服务的必然路径

处于初级发展阶段的中国资本市场，证券公司以产品或业务为导向，主要采取项目制的方式服务客户。伴随资本市场的不断成熟，客户对资本市场服务的需求逐渐呈现出多样化、综合化的特征，正如招商银行的服务精髓是“因您而变”，证券行业也需要从以产品或业务为中心转型为“以客户为中心”，按照客户的需求设计销售产品、推进业务项目落地。

资本市场的客户主要分为个人客户和机构客户，个人客户的需求较为单一，而机构客户的需求则较为复杂、综合。针对机构客户开发服务，证券公司传统上采用“项目制”的模式推进客户服务，这往往会出现IPO客户在再融资业务时换券商或是股权融资客户发债时换券商等现象。按照业务线/业务牌照设置的组织架构导致机构客户需求信息及服务资源在证券公司内部割裂，也谈不上客户的全生命周期服务，在这样的组织体系内，证券公司无法有效整合公司资源以满足机构客户业务需求，客户忠诚度低。

证券公司都在提“以客户为中心”，但如何落地实现，如何改变机构客户服务现状，提高机构客户的黏性和综合价值成为行业难题。从跨行业的成功案例来看，华为一跃成为全球领先的ICT（信息与通信）基础设施和智能终端提供商，“管理”功不可没，然而从以往实践情况看，证券行业“向管理要效益”的理念相对淡薄。兴业证券吸取跨行业成功经验率先破题，敢为天下先，开创性地参照银行管理模式，在总部层面按照客户类型设立管理部门，以“管理+协同”做好客户综合服务，探索“以客户为中心”转型路径，个人客户综合服务由财富管理部组织推动，机构客户综合服务则由新设的机构业务发展部负责组织推动。

驱动因素之二：行业发展阶段的最优选择

2019年11月，监管层提出要做强做优做大打造航母级头部券商，并提出具体措施：一是多渠道充实证券公司资本，鼓励市场化并购重组；二是进一步丰富证券公司服务功能； 三是支持证券公司优化激励约束机制；四是鼓励证券公司加大信息技术和科技创新投入； 五是督促证券公司加强合规风控管理。

2020年3月，十三届全国人大四次会议开幕并审查了国民经济和社会发展第十四个五年规划和2035年远景目标纲要草案，提出要完善资本市场基础制度，健全多层次资本市场体系，大力发展机构投资者，提高直接融资特别是股权融资比重；实行高水平对外开放，开拓合作共赢新局面。

党中央从来没有像现在这样重视资本市场，证券公司作为连接实体经济与资本市场的桥梁，在国民经济发展中发挥着越来越重要的作用，需承担更大、更重的社会责任。证券行业迎来历史性发展机遇。

改革开放40余年，涌现出中国工商银行、中国农业银行、中国建设银行、招商银行、兴业银行、中国人寿保险（集团）公司、中国平安保险（集团）股份有限公司等十余家世界500强企业。但国内证券行业却尚未出现跻身世界500强的企业，证券公司急需把握新机遇做大做强。

剖析证券行业与银行业，我们不难发现，虽然都处于金融行业，但银行业与证券业采用不同的管理模式。银行主要按照行政区域管理，证券行业主要按照业务条线管理。银行的管理架构体系，可以让重点业务、创新业务等迅速在全国复制推广，迅速做大规模；证券公司的管理架构体系，却很难实现同样效果，往往只能在局部区域或是总部层面做大。

兴业证券经过反复思考，尝试吸取银行做大做强的经验，审时度势精准布局，采用“总部管理支持+区域展业”的模式推进公司大机构业务发展。总部机构业务发展部承担业务推动管理职责，总部业务单位、子公司承担专业产品职责，分公司负责所辖区域客户开发服务。

兴业证券总部机构业务发展部负责机构业务的统筹协调，总部业务部门/子公司负责提供专业产品/服务，分公司负责客户需求挖掘和综合营销。这种“总分推动管理+集团协同”模式，力争打破牌照部门架构下的“业务墙”，有效整合客户需求信息和公司资源，为兴业证券精准拓展各地客户做大做强提供可能性和必然性。

驱动因素之三：公司改革发展的战略部署

2018年，为建设一流证券金融集团，兴业证券推进分公司改革。分公司作为公司当地经营主体，成为公司综合经营平台，除了传统经纪业务外，需承担起大机构业务发展责任。分公司经营业务从传统经纪业务扩展至大机构业务，但分公司在机构客户综合需求挖掘、机构客户综合服务方案制订等专业能力尚待提升。

2020年，兴业证券集团党委经过充分论证提出“财富管理与大机构业务”双轮驱动的战略构想，首次明确把大机构业务作为集团转型发展的工作重点，全集团发展大机构业务拉开序幕。

分公司的综合化转型是否成功成为公司双轮驱动战略能否落地的关键，集团大机构业务发展成为建设一流证券金融集团的重要环节。为实现战略目标，打造改革闭环，公司唯有创新性地设立机构业务发展部，负责公司大机构业务领域自上而下战略的落实、分公司综合业务能力建设的部署。

机构业务发展部首先是担当分公司“指导员”“教练员”，协同人力资源部制订大机构业务队伍发展规划，搭建体系化的培养体系，提升大机构业务队伍专业能力；其次是协同计划财务部整合资源促进分公司大机构业务发展，全方位多层次支持拓展，补足分公司大机构业务发展短板；再次是制定规则、建立秩序，梳理、构建分公司与总部产品单位、子公司一起协同作战，综合化服务机构客户的游戏规则，促进集团各部门/单位在服务机构客户时各司其职、井然有序、多方共赢；最后是对集团战略客户服务工作上穿针引线，直接参与白金级战略客户的服务营销，努力促进集团最顶层机构客户与公司领导的沟通交流，保障重点业务的协调发展。

推动集团机构业务整体发展的四大引擎

机构业务发展部在近年来的工作开展中，很快发现不仅具体工作内容和方式没有行业先例可循，还要面临集团协同和分公司拓展大机构业务过程中一些“千奇百怪”的问题。总部有相应的机构业务牌照单位，机构业务发展部如何有效地开展工作？大机构业务的内涵外延是什么？大机构业务跨条线如何协同、流程如何梳理？分公司是否能做好大机构业务，具有拓展投行业务的合规及专业能力么？分公司涉及跨区域客户的营销如何协同？哪些工作应该由机构业务发展部管？机构业务发展部对一些业务流程进行了梳理，这是否有必要？

千磨万击还坚劲，任尔东西南北风。公司赋予的重任在肩，虽然面临这些困难，机构业务发展部班子成员经常在一起沟通，始终坚信一定能找到合适的路径履行自己的职责。经积极思考主动作为，机构业务发展部快速摸索出较为有效的四大业务路径，从横纵立体化构建集团内部大机构业务发展生态圈，促进集团大机构业务发展。

“客户管理”，奠定集团机构客户综合服务基础，从横向构建大机构业务发展体系；“集团协同”，建立机构业务发展秩序规则，从纵向构建大机构业务发展体系；“绿色金融”，打造差异化的特色业务品牌；“创新业务”，缔造可持续发展的新动能。

发展引擎之一：客户管理，率先突破

客户是所有业务的基础，但相较于其他金融行业，证券公司客户管理的意识相对淡漠，客户综合化服务的能力也相对有限，这也成为证券公司发展到一定阶段业务提升的一大掣肘。经过密集高效的数据梳理和业务调研，机构业务发展部顶住压力，率先在机构客户管理机制搭建的领域进行顶层设计，从而开始了机构客户营销、管理的体系化搭建。制定《机构客户管理办法》《战略客户管理办法》，以及不同类型客户的营销服务手册、配套各类资源配置政策，初步形成集团内部立体化、分层级的综合服务体系。并在上述一系列政策基础上完成了母公司CRM系统初期功能上线；推动总部近万家机构客户下沉至分公司。

发展引擎之二：集团协同，成效显著

随着近3年集团协同战略的推进，集团协同的理念已深入人心，集团协同体系已初步构建，大机构业务协同的流程、标准、规则、政策日渐清晰，大机构业务有序协同。机构业务发展部配合计划财务部建立集团协同相关机制；梳理优化集团协同流程；协同相关单位制定协同手册和客户管理服务手册，有效指导分公司拓展大机构业务；编写集团协同典型案例，促进大机构业务可操作模式在全集团推广复制。集团协同成效显著，

2020年集团协同收入占集团总收入比重近20%。

发展引擎之三：绿色金融，旗开得胜

兴业证券以创新、协调、绿色、开放、共享的新发展理念为引领，率先布局绿色证券金融业务，争取尽快在行业内打造绿金业务的特色品牌。机构业务发展部积极贯彻落实，推动集团绿色金融业务发展，努力把绿色证券金融打造成为集团又一新的名片。

机构业务发展部作为公司绿色金融业务的总牵头部门，在集团各单位大力协同下，推动公司绿色金融业务快速发展，呈现三大亮点：

一是践行公司是“发展绿色证券金融业务的先行者”，夯基垒台促进业务发展。于2018年发布了《兴证集团持续推进绿色证券金融业务发展的行动方案》，不断完善集团内绿色金融业务的组织体系和业务机制，成立绿色金融业务领导小组和四大工作小组，全方位推动绿色金融业务快速发展。

二是践行公司是“绿色证券金融标准制定探索者”，制定了证券行业首个绿色金融业务评价标准。在业内首次厘清了绿色证券金融业务的内涵及外延，为系统性开展绿色证券金融业务评价工作奠定基础；协同经济与金融研究院、兴证基金发布中证兴业证券ESG盈利100指数。公司“券商绿色金融业务标准与ESG指数”获评2020年度福建省十大金融创新项目。

三是践行公司是“绿色证券金融的实践者”，目前已初步建立了绿色融资、绿色投资、绿色研究、环境权益交易“四位一体”的具有证券行业特色的绿色金融产品服务体系。其中，在绿色融资方面，近年来积极通过各种金融工具和服务手段支持绿色企业及绿色项目的融资额近300亿元，为绿色经济发展赋能。根据中国证券业协会披露数据，公司绿色债业务规模行业排名快速从2019年度的第三十七名提升至2020年的第十四名，2021年上半年达到第七名，初步进入与行业头部券商同台竞技的领域。在绿色投资方面，兴全社会责任基金、兴全绿色基金合计规模超过100亿元，年化收益均超过10%；并成立绿色环保股权投资基金。在环境权益交易方面，海峡股权交易所开拓碳排放权质押、碳汇贷、用能权质押贷款等环境权益创新产品，海峡股交近年来累计撮合成交环境权益产品交易规模近30亿元。在绿色研究方面，协同经济与金融研究院加强绿色研究，研究院共发布绿色金融、绿色产业相关行业报告超过250篇，积极为绿色金融市场发展贡献研究智慧。

发展引擎之四：创新发展，创造动力

创新是引领发展的第一动力。兴业证券一直重视创新，赋予机构业务发展部创新工作牵头组织推动的职责。机构业务发展部内设创新小组，负责跟踪研究行业创新、公司创新工作顶层设计、重点创新资格直接推动等工作，具体围绕“以客户为中心”推进管理创新、产品创新、业务创新。以满足客户需求为出发点，研究业务资格、业务牌照并推进资格申请；协同推进传统业务创新；挖潜客户综合需求，提供差异化的客户服务创新方案，为集团客户综合服务提供新动力。公司已于2020年末获得银行间市场交易商协会非金融企业债务融资工具主承销商资格，现正积极申请场外衍生一级交易商等创新资格，持续扩充机构客户高附加值特色服务。

机构业务发展部经过一两年脚踏实地的探索，集团大机构业务发展已初见成效。一是分公司大机构业务能力明显提升，分公司大机构业务净收入占分公司整体营业净收入的比重达25%，大机构业务协同项目超过180个，并涌现出中山华利（2021年，公司正积极申请场外衍生一级交易商等创新资格）、厦钨新能源（福建省首单分拆上市项目）等集团办投行的优秀项目。二是集团大机构业务的协同逐渐有序，已不再是点状、零星的跨业务条线协同，而是全覆盖、高频次的跨业务条线协同。三是集团机构客户综合服务能力大幅提升，特别是最顶层机构客户（战略客户）的综合服务成效显著，2020年集团战略客户创收 16亿元，较上年增长137%。

“道阻且长，行则将至，行而不辍，未来可期。”我们坚信“管理”出规模效益，“协同”成竞争合力，大机构业务一定是券商决胜未来的关键领域，机构业务发展部将齐心协力在集团党委的领导下履行使命，为建设一流证券金融集团贡献应有的力量。

十年砥砺谋发展，筑梦远航谱新篇

——记公司衍生品自营投资发展历程

文/债券与衍生产品业务部

啼音初试，积极参与股指期货品种筹备与正式交易

2010年4月16日，经前期筹备，随着沪深300股指期货合约在中国金融期货交易所（以下简称中金所）正式挂牌交易，中国金融衍生品市场就此翻开了全新的篇章。经过多年交易环境、策略、人员等各个环节的周密筹备与反复论证，公司衍生品自营团队（现债券与衍生产品业务部衍生品投资团队前身）也于当年正式参与该品种的投资，自参与权证创设首试衍生品投资之后，又一次扬帆起航。此举意味着公司衍生品自营投资业务开始了新的跨越，衍生品投资从此迈上新的征程。

快速成长，不断寻求契合公司发展目标的衍生品投资模式

在股指期货开始运行后的最初几年，伴随着中国经济体量的持续增大，中国资本市场不断吸引着来自全球投资者的目光，同时又考虑到股指期货作为当时国内的创新型品种，其稀缺性毋庸置疑。短短几年间，沪深300股指期货这一年轻而又充满活力的品种，一跃成为当时全球交易最为活跃的金融衍生品之一。此后，中金所又相继推出了以上证50指数、中证500指数为标的股指期货，丰富了针对蓝筹与中盘指数期货的产品线，进一步盘活了市场的交易热情。在此背景之下，时任公司衍生产品部总经理陈刚，带领部门团队不断优化投资策略，反复论证量化模型，结合自身在权益投资方面积累的丰富经验，逐渐摸索出了一条“以期现套利作为衍生品投资主策略，同时辅以可转换债券、ETF指数基金、分级基金、LOF基金等品种作为卫星策略”的无风险套利投资策略。在此阶段内，公司衍生产品部在不承担市场风险的前提之下，获得了平均年化

13.2%，且任何一单月净值无回撤的稳定收益。

| 规范发展，中国金融衍生品市场进入强监管时代

时间很快到了2015年，这一年由于市场前期所积累的涨幅，吸引了大量场外资金以配资的方式迅速流入资本市场，而涌入的资金又进一步推动股价上升，不断抬升的市场指数最终激起了人性的贪婪，当后续资金难以为继，而市场估值又高不可攀的情况下，终于在该年的6月引发了雪崩式的暴跌行情。事后来看，当时这波熊市间接地为中国金融衍生品市场的快速发展踩下了刹车，并由此将中国金融衍生品市场带入了强监管时代。

在不断提出降低杠杆的监管态势面前，股指期货的市场活跃度出现断崖式下跌，品种成交量相较于2015年巅峰期降幅达97%，市场迅速枯竭的流动性不禁让衍生品投资团队思考起了中国衍生品市场的未来。作为投资者重要的风险管理工具，衍生品对于资本市场的重要性不言而喻，而借鉴发达国家金融市场的演变路径也佐证了相同的观点，基于上述判断，本着对中国资本市场未来发展的深厚信心，以及对衍生品投资行业的初心，公司衍生品自营投资团队在困境面前选择了坚守。在当时看来，衍生品市场从火爆到迅速冷却的过程几乎就在弹指一挥间，而面临不可逆转的市场环境，衍生品团队能够做到的只有将主观能动性发挥到极致，通过不断的市场调研、策略梳理、进一步优化原有策略并寻找新的增长点，凭借着对衍生品投资的热爱以及孜孜不倦的探求，衍生品投资团队终于度过了那段最艰难的时光。

所幸的是，金融衍生品创新的趋势从更长远来看并没有被完全终止，而是以一种更为理性和稳健的方式在健康成长，随着投资者逐渐回归理性，监管手段不断向精细化方向发展，衍生品市场正在监管层的呵护下有序发展，上证50ETF股票期权、沪深300ETF股票期权、沪深300指数期权、国债期货、利率互换、商品期权、场外收益互换这些品种的不断推出，象征着国内金融衍生品市场逐渐由原先股指期货一枝独秀变为多品种的百花齐放，公司衍生品自营投资团队也针对此情况，基于不同品种或不同标的，开展了各种模式的无风险套利投资。目前环境下，尽管股指期货对于日内交易仍然限制比较严格，品种交易量与鼎盛时期不可同日而语，但是多个衍生品种间的联动已经为套利投资策略开启了一定的空间，有理由预期，国内衍生品投资市场在参与者不断成熟，监管松紧适度，灵活高效的环境下，将以一种更为可持续的方式有序成长。

行稳致远，牢固树立起衍生品投资过程中的风控围栏

惟行稳者，方能致远。无论是肆虐全球的美国次贷危机，还是更早的巴林银行倒闭事件，抑或是长期资本公司的覆灭，无不昭示着金融衍生产品作为风险对冲工具，若管理不当，其本身一旦失控，将会给公司乃至整个市场带来灾难性的打击。水能载舟，亦能覆舟，通过不断学习与论证，衍生品投资团队深刻地认识到风险控制的重要性，牢牢守护着衍生品投资过程中的风险闸门。在十余年的投资过程中，风控意识早已深深嵌入策略研发、投资决策、交易执行、投后管理等各个环节，在此期间所取得的高额投资收益也为无风险套利所得。我们相信，笃行致远，方得始终，只有树立起牢固的风控围栏，衍生品投资之航才可立于潮头，稳健地驶向更为广阔的星辰大海。

继续扬帆，让我们期待衍生品市场下一个更好的30年

立足当下，回顾过往，公司的衍生品自营投资业务已经连续稳健有序地运行了10年，利用期货、期权、标的现货、可转债、可交债、ETF等品种所构建的多维度无风险套利投资策略，取得了高达41.72%的平均年化收益率，而年化波动率仅10.55%，夏普（Sharpe）比率 3.95，且均为无风险投资所得。

展望未来，我们相信金融创新的步伐并未停歇，随着国内衍生品市场的参与者不断向专业化、机构化发展；市场的容量、品种有序扩充；监管者在鼓励创新和高效管理间不断取得新的平衡，衍生品投资市场长期而言将会充满机遇与挑战。筚路蓝缕启山林，栉风沐雨砥砺行，面对新的环境，新的趋势，债券与衍生产品业务部衍生品投资团队深切认识到，衍生品投资新的时代已经到来，不断规范化的监管意味着更为可持续的市场发展，衍生品投资团队将在现有业务发展的基础上，积极拥抱新的时代，精耕细作，不断优化并迭代现有策略，使其紧跟市场环境的变化；同时，时刻保持高度的市场敏锐度，在严守合规与风控底线的前提下，求新求变，寻找契机，不断扩大衍生品投资平台的广度与深度。让我们共同谱写中国衍生品市场不断发展的华美乐章，不负韶华，为公司创建一流证券金融集团贡献更大的力量，共同期待下一个更好的30年。

慎始敬终，行稳致远

——记兴证债券自营投资业务的发展

文/债券与衍生产品业务部

丨千里之行，始于足下，克服困难实现零突破

债券市场发展初期，利率市场化程度不高、市场容量和交易规模非常有限，信用债市场发展缓慢。随着时间的推移，债券市场进一步发展，公司以战略眼光聚焦债券业务板块，将其列入重点发展对象，并于2006年12月成立固定收益与衍生产品部（现为债券与衍生产品业务部），作为公司的一级部门。2007年4月17日，公司专题会议将固定收益业务定位于为提供稳定利润来源的业务，并安排首批营运资金5000万元。

公司债券自营业务开展之初，面临着基础薄弱、人员不足、系统欠缺和制度建设尚不完善等问题。本着筚路蓝缕、以启山林的创业精神，债券自营团队积极开展人员配备和各项业务资格的申请，搭建了银行间市场交易和结算系统，建立交易管理制度，布局市场交易客户网络，并在后期成为上海清算所的会员单位。2007年全年完成回购交易规模4.64亿元，现券交易规模25.7亿元，实现了债券自营业务从零到一的突破。

丨紧抓机遇，苦练本领，迎来债券自营业务大发展

2008年后，随着债券市场管理机制的不断优化，信用债品种愈加丰富，市场不断活跃，中国债券市场初成体系。特别是2008年9月之后，美国次贷危机逐步演变成为一场全球性的金融危机，国际经济形势急速恶化，国内货币政策也因此不断放松。以此为契机，债券市场迎来了快速发展的春天，2008—2020年债券市场全市场托管规模从10.3万亿元上升至 117万亿元。

债券自营业务团队及时抓住市场发展机遇，搭建人才团队、苦练投研内功，并逐步

完善投资交易管理系统和相关制度，抵御一轮又一轮市场波动，为公司获得了持续的优秀投资业绩。就市场利率风险波动而言，2008—2020年，债券市场跟随境内外经济和政策变化共经历了几个大的牛熊周期：从2008年国际金融危机，到危机后“四万亿”刺激和经济强反弹；从2011年强通货膨胀预期和货币政策收紧，到2013年“钱荒”导致经济增速下台阶； 从2014年和2015年债券基金、投顾业务大发展，到2016—2017年金融去杠杆；从2020年疫情冲击货币政策放水和逐步退出，到地方融资平台债务规模增长和严控地方政府隐性债务规模等对市场利率有重大影响的事件。凭借敏锐的市场直觉和投研团队的成熟培养，债券自营业务穿越了市场牛熊，2008—2020 年，为公司获取了累计收益率253.82%（年化收益率10.21%）的稳定投资收益。

丨坚守理念，与时俱进，积极应对债券市场新变化

在债券市场的发展过程中，信用风险是始终无法回避的问题。自2014年“11超日债”打破刚兑，我国债券市场的信用风险市场化程度提升，信用债违约情况频繁发生。2014年至2020年底，债券市场累计违约债券已达702只，违约总金额达5890亿元，按数量和金额统计的信用债券市场累计违约率分别达2.13%、1.97%。对此，公司债券自营业务持续秉持稳健投资、严控风险的理念，坚守“严格风控是获取长期稳定收益前提”的信念，不断完善信用风险控制框架，从前端入池即开始严格把控信用风险，并及时跟踪持仓债券的信用风险变化，提前预警，谨慎评估，牢牢守好信用违约的风险闸门，谨防信用违约对公司造成损失。

同时，我们谨记合规发展是公司债券自营业务前行的基石。近年来，监管层持续推进对债券市场参与者的检查规范，监管力度日渐趋严。而公司债券自营业务长期坚持规范运作、严格管理，顺利通过了多轮债券业务监管核查。

此外，随着债券市场的发展完善，新的投资交易方式和投资品种也不断涌现。经过多年的不懈努力，公司债券业务陆续获得了利率互换、国债期货、标准债券远期、三方回购、报价回购、协议式回购、X-repo、现券及回购净额清算、LPR利率互换期权等众多资格牌照，并研究开发了国债期货正向/反向期现套利、跨期套利、国开/利率互换对冲中性交易、国债期货/利率互换对冲中性交易、斜率交易等多种创新策略，获得了可观的阶段性交易收益。

稳健投资，严格风控，稳步迈向更美好的未来

经历多年发展，公司债券自营团队已不断成熟完善，管理规模从起初的0.5亿元发展到2021年的300多亿元，2008—2020年实现累计收益率达253.82%，投资收益率在可比债券型基金中常年名列前茅，并逐步迈向规范化、专业化、多样化的业务发展格局。穿越债券市场的风起云涌，我们始终秉承“稳健投资，严格风控”的业务发展理念，不断加强制度建设、人员配置和风险管理。

纵观多年来债券市场云谲波诡的牛熊周期，可以清晰地看到，专业稳健的投资风格和严格的内部风控，是公司债券自营业务长期立足于市场的两大根本。一方面，我们坚守稳健的投资风格为基础，不断提高专业能力，加强市场研判，顺应市场变化，积极调整策略，获得了优秀的投资回报。另一方面，每当行业收紧，监管趋严，喧嚣的潮水退去时，正因为我们长期坚持严格的风险控制制度，坚决保持各项业务规范运作，才使债券投资业务平稳长久地向前。

展望未来，兴业证券债券自营业务团队将不忘初心，继续坚持“稳健投资，严格风控”的优良传统，继续踏实前行，积极应对债券市场层出不穷的机遇和挑战，为公司的下一个30年，为建设一流证券金融集团的长远目标，奉献出自己的全部力量。

兴证自营稳扎稳打，树立优势护城河

文/证券投资部

兴业证券的自营投资业务始终坚持价值投资的理念，在过去的发展历程中，取得了长期优秀且稳定的投资回报。

可以说，兴证自营在为公司作出巨大贡献的同时，也为投资界培养了一批顶尖的领军人物和优秀的投研人才。而兴业证券在投资领域的优势基础经沉淀多年之后逐步形成了规范和有效的投研体系，每一次精准抓住市场机遇之时，其护城河也越建越深，越筑越牢。

自营业务是兴业证券的传统核心业务之一

兴业证券的证券自营业务起步很早，前身发源于1993年从事股票发行和代理买卖的交易科。1994年，福建兴业银行在原证券营业部基础上，组建福建兴业证券公司，交易业务部是总部最早设立的两个业务部门之一，负责证券自营业务。

20世纪90年代，A股市场初创，上市公司质量不高，法律法规不健全，规范性远不如今日，市场热衷于炒作和坐庄。但是，公司自营业务首任负责人杨东坚持“价值投资”理念，建立规范的投资研究组织架构和业务流程，注重控制风险，抵御“赚快钱”的诱惑，寻找具有“安全边际”的标的进行投资。在其带领下，兴业证券自营创下1992—2001年连续十年不亏损的辉煌纪录，十年累计盈利超过10亿元。公司初创的十年，资本金不大，自营业务为公司积累资本、提升实力作出较大的贡献，形成了良好的行业口碑。

2001—2005年，在第二任负责人庄园芳的带领下，公司自营业务的流程更加规范，培养了大批投研人才，其间取得了优秀的投资业绩。2002年，由于杨东带领部分证投部业务骨干筹建兴业基金，部门人员结构发生较大变动，庄园芳克服困难，进一步加强投资管理、内部控制、团队建设和专业协作等，在市场处于熊市时，带领证券投资部把握市场机会，在规避重大风险的同时取得优秀的业绩。

2005—2011年，公司自营业务第三任负责人徐京德带领团队在良好的投研基础上，抓住市场机遇，迅速做大业务规模，为公司创造了非常大的财务收益。2001—2005年我国股票市场经历了长达5年的熊市，公司由于资产管理业务风险亏损严重。证券投资部抓住市场机遇，在2007年度凭借约7亿元的投入资金实现投资收益17.6亿元，利润15.6亿元，实现投资收益率250%，收益率排在268只封闭式基金和开放式基金的第一位。2005—2007年部门累计投资收益率超过895%，一举扭转了资产管理业务风险对公司净资产的影响，为公司下一阶段健康发展奠定了良好基础。

2011年至今，迟宇接棒成为第四任负责人，他率领证券投资部稳扎稳打，在秉承“价值投资”理念的基础上，苦练内功，不断适应证券市场的新形势、新变化，更加注重风险控制，有效规避了几次较大的市场风险，如2011年，适时抓住市场机遇实现超额收益。2014—2020年，公司股票自营业务累计实现投资收益56.79亿元，贡献净利润25.90亿元。2017年，证券投资部投资收益18.77亿元，收益率达35%，大幅跑赢上证指数29个百分点，在可比混合型股票基金中排名前1/12。

回顾兴业证券自营投资业务近30年的发展历史，部门为公司发展壮大作出了较大的贡献，涌现出一批对公司发展举足轻重的业务和管理领军人物，培养了一大批优秀的投研人才。证券投资部的三任负责人均获得过“兴业奖”，也充分表明证券投资部在公司发展历史中作出的突出贡献。

| 发挥团队作战精神，坚持稳健投资、价值投资

伴随中国证券市场的初创、规范和发展，证券投资部始终坚持价值投资的理念，正是对这一底层思维的坚持，才使公司自营投资业务取得了超过市场指数的长期优秀且稳定的投资回报。价值投资并不是一种具体的操作方法，而是一种投资理念，核心是研究股票背后上市公司的基本面，遵守安全边际原则，通过买入价值被市场低估的证券获利。价值投资主要赚取上市公司成长或估值修复的钱，赚的是公司的钱，而不是“别人的钱”，这可能是投资与投机的最大区别。经过长期的坚持和努力，证券投资部逐渐建立起较为规范和有效的投研体系，这个投资体系包括研究员—股票池—投资经理—投资决策小组，研究员对覆盖的行业进行深入研究，在深度理解公司基本面的基础上提出推荐构建部门的核心股票池，投资经理根据市场研判和投资风格，主要从股票池中选择投资标的建立投资组合，投资决策小组对股票池和部门投资策略等进行研究讨论和集体决

策。部门深刻理解管理的资金性质，券商自营追求的是长期稳定的绝对收益，可对标社保基金、保险资管等资管同业，要求具有较强防守能力基础上的进攻能力，先要能守得住，然后追求较好的投资回报。如果把投资回报和风险都划分为高中低三档的话，兴业证券自营的目标组合是“低风险+中等回报”或“中等风险+高回报”。在这一指导理念下，兴业自营贯彻巴菲特提出的“能力圈”和“安全边际”思想，有所为有所不为，坚持在自身擅长的股票多头策略上深耕，追求低风险下获取长期超越市场的绝对收益。

经过多年积淀，证券投资部形成了以内部培养为核心的人才培养体系。一般而言，优秀毕业生需要三年左右的时间，才能逐渐成长为一名合格的研究员。部门会根据能力、经验、特质等因素从研究员中挑选投资经理进行培养，投资经理都要身兼研究员职责，经历一轮甚至多轮牛市和熊市的历练，成长为优秀的投资经理，管理较大规模的授权资金。一直以来，部门的所有投资经理都是内生培养的，这样能够更好地保持投资风格的统一，坚守价值投资理念。部门持续建立学习型组织，通过各种例会制度为大家创造学习和交流的平台；鼓励同事们发挥主观能动性，不断拓展能力范围；鼓励大家相互学习，相互促进，从而实现投研队伍和投资业绩的良性成长。

| 继往开来，抓住中国权益投资黄金机遇

展望未来，部门要做的事情有很多，其中的核心就是清楚自身定位，坚持稳健投资和价值投资的经营理念，坚守合规底线，强化风险控制，有所为有所不为。争取在一个较长的时间维度内，在尽可能保证公司投入资金安全的前提下，为公司赚取超过市场平均水平的投资回报。通俗地说，就是在较低风险水平下持续为公司赚钱。

随着我国权益证券市场不断发展成熟，机构投资者的队伍不断壮大，机构投资者逐渐掌握定价权，多数股票的定价日趋理性，通过寻找错误定价的证券在短期内赚取大额利润的机会越来越少，机构投资者作为一个整体战胜市场的难度在增加；另外，市场的广度和深度日益提高，即使在熊市中，也可为多种投资策略和细分行业提供较为丰富的结构性投资机会，这对于券商自营这种较为灵活的绝对收益型资金是有利的。

要想持续地战胜市场，核心还是要依靠人才和体系。证券投资部将持续深化业务流程的优化升级，向优秀的机构投资者学习，建立规范和有效的业务运作流程，形成研究员—核心股票池—投资经理的投资管理模式；大力培养研究员和投资经理，构建一支稳定与优秀的投研队伍。

夜空中最亮的“兴”

——兴业证券资产托管与外包服务业务创业纪实

文/资产托管部

证券公司资产托管业务是在资本市场大创新时代背景下姗姗回归的一项证券公司基础功能型业务。回首7年，兴业证券“主动求变”、抢抓先机，先后于2014年11月、2015年6月获得资产托管业务牌照与基金业务外包服务资质；厉兵秣马、苦练“内功”，着力打造“效率高、服务好、专业精、风控强”的兴证托管服务品牌。好风凭借力，受益于集团分公司经营体制改革和协同机制激励，从2019年起公司资产托管与外包服务业务开始进入提速增效的飞跃式发展阶段，托管产品规模年均复合增速连续两年实现翻番，产品数量增速在规模级以上券商中排名第一。2021年，在前有头部券商占据券商托管市场主导地位、后有中大型券商加速入场的背景下，兴业证券托管外包业务整体竞争力正式迈进同业前五，兴业证券成长为国内券商中托管产品种类最齐全、托管运作经验最丰富、托管外包服务最卓越、内控管理水平最突出的领先服务商之一，成为夜空中最亮的“兴”。

合抱之木，生于毫末。兴证托管的今天来之不易，但兴证托管人从不满足。新托管时代已悄然降临，新的征途有新的目标，新的征程要夺取新的胜利，打造“数智托管”、建设“一流证券金融集团”的目标激励着所有兴证托管人，继续披荆斩棘，开拓前进。

“主动求变”、抢抓先机
兴业证券获得资产托管与外包服务业务资质

如果把中国经济比作一艘在奔腾不息的时代长河中远航的巨轮，那么证券行业就是这艘巨轮中最为重要的动力系统之一，助力资本市场长期健康发展、推动和引领中国经济滚滚向前。2012年5月，中国证券业协会组织召开“证券公司创新发展研讨会”，一场史无前例的资本市场创新浪潮澎湃向前。

作为创新浪潮中一朵奔涌向上的浪花，兴业证券“主动求变”、锐意创新。2012年8月，兴业证券作为六家发起券商之一，在《中国证券报》发表《再造我国证券公司作为投行的三大基础功能》署名文章，呼吁“应恢复证券公司托管功能”。2012年12月，《中华人民共和国证券投资基金法》修订颁布，将托管人从商业银行扩大到包括证券公司在内的其他金融机构，明确将私募基金纳入法律调整范围，一举打破了商业银行在资产托管业务领域15年的“垄断”局面，并为证券公司这个行业后来者提供了扎实的业务土壤，证券公司正式登上资产托管业务舞台。

作为轻资产业务，资产托管业务具有不占用资本金、收入稳定、市场发展空间巨大等特点，与机构客户、财富管理、投资银行和资产管理等业务相辅相成。开展资产托管业务是实现证券公司战略目标、建立行业领先的持续创新能力、推动各项业务协同发展、建立机构投资客户一站式综合金融服务平台的重要一步。

为了抢抓资产托管业务机遇，2014年初，公司从各部门抽调13名业务骨干组建筹备团队，并由时任存管结算部总经理魏东晞牵头，同步推进资产托管部门筹建及托管业务牌照申请工作。这支年轻的队伍蹄疾步稳，一面进行部门筹建准备，一面积极开展市场调研和同业交流，逐一攻克资格申报难点，在公司原存管结算部、经纪业务部、信息科技部、系统运行部、合规管理部与风险管理部等部门的通力支持下，全力以赴做好业务系统通关测试、业务关键流程梳理和信息系统筹备等工作。2014年4月18日，公司集团发文正式设立兴业证券资产托管部。2014年11月6日，经过近半年的通力准备，兴业证券获准开展证券投资基金托管业务，成为同业第九家获得资产托管业务牌照的券商，时任部门总经理董智兴提出“服务领先、技术领先”的发展要求。

2014年12月5日，资产托管部的灯亮至深夜，在部门全体人员的努力下，公司托管的第一只私募基金——合晟同晖固定收益1号正式上线，各项业务平稳运行。这是兴证托管一个普通的夜晚，是过去、现在、未来的无数个夜晚的一个缩影，更是兴证托管燃烧着的精神图腾。这样一群志同道合的人相聚在这里，高歌理想、燃烧激情，无畏长路漫漫，他们要做夜空中最亮的“兴”。

作为资产托管业务的重要补充，基金外包服务业务在机构综合金融服务中承担了重要作用。早在成立初期，部门就承接了集团子公司——兴证资管的运营支持工作，随着业务平稳开展，部门在积极保障集团资产管理子公司快速发展的同时，积累了丰厚的资管产品运营服务经验。2015年6月，兴业证券成功获得基金业务外包服务资质，成为同业为数不多同时具备资产托管与外包服务业务（以下简称托管外包业务）资质的证券公司。

从2015年开始，证券公司托管业务牌照和外包服务资质审批速度明显放缓。2016—2019年，仅4家证券公司获得托管业务牌照，十余家证券公司长期处于基金托管资格申请的“排队”状态。兴业证券“主动求变”，前瞻性地投身托管外包业务市场，为公司抢抓业务先机、构筑先发优势奠定了基础。未来，兴业证券注定要在证券公司托管外包业务的画卷中留下浓墨重彩的一笔。

厉兵秣马，苦练“内功”
打造“效率高、服务好、专业精、风控强”的兴证托管服务品牌

我国私募基金行业起步较晚，长期处于粗放式扩张状态。2016年2月5日，中国证券投资基金业协会发布《关于进一步规范私募基金管理人登记若干事项的公告》，接连注销、清理了一批不合规、无展业能力的空壳机构，同年，私募证券投资基金管理人数量同比减少27%。随着监管层对私募行业多方面、全维度地加强监管，私募行业自主发行基金数量和总规模同比增速大幅回落，公司以私募证券投资基金为主要“业务基石”的托管外包业务依然保持增长，但“开局猛冲”的势头有所放缓。受“欣泰事件”影响，部门于2016年储备的两项公募基金项目未能顺利推进，托管外包业务在坎坷中向前。

宝剑锋从磨砺出，越是处在逆境，越要冷静破局。经过慎重而迅速的研究，部门聚焦未来业务方向，夯基础、练内功，把重心放在塑造差异化竞争力上。

从市场来看，托管外包业务的同质化是比较严重的，要在同质化中体现兴证特色，就要锻造差异化竞争品牌，其中着力点就是服务和效率。就此，部门在科技规划、流程优化等方面加大投入，开始逐步推进业务架构设计和一系列效率改革。从2017年开始，公司接连推出了直销申赎资金T+1、估值T+0、临开连续设置等服务，正式把“有效率”的兴证托管名片推了出去。

2017年10月，兴业证券首次迎接普华永道会计师事务所按照国际审计与鉴证准则理事会ISAE3402认证标准的外部审计评价，成为同业第三家获得该项鉴证的证券公司。这标志着公司托管与外包服务的业务质量、服务能力和内控水平达到了国际认可的行业领先标准。

正是这段时间的厉兵秣马，打造了“效率高、服务好、专业精、风控强”这一独具特色的兴证托管服务品牌。

乘集团协同改革东风
业务进入飞跃式发展阶段

随着业务的发展，托管外包业务市场竞争日趋激烈，整体呈现出“前稳、后追、新冲”的梯队化竞争格局。招商证券、国泰君安证券、中信证券等龙头券商凭借先发优势和综合实力，逐步建立起“高黏性”的客户护城河，业务虹吸效应明显；部分券商前瞻性布局业务模式或金融科技，构筑差异化竞争优势，业务增长态势迅猛；同时随着近年来证监会加速放开托管牌照资格审批、中国资本市场对外开放步伐进一步加快，机构入场大大加速，对存量市场主体造成一定冲击。在此背景下，当务之急是要找到一条适合自身的发展之路。

2017年12月29日，兴业证券正式开启集团分公司经营体制与协同改革。资产托管部欢迎协同，也积极拥抱协同，第一时间理顺协同机制，摸索出“专业+资源”的兴证特色协同服务模式。分公司作为一线业务力量，最了解客户需求和集团服务支持，资产托管部作为业务推动部门，能够充分在业务队伍培训打造、搭建战略合作渠道、业务开拓策略研究、核心客户服务维护等方面为各业务单位提供专业指导和支持。在“专业+资源”的协同模式下，资产托管部秉持“拓荒牛”精神，闯关东、走西口，走进业务一线，协同展业，促进一线思考与前沿知识双向交流，提炼可复制、可推广的业务经验，逐渐形成“托管外包业务全司做”的氛围。好风凭借力，受益于集团分公司经营体制改革和协同激励，2019年起托管外包业务开始进入提速增效的飞跃式发展阶段。2019—2020年连续两年新增托管外包私募证券投资基金市场份额保持同业第四，规模年均复合增速连续两年实现翻番，产品数量增速在规模级以上券商中排名第一，协同的效果慢慢显现出来。

共克时艰，资产托管部同德一心
业务实现逆势增长

2019年末，一场突如其来的疫情席卷全球，对各国民生、经济带来不同程度的冲击。新冠肺炎疫情期间，业务人手短缺、运营工作量加大，托管外包行业经历考验，资产托管部总经理魏东晞刚走马上任，就肩负起组织战疫的重任。

“疫情的雾霾必将散去，我们要做的就是不懈地努力与坚守，为基金产品的平稳运营保驾护航！”为抑制疫情传播，党中央、国务院及时采取了包括延长春节假期、鼓励公众保持社交距离、开展居家办公在内的一系列防疫措施，这些措施为国内从源头控制疫情、保护人民身体健康提供了重要支持，但也使基金运营的一系列事项需要应急调整。春节前及假期期间，部门多次召开线上专题会议研究部署疫情防控工作，对内通过紧急搭建远程平台、建立业务人员AB岗制度，全力做好业务系统的安全保障准备工作；对外开启管理人服务平台全天候服务模式，同时首创性地推出“电子签约”服务，助力管理人实现居家办公。不少托管部员工自愿留守驻地，承担起应急联络人的重任，资产托管部全员在线，共克时艰，做“最有温度的托管人”。

在全司上下的共同努力下，兴业证券在疫情最严重时市场出现估值业务难以维持连续性的极端情况下始终保持业务平稳有序运行，业务增速与业务规模逆势增长。

推进“数智托管”科技规划
以科技重塑服务生态

2020年以来，证券行业的数字化转型不断加速，“开放共享”“生态化发展”成为行业主题。随着券商托管行业同质化竞争日益激烈，以金融科技为引擎，将业务做深、做精，是证券公司打造业务核心竞争力、建立竞争壁垒的关键突破口。在集团的整体金融科技规划框架下，资产托管部积极推动业务科技超融合，稳步朝着“数智托管”方向转型。

2020年7月，凭借深厚的运营积累和对托管外包业务的深刻理解，资产托管部创造性地提出“自动数据监控、自动估值、自动风控、自动信披”的整体智慧运营方案并推动系统上线。“兴托管·新引擎”智慧运营机器人可支持绝大多数产品完成T+0估值，帮助管理人估值表接收时间、资金划付时间再提速约1.5小时，大幅提升估值核算效率、风控水平、人均效能和整体业务可承载量，智能化水平同业领先。

智慧运营机器人是部门“数智托管”科技规划的第一步。未来，资产托管部将进一步通过科技赋能，逐步实现业务运营自动化、平衡业务快速发展与客户优质服务体验、落实数据价值再挖掘三大目标，积极发挥托管外包业务平台作用，连接、打通、整合集团资源，融入集团“五位一体”的机构业务生态圈建设，为客户创造更加高效、全面的一站式机构综合生态服务。

敢立潮头开新局，兴业证券“逆袭”成功
托管外包业务迈进同业前五

2021年，是集团创业的第30个年头。仿佛是为了纪念并给这个具有特殊意义的年份添彩，2021年，兴业证券资产托管与外包服务业务整体竞争力正式迈入同业前五。

据中国基金业协会数据，截至2021年第一季度末，兴业证券托管私募证券投资基金通过基金业协会备案且仍在存续的产品合计3510只，占券商托管总数的6.58%，同业排名时隔半年再进一位，公募基金市场份额进一步提升，信托等新兴市场业务逐步破冰，兴业证券成长为国内券商中托管产品种类最齐全、托管运作经验最丰富、托管外包服务最卓越、内控管理水平最突出的领先服务商之一。

一路坎坷，一路执着，从创业时代的艰苦奋斗，到发展路上锐意改革、乘风而上，兴证托管的今天来之不易，但兴证托管人从不满足。虽比高飞雁，犹未及青云，新托管时代已悄然降临，新的征途有新的目标，新的征程要夺取新的胜利，打造“数智托管”、建设“一流证券金融集团”的目标激励着所有兴证托管人，继续披荆斩棘，开拓前进！

久久为功，笃行无悔，做务实的社会责任践行者

——兴业证券近30年扶贫公益之路

文/党委办公室

习近平总书记多次强调，只有富有爱心的财富才是真正有意义的财富，只有积极承担社会责任的企业才是最有竞争力和生命力的企业。

作为一家国有金融企业，长期以来，兴业证券坚决融入国家发展战略，久久为功，笃行无悔，做务实的社会责任践行者。1996年，创业伊始，兴业证券捐赠的第一所希望小学在福建省宁德市霞浦县落成。以此为标志，兴业证券开启了长达26年的扶贫公益历程。26年来，兴业证券累计开展各类扶贫公益项目超过600个，遍及全国28个省份，2015—2017年连续3年公益性支出金额居证券行业第一位，累计捐赠各类扶贫公益资金超过3.8亿元，位居行业前列。

啼音初试：第一所兴业希望小学在霞浦落成

教育是强国之本。尽管创业维艰，兴业证券仍然坚守“国有”本色，将投身教育公益作为践行社会责任的重要途径。1996年，兴业证券捐赠的第一所希望小学在福建省宁德市霞浦县落成，同年捐资修建福建省上杭县庐丰中心小学兴业楼，自此开启了兴业证券二十多年的以教育公益为重点的扶贫公益实践之路。

1996—2009年，兴业证券扶贫公益工作的形式以捐赠希望小学、奖教助学和赈灾救灾为主。教育方面，截至2007年，兴业证券陆续在福建、湖北、安徽等地捐建了10所希望小学。在江西财经大学等高校设置奖学金等。赈灾救灾方面，1998年捐款 160余万元用于抗洪救灾，2008年为雪灾和“5·12”汶川大地震捐款580余万元、捐赠衣物近300件，公司中高层积极捐赠定向资助20名地震灾区特困学生完成学业等。

这一时期，兴业证券的扶贫公益工作处于萌芽探索阶段，相关的体制机制保障、平台建设、员工参与等较为滞后。但更要看到，初创时期的兴业证券于筚路蓝缕、披荆斩棘之际仍能坚守根植福建、饮水思源的初心使命，积极响应国家发展战略，投身教育公

益事业，践行金融报国担当。公司上下社会责任意识已经萌发，接下来如何更有系统、更加专业、更能持续地践行社会责任，兴业证券一直在探索并等待契机。

专业运作：发起成立兴业证券慈善基金会

2008年是个多灾多难的年份。从年初的南方冰雪灾害到“5·12”汶川大地震，以及美国次贷危机引发全球“股灾”，天灾人祸引发全民对公益慈善行业的关注与参与，这也让中国的慈善捐赠实现了从50亿元到200亿元，再到超过1000亿元的突破。2008年的公益慈善事业成为中国慈善史上一座重要的里程碑。

与此同时，兴业证券也在持续探索具有自身特色的公益慈善之路。2008年4月，兴业证券子公司兴业基金（后改名为兴证全球基金）率先引入社会责任投资理念，成立了国内首只社会责任基金，每年将社会责任基金管理费收入的一定比例用于公益项目，开创了国内社会影响力投资先河。

2009年，在福建省民政部门的大力支持下，兴业证券决定出资500万元发起设立行业内最早的专业性非公募基金会之一——福建省兴业慈善基金会（后改名为福建省兴业证券慈善基金会），作为兴业证券专业化践行公益慈善活动的平台。

自此，兴业证券践行社会责任进入新发展阶段。社会责任管理逐步从粗放型走向专业化、规范化运作，现代化公益慈善理念开始树立；规范长效的公益扶贫资金投入机制开始建立，公益事业的可持续性增强；自有教育品牌项目体系逐步建构，教育公益向深化拓展；相关制度配套逐步完善，员工参与机制建立健全，践行社会责任整体性认同提高，责任文化也逐步融入日常经营管理，内化为公司企业文化的重要组成部分。

在规范长效的公益扶贫资金投入方面，2014年，为保证公司公益事业的可持续发展，兴业证券董事会决定建立长效公益投入机制，每年以不超过母公司报表利润总额的1%向兴业证券慈善基金会捐赠，为扶贫公益工作提供规范长效的资金支持。

为鼓励激励更多员工参与扶贫公益事业，兴业证券建立了全方位、多渠道、多层次的公益参与机制。2011年3月，兴证志愿者协会正式成立。2015年6月，“兴证员工月捐平台”在基金会上线，员工可在OA系统签约，每月或一次性从工资中直接向基金会捐赠，用于扶贫公益支出。2016年4月，公司发布《关于进一步鼓励员工积极参与公益活动的通知》，正式建立员工大额捐赠配捐、公益积分兑换等制度，鼓励员工捐赠资金参与扶贫公益事业。

教育公益方面，以“兴视野、兴未来、兴青年”为代表的自有品牌教育公益项目体系开始建立。2012年7月，第一个“兴证梦想中心”在福建南平建立，为孩子们捐建彩色教室，打造兴证梦想课堂，激发孩子们的求知兴趣；2013年6月，“兴视野—阅读推广”项目启动，提供高品质儿童图书、分级阅读课程等，让孩子们能读书、爱读书、读好书；2014年9月，“兴未来—社区儿童发展计划”在福州开始试点，资助公益组织走进乡村、城中村，帮助留守（流动）儿童走出困境，身心健康发展；2016年5月，“兴青年—社会责任培力计划”启动，通过设立奖学金、搭建青年公益平台、资助在校大学生开展公益实践，推动其关注社会民生，参与社会公益。

奋力攻坚：积极投身脱贫攻坚战场

消除贫困、改善民生、实现共同富裕，是中国特色社会主义的本质要求，是中国共产党的重要使命。2015年11月29日，中共中央、国务院发布《关于打赢脱贫攻坚战的决定》，发出了打赢脱贫攻坚战的总动员令，吹响了向贫困全面宣战的总号角。

证券行业也进行了一系列的部署。2016年3月，中国人民银行会同中国证监会等七部门出台《关于金融助推脱贫攻坚的实施意见》，8月中国证券业协会发起“一司一县”结对帮扶行动倡议，号召证券公司积极参与脱贫攻坚。

兴业证券坚决贯彻落实党中央和国务院决策部署，坚决融入脱贫攻坚国家战略，积极响应中国证券业协会“一司一县”结对帮扶倡议，在2016年12月与云南省彝良县正式签署结对帮扶协议并发布《关于进一步加强精准扶贫、履行社会责任的通知》。自此，兴业证券践行社会责任进入新的发展阶段。

从2016年至2020年底，兴业证券集团将脱贫攻坚作为践行社会责任主要方向，累计开展教育、产业、民生、消费、生态等各类扶贫项目162个，投入扶贫资金8200多万元，发起设立闽宁—兴证文化教育扶贫专项基金等7个扶贫专项基金，与宁夏隆德县、西藏八宿县、甘肃宕昌县、云南彝良县、江西井冈山市等12个国家级贫困县建立结对帮扶关系，扎实开展福建省内上杭、宁化、政和、长汀、柘荣等多个老区苏区县帮扶工作，助力结对帮扶的12个国家级贫困县和4个省内老区苏区县提前实现脱贫摘帽，全面完成脱贫攻坚任务。

为推动和引领当地精准脱贫的能力和水平，建立“造血”式扶贫长效机制，兴业证券依托慈善基金会专业平台，不断探索创新扶贫公益机制和领导保障机制，加强资源整合，紧贴当地需求，创新扶贫举措，从教育、产业、金融、民生、消费扶贫等方面统筹部署，从单一的教育公益转向多元化、精准化、可持续化的脱贫攻坚，逐渐构建起以教育为基、金融为核、产业为源、生态为根、民生为本的扶贫工作体系，打造形成“以党建和责任文化为引领，以“一司一县”结对帮扶为基础，以长效化体制机制为保障，以教育扶贫公益为重点，以全方位扶贫体系为支撑”的大扶贫格局，探索出一条具有兴业证券特色的脱贫攻坚之路。

以教育为基，阻断贫困代际传递。扶贫先扶智，让贫困地区孩子接受良好教育，是扶贫工作的重要任务，也是阻断贫困代际传递的重要途径。为此，兴业证券进一步梳理完善原有教育公益品牌项目体系，构建起以捐建校舍配套设施、奖教助学为代表的“传统教育帮扶”，以兴证梦想中心、乡村教师培训、班级图书角、专业机构孵化为代表的“教育创新发展”和以留守（流动）儿童关爱计划为代表的“困境儿童关爱”的“三位一体”教育公益项目体系，助力贫困地区教育事业发展，为脱贫减贫和乡村振兴提供有力的人才智力支撑。

在传统教育帮扶方面，在西藏八宿县，兴业证券联合兴业证券慈善基金会、兴证期货，发起设立一批食堂供暖设施建设、洗漱房和饮水工程建设和阳光棚援建项目，改善教育教学配套；在河南栾川县、江西井冈山、福建长汀县等地，捐资建设配套幼儿园，助力贫困地区学前教育发展；在云南彝良县、福建上杭县等地，发起一批奖教助学项目等。

在贫困乡村的教育扶贫中，兴业证券对于留守儿童这一特殊的群体给予了特别的关注，发起“兴未来—留守儿童关爱计划”等项目。迄今为止，兴业证券已经投入超过1400万元支持开展留守儿童关爱活动，项目覆盖隆德、彝良、长汀等多个贫困县，捐建了50多个“儿童之家”，超过5万名儿童受益。该计划下的“兴未来—社区儿童发展计划”模块作为福建的代表案例被收录至国家卫计委流动人口社会服务案例集。

以金融为核，打造企业发展引擎。兴业证券充分发挥证券行业参与脱贫攻坚的智力优势、投研优势、资源优势及专业优势，深拓金融服务功能，借助资本市场力量，持续推进金融扶贫。截至2021年，共开展贫困地区企业融资项目15个，总融资额达92.43亿元。

在结对帮扶的甘肃宕昌县、西藏八宿县等地，兴业证券积极开展资本市场培训和投资者教育，并按“一县一企”的要求为当地的重点企业提供精准的资本市场服务。

2017年底，兴业证券与河南栾川县、洛阳钼业确定“一司一县”“一县一企”结对帮扶关系。2016年洛阳钼业完成海外收购后，为助力其连接资本市场服务资源，拓宽融资渠道，改善资产负债情况，2017年兴业证券承接洛阳钼业股票定增项目，作为该项目的独家保荐机构和牵头联席主承销商，为洛阳钼业实现了180亿元的融资，助力企业进入高速发展阶段。该项目带动相关产业链发展，进而反哺栾川县经济就业，不仅成为当年资本市场募集资金第二大的定增项目，还成为金融机构支持实体经济发展的典型案例。

此外，兴业证券旗下子公司兴证期货有限公司自2018年9月以来，实施了多个鸡蛋、玉米、红枣等“保险+期货”专业扶贫项目，转移分散了相关农业产业链风险，助力贫困地区农民增收、农业发展。

以产业为源，激发内生发展动力。产业发展是贫困地区脱贫攻坚的源头活水。相较于“输血”扶贫，兴业证券着力强化产业扶贫，助力贫困地区产业升级，增强自我“造血”功能，激发内生发展动力。

在甘肃宕昌县，2019年，兴业证券捐赠500万元，积极融入“宕昌模式”，参与龙头企业——羌源富民农业发展股份有限公司的股份制改造，在当地建立产业扶贫基地。截至目前，羌源富民公司带动了1万多户贫困户增收，产业扶贫成效卓著。

在宁夏隆德县，兴业证券积极对接隆德县团委、残疾人托养创业中心，合力打造以残疾人运营为主体的闽宁协作助残乐购平台，销售中药材、枸杞、果脯、土豆粉等特色农副产品。同时，兴业证券还通过隆德县残疾人托养中心在该平台采购农土特产品作为公司2019年和2020年春节员工福利，直接带动2000多人次残疾人就业增收，促进当地扶贫产业发展，缓解残疾人就业脱贫难题。

在西藏八宿县，联合兴业证券慈善基金会投入近100万元落地开展高原湿地生态大麻鸭养殖、生态鹅深加工、核桃油加工等高原特色“小产业”，通过农产品深加工，增强农产品附加值，带动当地产业发展、脱贫增收。

以生态为根，建设美丽宜居环境。生态环境是立身根本，绿水青山就是金山银山。为助力长汀县加强水土流失综合治理，兴业证券积极响应福建省委、省政府号召，投入300万元参与长汀县马兰山金融生态示范林基地建设项目，助力长汀精准深层治理，修复生态，遏制水土流失，将生态恢复与改善民生、发展绿色产业相结合，改善项目区人民群众生产生活条件，实现生态脱贫、绿色发展。

在上杭县石砌村，兴业证券捐赠140万元，落地开展清水治污工程，切实解决当地污水治理、环境污染问题，改善当地用水环境，助力建设美丽宜居乡村。

此外，自2016年起，子公司兴证全球基金累计投入超过700万元开展环境治理公益项目——库布齐沙漠胡杨林种植计划，每年均组织公司员工、合作伙伴及媒体等爱心人士共超过十多个团队先后前往此处参与公益植树行动，已种植胡杨和樟子松等超过3万株。

以民生为本，构筑乡村振兴根基。保障和改善民生是脱贫攻坚的出发点和最终落脚点。兴业证券深切关注贫困地区民生，重点围绕“两不愁三保障”的突出问题，加大对老、幼、残等特殊人群帮扶力度，使老有所养、幼有所托、残有所依，切实保障和改善民生。

在云南彝良黑拉村，为解决当地用水难题，经实地勘察和仔细研究论证，兴业证券出资800万元在该村修建了安全饮水工程，项目选定安全优质水源，通过抽水站、蓄水池、配水管网三级提灌，实现了通水到村、通水到户，转变了黑拉村“靠天吃饭，靠天喝水”的困境，惠及约5300名建档立卡贫困户，切实解决1万多人的生活用水与2000多亩烤烟田灌溉用水紧缺问题。

在福建省内，兴业证券捐赠支持宁化县石壁镇溪背村开展幸福院改造提升项目，为溪背村400多名老人提供更高质量的日间照料、就餐休息、娱乐交流场所，保障农村老人晚年生活；与省残联等单位联合开展龙岩市农村贫困残疾人“安居工程”项目，帮助贫困残疾人圆了“安居梦”。此外，还积极融入福建省“阳光1+1牵手计划”，与省内革命老区村邵武市龙斗村和宁化县团结村签订一对一帮扶协议，帮扶老区村发展特色产业、搭建产销平台、拓展产销渠道、加强留守儿童关爱帮扶等，实现稳定脱贫、发展致富、乡村振兴。

2020年初，新冠肺炎疫情席卷全国，疫情防控形势严峻。兴业证券第一时间响应国家号召，率先发行全国首单券商疫情防控债，助力复工复产，第一时间响应中央和省委号召，捐赠款项和物资超过1350万元，驰援湖北和福建抗疫工作，助力打赢疫情防控阻击战。

在持续构建全方位扶贫工作体系和大扶贫格局的同时，兴业证券集团持续完善体制机制保障，拓宽员工参与路径，加强扶贫工作交流宣传，凝聚社会责任文化。集团员工积极参与扶贫公益，在首届“兴证公益日”上，集团各单位开展义务献血、投教科普、爱心助学等各类社会公益活动70余场，参与公益捐赠员工7300余人，捐赠资金241万元。

扶贫工作得到社会广泛认可，在《证券时报》主办的“2018中国证券期货公司扶贫活动评选”中，兴业证券荣获“2018年中国证券期货业扶贫卓越贡献奖”等五大扶贫奖项，连续3年荣获中国扶贫基金会作出突出贡献奖，集团扶贫案例荣获国务院扶贫办“2019年社会组织扶贫50佳案例”奖。

接续奋斗：开启乡村振兴新征程

乡村振兴是实现中华民族伟大复兴的一项重大任务。兴业证券践行社会责任、投身社会公益，进入以助力乡村振兴为主要目标的新发展阶段，开启了新的征程。

一方面，兴业证券进一步加强顶层设计，完善平台机制建设。2021年，兴业证券慈善基金会在福建省社会组织等级评估中实现重大跨越，获评AAAAA级社会组织，成为证券行业设立的最高等级的慈善基金会之一。在此基础上，集团积极推动兴业证券慈善基金会完成新一轮战略发展规划，重点围绕乡村振兴战略，统筹教育公益、乡村发展、金融公益项目版图，科学调配各类公益资源向乡村等相对贫困地区倾斜，积极创新乡村振兴金融帮扶模式，为高质量实施乡村建设行动、践行社会责任提供全方位的服务和保障。

另一方面，兴业证券正式启动乡村振兴系列帮扶项目。2021年以来，兴业证券在助力结对帮扶贫困地区脱贫摘帽的基础上，持续投入帮扶资源，在过渡期内保障各类公益项目稳定开展，助力深化巩固脱贫攻坚成果，切实防止返贫。同时接续推进脱贫地区乡村振兴，在省内联合共青团福建省委员会启动第三期“兴业证券福建省留守儿童关爱计划”，在乡村小规模学校、乡镇寄宿制学校建立了13个乡村振兴公益服务点，促进乡村留守（困境）儿童身心健康成长；并持续推进东西部帮扶协作，在宁夏隆德、西藏八宿、山西隰县等地实施一批教育、产业、技能培训、残疾人扶持、困难群众救助等乡村振兴帮扶项目，推进乡村振兴各项任务落实落地。

此外，兴业证券持续践行金融国企担当，在赈灾救灾等方面持续履行社会责任，2021年8月，集团通过慈善基金会向河南省慈善总会捐赠200万元，支援河南省严重受灾地区公共服务和基础设施灾后重建工作，助力灾区恢复生产生活秩序。

事不避难者进，志不求易者成。兴业证券将按照中央和省委关于乡村振兴的战略部署，准确把握新发展阶段，深入贯彻新发展理念，积极服务和深度融入新发展格局，持续发挥自身资本市场平台资源优势和扶贫公益经验优势，在助力结对帮扶地区全面完成脱贫攻坚任务的基础上，保持各类帮扶举措总体稳定，助力乡村建设行动，切实做好巩固拓展脱贫攻坚成果同乡村振兴有效衔接，为巩固脱贫成果和乡村振兴持续贡献“兴”智慧和“兴”力量。

砥砺奋进三十载，革新治理谱华章

文/董监事会办公室

时光荏苒，岁月如歌。从六尺柜台到全国200多个分支机构；从1991年的58.1万元经营收入到2020年的175.8亿元历史新高业绩，一张张挥洒汗水的脸庞，一幕幕励志拼搏的画面，共同谱写了这三十载峥嵘岁月，缔造了这三十载硕果累累。2021年是公司成立30周年，30年来公司通过顶层治理的不断革新，构建了完善的现代公司治理架构，引领公司上下砥砺奋进，融入资本市场的发展大潮，不断续写着公司治理与企业发展交融并进的新篇章。

改制增资，开启公司发展新征程

20世纪90年代初，我国资本市场开始萌芽，股份制改革开始出现，在这样的时代背景下福建兴业银行设立了证券业务部，这便是兴业证券的起源。随着资本市场浪潮的推进，国务院决定实行金融体制改革，要求银行业务与证券业务分业经营、分业管理。1994年，经中国人民银行批复，福建兴业银行证券业务部改组为福建兴业证券公司，注册资本1亿元人民币，实行福建兴业银行领导下的总经理负责制，由创始人兰荣担任总经理，福建兴业银行副行长马潞生担任监事长，形成了公司治理体系的雏形。

随着分业改革的持续推进以及资本市场的不断发展壮大，证券行业竞争日趋激烈，公司注册资本、治理架构难以满足迫切的发展需要。1999年8月，中国证监会批准公司与福建兴业银行脱钩及增资扩股。当年12月19日，公司在福州市西湖大酒店召开盛大的创立大会，创立大会审议通过了公司章程，选举兰荣、王力群、金惠明、郭广昌、葛俊杰、吴晓求等15名董事组成第一届董事会，选举何建文、吴世滨、秦荣生3名监事组成第一届监事会。

公司成为全国第六家获准增资扩股的证券公司，通过本次改制增资，公司在组织形式上正式成为股份有限公司，更有利于明晰企业产权，实现资本集中。福建省财政厅仍为公司第一大股东，持股比例为11.80%，还吸纳了上海申新（集团）有限公司、上海巴士实业（集团）股份有限公司（现已更名为华域汽车系统股份有限公司）、上海市糖业烟酒（集团）有限公司、厦门经济特区房地产开发集团有限公司、厦门象屿集团有限公司、厦门市筼筜新市区开发建设有限公司等省内省外实力雄厚、有影响力的法人入股；在公司治理结构方面，设立股东大会、董事会、监事会，实行董事会领导下的总裁负责制，由公司董事会发挥战略引领作用，进一步提高了公司经营管理效率和水平。

至此，公司建立了股东大会、董事会、监事会制度，形成了产权明晰、自主经营、自担风险、自我发展、自我约束的法人治理结构。公司是首批第五家获准增资扩股的证券公司，也是业内率先引入独立董事（中国人民大学吴晓求教授）与独立监事（国家会计学院秦荣生教授）的证券公司之一。通过改制增资、革新治理体系，公司赢得了加快发展的先机，从地方性公司一跃成为全国首批仅有的9家综合类券商之一，也是为数不多的股份有限公司，初步建立了现代化企业公司治理结构。

为提高董事会决策效率，强化董事的专业性与职责，公司进一步梳理与细化了董事会决策事项，建立高效的董事会工作机制，以进一步发挥董事会在经营中的作用。公司率先于2002年设立董事会审计委员会，积极探索推进其他专业委员会的设立工作。同时，公司董事会坚持以绩效为标准，建立对经理管理层有效的激励与约束机制，促进公司持续健康发展，开启了发展新征程。

| 公开上市，完善公司治理机制

改制增资后，在公司董事会的指导下，公司便开始着手制定三年发展规划纲要，前后历时近10个月，经过多轮讨论修改，于公司董事会2001年第一次会议审议通过。公司董事会通过讨论分析证券行业发展趋势，基本形成“以福建为基地，以上海为中心，以北京和深圳为两翼”进行业务布局调整的共识，支持公司从福建向全国发展。

为了进一步壮大资本实力，推进公司战略转型，提升业务竞争能力，2007年公司进行二次增资扩股，注册资本增至14. 9亿元，福建省财政厅认购2. 1亿股，持股比例超过20%，持有公司5%以上股份的股东包括福建投资企业集团公司（为公司股东福建省投资开发集团有限责任公司前身）、上海申新（集团）有限公司，股东持股结构进一步优化，法人治理结构更加科学，有效提升了公司的活力和竞争力。

公司积极推进公开上市进程，公司董事会2008年第一次会议审议通过了《关于兴业证券股份有限公司公开上市的议案》，并筹划组建了新一届董事会、监事会。新一届董事会、监事会的产生，不仅符合法律法规与监管部门的要求，更进一步精减人员、优化结构，提高了董事会运作效率。新一届董事会成立后，公司进一步完善股东大会议事规则、董事会议事规则等重要制度，积极发挥董事会下设专业委员会和独立董事的作用，提高了董事会的科学决策水平与决策效率。新一届监事会完成监事会议事规则等一系列制度建设，加强了监事会监督职能。公司经营管理层积极开展一系列工作，执行董事会的决策和各项要求更加有效。至此，公司建立了较为完备的基于股东大会、董事会、监事会和经营管理层规范运作、相互制衡和相互促进的法人治理结构。

2010年6月，公司IPO获得中国证监会发审会2010年第97次会议无条件通过。2010年9月13日，中国证监会核准公司公开发行不超过2.63亿股A股股票；10月11日，上海证券交易所同意公司股票上市交易，证券简称“兴业证券”，证券代码为“601377”；10月13日，“兴业证券”（601377）正式挂牌上市，公司成为全国第五家上市的证券公司，公司股票发行价格为10元，首日开盘价高达14.66元，公司迎来了历史性时刻。上市以后，公司董事会抓住市场机遇，在2013年完成非公开发行融资39.52亿元，在2015年完成配股融资122.58亿元，总股本增至66.97亿股，利用资本市场做大做强，并根据公司发展需要，不断完善公司治理机制，促进公司又好又快发展。

革新治理，推动公司迈向一流

经过30年坚持不懈的努力，公司仅依靠内生增长发展成为涵盖证券、基金、期货、资产管理、股权投资、另类投资、风险管理、境外业务等专业领域的证券金融控股集团。2017年11月，公司完成第五届董事会、监事会换届，第五届董事会由杨华辉担任董事长，耿勇、王非、蔡绿水担任股东董事，孙铮、吴世农、朱宁担任独立董事，刘志辉、夏锦良担任经营层董事，并聘请刘志辉担任总裁；第五届监事会由王仁渠担任主席，曹根兴、庄占建担任股东监事，周峰、张绪光为职工监事。公司第五届董事会成立以来，明确提出了“建设一流证券金融集团”的战略目标，要把公司建设成为具有一流的资本实力，一流的风险管理能力，一流的竞争能力和盈利能力，一流的人才和优秀企业文化、科学的机制体制以及较强国际竞争力的一流证券金融集团。公司紧抓市场机遇，在2020年创下了历史新高的业绩，综合竞争实力、抗风险能力、行业地位和市场影响力进一步提升。

公司始终把建立健全法人治理放在首要位置，不断革新完善。第五届董事会、监事会以制度建设为抓手，推动公司持续健康发展，进一步修订了《公司章程》《股东大会议事规则》《关联交易管理制度》等重要制度，进一步明确了股东大会、董事会、监事会、独立董事及高级管理人员的权责范围和工作程序，为公司法人治理结构的规范化运行提供了制度保证。公司董事会下设战略委员会、审计委员会、风险控制委员会、薪酬与提名委员会4个专门委员会，并制定了相应的议事规则，明确了权责和决策程序。公司不仅重视制度建设，更重视狠抓贯彻落实，保证公司“三会一层”在各自的职责、权限范围内，各司其职，各尽其责，决策科学、执行有力、监督到位、运转高效。公司还十分注重发挥公司党委在公司治理中的领导核心作用，始终把坚决做到“两个维护”作为党的政治建设的首要任务，强化党的领导与公司治理的有机结合，于2018年6月完成《公司章程》修订，将党的领导写入《公司章程》，切实发挥公司党委把方向、管大局、保落实的领导作用；坚持民主集中制，于2020年5月修订《兴业证券党委工作规则》，建立健全“三重一大”集体决策机制，将党委会研究讨论作为董事会、经营管理层决策重大问题的前置程序，切实形成“党委领导核心，董事会战略决策，纪委和监事会独立监督，管理层负责经营”的公司治理格局。同时，公司紧贴公司经营管理实际，细化明确公司党委前置研究讨论重大经营管理事项具体内容和标准，拟定公司党委前置研究讨论重大经营管理事项清单，并在执行过程中根据实际情况动态调整，确保党的领导与公司治理有机融合、同频共振。

公司致力于构建战略型、专业化、高效率的董事会，不断强化董事会在公司治理中的核心作用，通过把好董事遴选关，保证了董事会决策的专业水平，积极组织董监高参加由监管机构、交易所等组织的相关培训和交流，及时了解当前的监管环境及最新的法律法规，不断提升其履职能力。董事会成员由第一届的15名精减至现在的9名，既保证了董事会的广泛代表性，又有效提高了决策效率。

上市以来，公司严格按照有关规定，真实、准确、及时、完整、公平地披露有关信息；遵守合规披露、充分披露、机会均等、诚实守信、高效低耗、互动沟通的原则，开展投资者关系管理，树立良好的资本市场形象；高度重视对投资者的合理回报，执行持续、稳定的利润分配政策，自2010年上市至2020年，累计实现净利润213.25亿元，其中归属于母公司净利润185.53亿元，累计分红金额达60.20亿元。近3年来，公司连续在证券公司分类评价中获得A类评级，并于2021年荣晋AA级，连续荣获上交所年度信息披露工作A类评价、荣获福建上市公司协会年度投资者关系A类评价等。

公司秉承持续发展的理念，坚持责任与发展并重，积极履行社会责任，在慈善公益、精准扶贫、服务实体经济方面成绩斐然。早在2009年，公司便发起设立兴业证券慈善基金会。自2014年起，公司每年以不超过母公司报表利润总额的1%向兴业证券慈善基金会捐赠，通过建立员工月捐机制和大额配捐制度，积极倡导员工和客户等社会力量参与公益慈善事业。公司还将每年10月29日的“司庆日”作为公司“公益日”，鼓励公司团委、志愿者协会联合兴证慈善基金会共同组织开展主题宣传、公益捐赠、公益项目等系列志愿活动，践行兴业证券责任文化理念。2016年以来，公司坚决贯彻党中央和国务院关于打赢脱贫攻坚战的决定，积极响应中国证券业协会关于开展“一司一县”结对帮扶倡议，截至2020年底，结对帮扶的12个国家级贫困县和4个省内老区苏区县均已脱贫“摘帽”，全面完成脱贫攻坚任务。为支持实体经济发展，公司大力落实金融供给侧结构性改革部署，为促进资源优化配置、服务创新驱动发展战略、拓宽直接融资渠道发挥了重要作用。据统计，自公司成立至2020年底，公司通过股权、债权以及结构融资等多种业务模式帮助企业融资达1.62万亿元，其中公司承销金额达8367亿元。

所有过往，皆为序章；所有将来，皆是可期。站在30周年的新起点上，感恩过去和现在一直支持公司向前发展的股东，不断推动公司革新完善公司治理、引领公司在资本市场发展大潮中乘风破浪的董事、监事，以及挥洒汗水、不懈拼搏的兴证人，公司将继续砥砺奋进，以习近平新时代中国特色社会主义思想为指导，深入贯彻国务院《关于进一步提高上市公司质量的意见》精神，不断健全具有中国特色的国有控股上市公司治理机制，以高质量的公司治理体系，推动公司高质量发展；以一流的公司治理体系，推动公司建设成为一流证券金融集团，谱写更加绚烂壮丽的新篇章。

以“稳健经营，长远发展”为经营理念，风险管理是公司30年发展压舱石

文/风险管理部

三十载时光荏苒，三十载岁月激荡，兴业证券和中国资本市场一起起步，从福州走到上海、走向全国，从蹒跚学步的婴儿成长为行业领先的证券公司。在这一历程中，兴业证券风险管理也从无到有，从专项业务管控发展成为全面风险管理，既为集团公司稳健成长保驾护航，同时也为行业发展提供了先进的实践经验。

| 从野蛮成长到规范发展，证券行业进入全面风险管理时代

自20世纪90年代初以来，我国证券行业风险管理发展的历程，大致可概括为“三个十年”。

第一个十年：野蛮成长阶段，重业务轻风控。20世纪90年代初，中国证券监督管理委员会处于建立初期，相关的法律法规和监管体系尚未完善，资本市场处于监管真空的“放养”时期。由于外部监管法规和自身体制、机制上存在的缺陷，证券公司在发展业务过程中，忽视风险的存在，漠视合规风控文化，积累了许多矛盾和问题。

第二个十年：行业综合治理阶段，在动荡中寻找方向。2004 年前后，证券公司长期积累的问题充分暴露，风险集中爆发，全行业生存与发展遭遇严峻的挑战，证券公司的风险已经严重危及证券市场安全，情况十分严重。2004年8月，证监会召开专题性的全国证券监管工作座谈会，在证券监管系统内全面部署和启动了综合治理工作。2007年8月底，证券公司综合治理工作成功结束，实现了各项主要治理目标。经过综合治理，证券公司长期积累的风险和历史遗留问题平稳化解，曾严重困扰证券行业健康发展的财务信息虚假、账外经营、挪用客户资产、股东及关联方占用等问题基本解决，初步建立了风险防范的长效机制，各项基础制度得到改革和完善。

第三个十年：行业规范发展阶段，全面风险管理时代来临。经过前两个发展阶段的风雨洗礼，证券行业在综合治理后规范发展，证券公司风险管控、合规经营意识及财务

信息的真实性普遍增强，创新活动有序启动，行业格局开始优化。《证券公司全面风险管理规范》（以下简称《规范》）发布并于2014年3月1日正式生效，为证券行业风险管理水平及风险管控程度的提升提供了政策支持。2016年12月30日，中国证券业协会对《规范》进行了修订，提出集团化垂直穿透风险管理的要求，也标志着证券行业加快进入了全面风险管理时代。在《规范》的引领下，各大证券公司逐步建立健全较为完备的全面风险管理体系。

丨风险管理体系建设为集团公司稳健成长保驾护航

兴业证券作为中国资本市场的参与者，始终保持业务与风控平衡发展的理念，做到可持续健康发展，公司紧扣《规范》提出的“全面风险管理体系应当包括可操作的管理制度、健全的组织架构、可靠的信息技术系统、量化的风险指标体系、专业的人才队伍、有效的风险应对机制”以及“推行稳健的风险文化”的要求，不断完善自身全面风险管理体系建设。

风险管理组织架构不断健全。公司逐步建立健全四个层级及三道防线风险管理治理架构。公司风险管理部门作为第二道防线，其设置随着管控精细化、职能专业化不断演变完善。公司的“风险控制部”诞生于公司发展的“第二个十年”初期。2002年2月，公司设立风险控制部，并于2005年3月更名为风险管理部，其后经过多次优化整合，至2018年3月，公司将法律事务职能并入风险管理部，统筹负责集团风险管理与法律事务工作。另外，为强化大投行条线风险管控，2018年初至2021年，公司逐步将大投行内核职能从风险管理部中独立出来，组建为风险管理二部，专职负责大投行内核工作；将原分散在股权、债券、ABS、新三板部门中的质控队伍集中起来组建为投行质量控制部，专职负责大投行质控工作，此设置把投行的质控和内核与承揽、承做完全独立，而且分属不同的高管相互制衡管理，为公司的投行项目从尽调到质控、内核都提供了非常重要的内控独立性保障。2019年8月，公司为优化集团投融资业务审核审批体系，在业内独树一帜地设立投融资业务审批部，负责按照分层分级授权审批机制执行全集团投融资业务集中统一的事前审批工作，至此，公司已基本建立职能完备、分工精细的风险管理组织架构。

建立健全多层次、可操作的风险管理制度体系。在业务不断发展、外规不断深化监管的过程中，公司逐步建立健全四个层级的风险管理制度体系，涵盖基本制度、管理办法、操作规程及各类业务风险管理制度。风险管理基本制度依照《证券公司全面风险管理规范》制定，是公司风险管理纲领性的指导文件，为公司全面风险管理体系框架的搭建进行规范性的指引。管理办法针对风险类别、对象、工具、方法与流程等方面提出明确的制度要求。操作规程是对公司风险管理基本制度、管理办法中相关要求进行进一步细化规定和明确，对风险管理实操具备更有针对性的指导作用。各类业务风险管理制度实现对公司经纪、自营、资管、投行、托管及研究等业务的全覆盖，将风险管理办法及操作规程中的风险管控要素与要求贯穿到各类业务的全流程风险管控中，促进业务开展与风险管控的平衡。

不断建立可靠的风险管理信息系统。2013年之前，公司尚未建立风险管理信息系统的体系与架构。2013—2017年，风险管理系统体系与架构初见雏形。2013年至2015年上半年，O32系统上线，实现了经纪、自营及资管业务系统化管控的分离，并实现了异常交易的事前事中风控；此外，净资本与流动性风险管理系统、市场风险管理系统、操作风险管理系统于2017年陆续上线，并通过自主搭建全面风险管理平台进行总量风险的汇总及风险驾驶舱展示。从2018年开始，风险管理信息系统在集团化垂直穿透管理机制实施的背景下加速发展，通过对接子公司系统与数据，在完善各类风险管理子系统的基础之上，整合集团风险数据源，提升各子系统使用效率，升级全面风险管理平台，以汇总集团风险信息。截至2021年，已初步建成囊括基础数据层、风险计量层及综合管理层三个层级的全面风险管理信息系统体系与框架，覆盖各个风险类别、业务条线、子公司、分支机构及各个部门，并对风险进行计量、汇总、预警和监控，实现同一业务、同一客户相关风险信息的集中管理，系统功能初步完备，能支持风险管理和风险决策的需要。

建立多层级多维度的风险指标体系。2016年以来，公司体系化地建立健全多层级多维度的风险偏好、风险容忍度、重大风险限额及风险限额指标体系。风险指标体系是全面风险管理落地实施的核心抓手，是保障集团公司承担的风险控制在可测、可控、可承受的合理范围内的重要工具。公司多层级多维度指标体系的构建经历着不断完善的过程。2016年初次发布的风险指标体系并未对指标实行分层分级管理，未涵盖子公司；2017年对指标实行风险容忍度、重大风险限额、一二级风险限额指标四个层级的分层分级管理，不同层级指标按照重要性程度，对超限审批节点及流程进行差异化的设计，提升管控效率；将子公司纳入风险指标体系，但仅在重大风险限额层级涵盖子公司。2018年除了在重大风险限额层级，在一级及二级风险限额层级均纳入子公司，子公司覆盖的广度及深度均有一定程度的提升。2019年将分公司纳入风险指标体系，并新增风险维度对限额指标进行分类管理，至此，风险指标体系的设计基本具备了一套立体管理的模式，在四个层级架构的基础上，还按照风险维度、业务维度、机构维度进行延展。2020年限额指标体系在子公司覆盖的广度及深度上得到空前的强化，子公司在集团多层级多维度风险指标体系的基础上，构建子公司自身的风险指标体系，将集团公司的风险偏好、风险容忍度、重大风险限额及风险限额指标分解、传导至子公司，真正实现在集团范围内施行统一的风险偏好。

风险管理人才队伍不断壮大。公司风险管理人才队伍随风险管理组织架构精细化专业化的设置不断充实完善。在2002年之前，公司并无专职的风险管理团队，内控管理还主要以法务及稽核为主。2002—2010年，公司虽设有风险控制部或风险管理部，但其下辖合规、风险、法务及稽核职能，风险管理逐步孕育专职的团队，但分工专业化与精细化远远不足。2010年后，经过多年的发展，分工专业化与精细化的风险管理人才队伍不断壮大。随着2018年初风险管理二部的设立，以及2019年8月投融资业务审批部的设立，截至2021年上半年，公司形成总计73人的三支专业风险管理团队，包括统筹负责集团全面风险管理与法律事务的风险管理部，人员29人；负责投资银行类项目内核的风险管理二部，人员20人；负责集团投融资业务集中统一审批的投融资业务审批部，人员24人。此外，各子公司逐步设立风险管理部及投融资业务审批部，在集团公司风险管理部门的垂直领导下开展工作，专业的风险管理团队由集团公司延伸至子公司。

不断提升风险应对机制的有效性。公司建立健全应急管理和业务连续性管理机制，不断从制度和执行层面强化应急预案设计、应急演练及应急处置各环节。除了在公司层面制定突发事件应急管理基本制度外，针对不同业务、风险及系统制定具体的应急指引和预案，截至2021年，集团总部单位共制订逾80个应急预案，各子公司共制订逾40个应急预案，各一级分公司共制订逾100个应急预案，预案内容覆盖重要业务、重要系统及重要风险场景，均已建立了较为完善的应急处置流程，并积极开展应急演练。值得一提的是，2020年初新冠肺炎疫情形势严峻，为保障极端情况下公司投资交易类业务平稳开展，风险管理部牵头推进集团投资交易业务应急管理机制建设工作，拟订疫情期间投资交易业务疫情防控应急预案及各单位应急细则，明确可能发生的应急情形及应对策略，从人员安排、备用交易室及办公用具准备、技术实现、合规性保障等多方面切实有效地落实应急防控措施。在此基础上，为巩固应急实效，风险管理部还牵头改造建设了集团常设备用交易室，并组织应急演练，以保障在新冠肺炎疫情情形下集团投资交易类业务连续运营。

坚持“稳健经营，长远发展”的风险文化。良好的风险管理文化是风险管理工作有效性的基础，也是风险管理走向专业化的前提。在公司多年的实践中，风险管理文化已经成为公司企业文化的一部分，“风险管理人人有责”的文化观念已成为根植于员工意识、体现在员工行为中的一种自觉自愿的职业规范。一方面，公司在集团范围内积极开展风险管理培训、宣导风险管理文化；另一方面，公司坚持风险管理与业务经营紧密结合，通过分层分级授权、集中统一审批、统一风险偏好、风险绩效考核等手段，将“稳健经营，长远发展”的经营理念不断灌输到各项业务生长的土壤中，每个员工都坚持以监管要求为准绳，在保持风险可测、可控、可承受、不外溢，并维持风险控制指标持续优于外部监管要求的前提下稳步推进业务发展。

| 30年摸爬滚打，在历练中提升

在公司“三个十年”的发展历程中，回望几次重大风险的化解处置，公司转危为机，不仅平稳地处置了风险，甚至为行业的风险处置提供了案例与标杆，还从暴露的风险中反思总结，不断完善全面风险管理体系与机制的建设，提升风险管控的有效性。

债券质押式回购风险事件处置得当，公司顺利通过规范券商评选。2004年证券行业综合治理的前夕，证券行业尚未施行“三方存管”机制，普遍存在客户之间债券被强制质押的情况。当时，公司某营业部个别客户利用债券质押式回购放大套做十几亿元，因债券价格下调和回购利息支付出现大额穿仓，金额占当时公司净资产近三成，形势异常严峻。风险事件发生后，公司紧急成立风险处置小组进行应对，由风险管理部门负责人牵头，相关部门参与，并安排两位博士专门研究国债利率和市场价格趋势，为该投资者提供投资策略咨询，利用1年左右时间获取1亿多元投资收益。同时，动员该投资者追加账户资金，并由其大股东在公司开户购买国债，释放其他客户被该投资者强制质押的债券；公司自营部门也主动购买债券，补充替换公司托管席位被强制质押的债券，及时完成了中国登记结算公司要求的账户清理工作，未发生任何与客户之间的纠纷，有效化解了风险。更重要的是，本次债券质押式回购风险事件的顺利处置，为公司顺利通过2005年证监会规范类券商的评审创造了条件。在证券公司综合治理过程中，那些资产质量差、风险高企的券商被限制发展甚至被收购，公司被评定为规范类券商后，经努力进而取得了创新类、综合类券商资格。2010年公司首发成功，成为上海证券交易所上市券商，由此进入了规范健康的良性发展周期。

欣泰事件先行赔付，主动承担责任，获得社会好评。2016年，欣泰电气事件爆发，为保障投资者利益、妥善化解纠纷、维护证券市场稳定，兴业证券作为一家上市公司，积极响应最高人民法院、中国证监会关于建立证券纠纷多元化解机制的要求，主动承担先行赔付责任，在中国证券业协会牵头下设立先行赔付基金，赔付适格投资者因欺诈发行所遭受的损失。面对先行赔付工作存在的困难和压力，本次赔付缜密论证，精心落实，以保障投资者利益为出发点，快速决策承担先行赔付责任，在依法合理的基础上，最大限度地保障投资者利益，确定先行赔付的范围和赔偿标准，在实施环节认真细致开展适格投资者服务，确保先行赔付实施做到实处，提升赔付申报率。先行赔付协调小组高效运转，为赔付工作提供了重要的机制保障，在协调小组的大力支持下，工作取得突出成效。最终赔付申报的人数占比、金额占比均超出了预期，实现了广泛、及时、高效地赔付，得到了广大适格投资者的认可。该事件后社会舆情及市场总体反应稳定，发生的个体投资者诉讼纠纷案件较少，未发生投资者群体性事件，取得了良好的社会效果。赔付工作得到先行赔付协调小组成员单位及证监会系统有关部门的认可和社会舆论、专家学者的好评，在2018年11月的全国证券期货纠纷多元化解机制试点总结暨全面推进工作会上，入选为《证券期货纠纷多元化解十大典型案例》的第一个案例，该次先行赔付是我国资本市场因上市公司欺诈发行退市，保荐机构先行赔付投资者损失的首次尝试，对推进证券期货纠纷多元化解机制试点工作有重要意义。

股票质押风险平稳有效处置，转危为机，项目质量得到提升。公司自2013年开展股票质押业务，早期业务规模快速增长，至2017年10月达到峰值，其间市场排名最高进入行业前三。从2018年起，因国内经济增速下行承压、杠杆融资政策收紧、股份减持流动性受限、股市整体持续低迷等原因，证券行业股票质押违约风险集中爆发，公司因存量业务规模较高面临巨大挑战。在此背景下，公司党委会及时决策调整业务定位，不再作为主要盈利业务来推动，而是定位于为其他业务提供融资配套服务，并将风险防范放在首位。公司按照“降风险、调结构、压规模”的指导原则，从顶层机制设计上采取了一系列有效风险管控措施，具体包括：上收业务权限由总部集中统一授信及管理，设立投融资业务审批部，与业务管理部门相互独立形成制衡机制，进一步明确了审批层级及审核流程；严格执行准入及授信标准，重视对第一还款来源、项目流动性、集中度风险的评估，综合采用增信手段缓释项目风险，择优审慎开展新业务；要求承揽单位提升尽职调查工作质量，关注融入方和担保方的资产负债情况，明确尽调人员管理，从源头上把握风险；强化项目存续期管理，加强存续期舆情监控，定期进行风险排查分类，推行经济资本成本考核，贯彻风险前置理念；实施风险处置工作小组机制，制定违约处置操作手册，明确职责分工提升处置效率，灵活运用多元化处置手段，协同全集团资源加快风险项目处置回收。

在风险管理部门、业务管理部门以及分支机构的共同努力下，公司股票质押整体风险已大幅降至可控范围。第一，存续业务规模大幅压缩，截至2021年上半年，公司股票质押业务总规模较峰值时降低90.64%，业务压缩幅度为行业领先水平。第二，违约项目处置回收成效显著，公司采取了丰富的风险化解手段，处置方式包括场内强制平仓、司法处置拍卖、股权协议转让、债权转让、协商分笔还款、呆账核销等。第三，减值准备计提显著低于行业平均水平，减值水平在同等业务体量券商中排名后位，有效控制了对公司经营利润的影响。

雄关漫道真如铁，而今迈步从头越。回首公司30年的发展历史，经历无数艰难险阻，不畏挑战的兴业证券风控人不断用自己的专业、敬业、责任、担当，迎难而上，化解危机。在公司步入而立之年的新发展阶段，兴业证券风控人将持续建设夯实全面风险管理体系，不断打造自身“一流的风险管理能力”，为公司实现“成为一流证券金融集团”的战略目标保驾护航。

三十而立聚力奋进，兴“智”财务创造价值

文/计划财务部

现代企业要在全球化市场竞争中取得优势，就必须加强财务管理，建立一套顺应新经济时代要求的现代财务管理体系。走在“三十载”的大路上，兴业证券财务部门顺应公司变革发展，不懈努力地推动财务工作转型，从传统分散式记账、编制报表开始，财务职责不断拓宽延展，职能定位涵盖集团战略规划和资源配置、业绩评价与考核、协同政策顶层设计、集团资产负债配置管理等多个方面，初步形成业内领先的“战略财务、业务财务、共享财务”三大职能体系，从简单的财务记账转向为公司创造价值，为公司发展提供强劲动力。

九层之台起于累土，公司初创从传统财务起步

1991年初成立的福建兴业银行证券业务部标志着公司创业的起步。从初创开始，公司即注重财务核算制度的搭建。彼时的财务核算，是由各代办点独立核算并定期向总部报送财务资料的传统模式。随着代理买卖和股票发行等业务的发展，公司于1993年设立计划财务部，初步建立起一家专业证券公司所需的组织架构。

通过实体网点获取经纪业务客户、对经纪业务的高度依赖是早期证券行业的特点之一。公司在初创起步阶段，从早期的地方性券商向全国性券商发展的历程中也经历了实体网点不断增多的过程，并实行传统分散化的记账型财务管理模式。

2001年是行业发展历程中一个极为特殊的年份，那一年的证券市场极为动荡。上证指数以2077点为起点，一度高攀至6月14日的2245点。随着6月14日国务院发布《减持国有股筹集社会保障基金管理暂行办法》，中国人民银行开始清查违规资金，股指“飞流直下”，沪深股市跌幅分别达20.62%和30.03%，创下大盘1994年7月进入牛市以来的最大跌幅，由此开始了证券市场长达5年的熊市，给整个证券行业的生存和发展带来严峻的挑战。公司也因资产管理业务一度亏损，遭遇了重大危机。2001—2005年的艰难时期也是计划财务部最具挑战性的阶段，在公司生死存亡之际，计划财务部发挥自身

专业能力，千方百计为公司节约成本、控制费用，通过积极盘活大额固定资产等方式，充实公司流动资金，共渡难关，并在这一过程中初步搭建起现代财务工作体系，为后期财务转型与发展创立了良好开端。

| 不拘常制变革转型，业内首家推行财务集中模式

随着网点数量不断增加及网点自主经营权限过大带来的风险暴露，公司开始推进变革与转型。2005年，财务部门紧跟公司战略转型要求，积极探索将传统分散化的财务管理模式转变为财务集中模式。

公司是业内首家推行财务集中模式的证券公司，该模式下财务人员均集中至总部统一办公，解决了传统分散化财务管理模式的弊端，避免人力成本及办公费用的重复投入，并极大地提高了财务决策和成本管控效率。通过会计核算的标准化，财务内部风险控制能力进一步提升，会计信息也更加及时和准确。

预算管理和财务分析方面，计划财务部结合公司总体经营方针和工作思路，借鉴先进预算管理理念，不断改进预算编制机制和方法，搭建全面经营管理分析体系，为各部门经营及费用控制提供帮助，为经营决策和信息使用者提供参考，为财务模式的升级转型奠定坚实基础。

| 推动公司二次转型，积极探索战略财务模式

2011年初，公司制订了第一个五年发展战略规划，部署公司二次战略转型。为推动公司战略落地，计划财务部主动思考、积极探索能够提升服务支持效能的财务管理体制。

自2012年中国证监会陆续出台子公司管理相关的管理规范和条例开始，伴随着日益激烈的市场竞争环境，无论是个人客户还是企业客户，对于券商提供金融服务的综合化需求都越来越高，券商集团化管理也应运而生。在这样的大背景下，计划财务部于2012年发布《关于印发公司2012年经营计划的通知》，首次构建全面经营综合计划体系，积极探索传统财务向战略财务转型。

随着公司网点数量级扩张，区域分公司组织架构设立，财务服务效率和需求激增。为更好地贴近业务，及时提供财务服务，2012年计划财务部开始在部分分公司先行试点财务经理委派制。根据公司区域战略的推进与调整，委派财务经理制度不断优化，2015

年实现全部分公司委派财务经理，并将部分财务经理派驻至分公司当地，直至2019年对一类及成熟期分公司设置财务科并委派财务科科长，委派财务经理陪伴着公司壮大持续发光发热。

从2013年起，随着证券行业杠杆率的提升，证券公司资产规模持续做大，面临的流动性风险也越来越多，计划财务部作为集团资产与负债的统筹管理部门，开始牵头构建集团资产负债管理体系。经过1年多的努力，初步搭建起涵盖资产负债配置、筹融资、流动性储备投资、流动性风险管理、资金运营在内的证券公司全面资产负债管理体系，有效应对行业变化；2015年经过深入行业调研及管理咨询，探索出适应集团自身特点的内部资金转移定价体系方法，成为业内广为借鉴的行业典范；2016年资金管理独立为一级部门资金运营管理部，资金管理工作定位及内涵不断延伸。

2016年公司新设分支机构达83家（扩容前存续为91家，当年新设后达174家），短时间内大幅增加的机构促使计划财务部进一步探索共享理念，对财务核算工作进行了流程优化，搭建报销影像审批系统，并将分支机构同质工作标准化，在实现统一清算核算的基础上，进一步统一核算规则、统一报表编制、统一处理标准，形成“一人完成所有单位同一事项”的规模效应。

| 俱怀逸兴更上层楼，开启集团财务一体化新篇章

2017年底公司新一届董事会上任，随着分公司转型、集团协同改革等一系列举措相继落地，战略财务职责全面回归财务部，其广度和深度大幅延展。公司对经营战略与财务分析紧密结合的诉求越来越强烈，战略财务模式逐渐得到公司领导的肯定和业务部门的认可，部门人员的业财融合能力、数商能力、洞察分析能力、专业胜任能力得到极大的提升。

2017年底，公司深化改革，首次提出以集团协同为核心的举措，打造符合兴业证券特点的多元化协同战略、管控体系和协同机制。计划财务部作为首要承接落实集团协同机制的部门，在内部组织架构上增设集团协同处，专职全面负责集团整体协同机制体制的搭建工作。在最初一年内，计划财务部通过积极研究大型集团企业、同业优秀协同经验，结合对公司整体业务模式的全面梳理，从无到有创造性地提出了一整套协同路线图及矩阵图，以此为基础完成集团协同政策机制体系化搭建。后期不断优化完善，经过3年多的顶层机制建设和大力扶持推动，集团业务协同理念已深入人心，协同成效逐步显

现。通过贯彻全面预算管理要求、实行计划考评联动机制、构建业务—财务—资金—协同一体化分析框架，2018—2019年，公司综合经营计划、综合考评分析机制、财务分析报告体系已基本完善，从同业沟通交流判断，财务精细化管理水平向头部券商看齐，明显优先于第二梯队券商。

2018年是分公司改革转型的元年，分公司在集团内的职责定位由经纪业务的落地者，快速转变为集团全业务的区域大平台，计划财务部在无行业经验可借鉴的情况下，主动迎难而上、自主探索，全面启动相应财务管理、资源配置政策优化调整工作。

一切要从顶层机制体制上做好保障安排，计划财务部通过经营计划、制度制定、考评机制与资源配套等“组合拳”操作，全方位强化了一级分公司区域主体责任，并逐年优化完善，以“一省一策、一地一策”精准施策为方向不断进发。在强化资源有效性跟踪管理的前提下，建立起业务费用、绩效奖励预核拨及预借机制，大力协助分公司做好业务发展的提前布局安排。

2018年初，资金运营管理部并入计划财务部，公司资产负债全面实行集团化、精细化穿透管理与配置。通过不断完善管理及配置框架，持续优化资产配置方法，公司资产负债配置结果与行业标杆及国际投行配置趋势相吻合，持续为业务发展提供低成本资金，运用杠杆融资为公司带来较好的收入效应。历经2016年“欣泰事件”对融资带来的种种阻碍，2019年债券发行迎来全面解禁期。2020年，计划财务部通过前瞻性市场利率研判，构建科学的负债组合形态，持续提高负债与资产期限匹配度，大幅降低资金成本，年初更首创发行了全市场首单证券公司疫情防控债，支持疫情防护防控，传递金融温度；并通过不断完善公司内部资金转移定价政策，引入LPR及Shibor等市场价格作为公司定价基准价格，新增专项定价政策引导业务单位提高资金预算管理；深化流动性风险管理能力，报告体系和压力测试覆盖面完善有效。

为保障集团双轮驱动战略落地，2018年，计划财务部还制定了三年财务信息化建设规划，加快推进财务信息化、数字化建设。3年间，财务信息系统从最开始的会计核算平台，不断创新发展成为拥有管理会计、财务共享、税务、资金管理、财务BI、领导驾驶舱等业内领先的一体化财务信息化平台，数智财务强化了公司统一管控、推动财务转型、加强风险控制，以会计核算管理职能为依托，全面预算管理、资金管理、风险管理、内部控制、战略决策支持等财务管理活动为核心，实现核算、预算、分析、控制、决策和监督等财务管理功能，有力推动集团业务财务一体化发展。

丨长风破浪直济沧海，财务转型发展一直在路上

“业财”融合，创新求变。证券行业的关键词已从“高速增长”变为“高质量增长”。回望过去，我们有“轻舟已过万重山”的快慰；展望未来，我们有“而今迈步从头越”的豪情。“十四五”开局之年，公司擘画了五年宏伟发展蓝图，财务管理工作也迎来了前所未有的巨变。以创造价值、引领赋能公司经营为目标，未来公司财务管理领域将进一步锚定集团战略目标，厘定集团业务竞争策略，进行合理的资源配置，进一步推进新发展理念的全面贯彻落实，加快推动“双轮驱动”业务体系完善落地，从体制化或机制化中寻求突破和推陈出新，实现财务和业务的高效协同。

通过集团财务共享服务中心的建立，打造一个高效的财务共享服务团队，强化服务意识，提高服务效率。同时，搭建一个集中、统一、高效的共享服务技术平台，将现有的各种业务处理系统资源优化整合，提升会计核算的自动化水平；优化各项财务处理和资金结算流程，统一集团会计核算和费用审批标准，提升财务处理能力和服务能力，强化集团财务管控。

在新一代云计算、大数据、云原生的技术支持下，基于多异构系统的业财融合信息化建设及数据治理能力提出新的更高要求，同时如何让人工智能渗透到财务领域的方方面面，全面提升公司财务管理能力是财务数字化转型的重要方向。未来财务部门将借助RPA技术，加大对智能领域研究和投入；考虑打破组织边界，采用“数据中台”思想，持续构建实时、多维、敏捷的管理会计信息平台，实现业务场景化预测，助力决策效率提升，最终朝着业财融合多业务智能共享方向发展。

我们相信，唯有求变方可改变，唯有努力方可前进，唯有目标方可奋进。

风雨同舟，科技兴证

文/信息技术部　金融科技部

兴业证券信息技术发展的30年，正处在中国经济成长与变迁的30年，处于资本市场不断突破创新和发展的重要阶段。30年来，兴业证券信息技术从无到有，从有到精，从电子化发展到数字化、智能化，持续不断为公司业务发展助力护航。

30年来，“自主创新、忠诚踏实”的信息技术团队一路见证着公司金融科技逐步成为证券业IT领域的强者之一。从公司发布第一套柜台交易系统，到率行业之先启动“大集中交易”项目，再到自研技术屡获硕果，每一步成就都留下了生动的注脚。

信息技术推动业务电子化
1993年发布公司第一套柜台交易系统

站在今天，大概没有人会对“信息技术是证券公司的核心命脉”这句话提出质疑。而在30年前那个技术匮乏的年代，也没有人敢想象信息技术对证券公司业务带来的颠覆性变革。

兴业证券信息技术伴随着中国资本市场的发展而壮大，助推公司业务不断突破创新。回首最初的那些年，信息技术推动业务电子化在证券公司业务发展的历史中已经具有跨越式和里程碑的意义。

1992年10月，公司开通代理上海股票买卖业务，上海证券业务部与上海证券交易所开通专线联网，单向传输股票行情。那时候，股票委托交易先是由客户在营业部现场填写委托单，证券公司接受客户委托后，通过电话一单一单地报到驻守交易所现场的工作人员，再由后者输入交易所委托系统完成交易。股票交易没有涨跌幅限制，伴随着股民的买入卖出热潮大盘大起大落，很多交易日里能把客户委托报到场内驻守都不容易，整个证券业务部的劳动强度非常大。

1993年，公司发布第一套柜台交易系统，并与福建省电子证券交易中心联网，实现了上交所、深交所、中国证券交易系统（NET）、全国证券自动报价系统（STAQ）交易业务电子化，为后来股票交易业务的迅速发展打下基础。

同年，公司租赁并开通电话委托系统。由此，投资者无须再到营业部现场填委托单，而是通过电话拨号方式拨入券商系统，用电话机上的数字和符号键入委托指令，然后委托指令通过电话委托系统送到柜台系统，再由操作员人工发送委托指令。

电话委托系统的诞生与成功应用，解决了从券商营业部到股民端日益加剧的交易拥塞，极大地方便了投资者，提高了证券市场的运作效率。电话委托也带动了非现场交易的兴起，使委托交易方式更加便捷。

1995年，公司成功实现了深交所双向卫星自动报盘和上交所场外席位自动报盘业务，去掉了多余的报盘人工干预成本。这一年，公司建设完成证券业务信息管理系统，实现了客户资料资金、证券资料账号等重要信息的管理与查询，可以更加高效地完成委托任务，该系统获得福建省科技进步三等奖。

1998年，公司开通“银证转账”业务，减少了营业部资金柜台现金交易和点钞开支，客户不用再背着现金过来办业务了。

加速交易系统发展
在业内首批启动“大集中交易”项目

如果说，业务电子化为证券公司的员工和客户都带来了极大便利，那么千禧年出现的网上交易以及后来证券行业启动的“大集中交易”则为交易业务的发展打下了稳固的基础。

2000年，《网上证券委托暂行管理办法》《证券公司网上委托业务核准程序》等一系列法规出台，公司所有营业部开通网上交易业务，全年共实现了网上交易额8.81亿元，占总交易量比例超出了全国平均水平。

2001年，公司获得全国首批网上交易业务资格，全面开通网上交易。此后，公司逐步对网上交易系统进行扩容，增加网上交易可支持的业务品种，推出新版网上交易软件，不断满足客户需求；建成网上交易第三方个人身份认证系统即CA/RA认证项目，提升网上交易的抗风险能力。网上交易迅速取代电话委托，成为兴业证券客户首选的委托方式。截至2002年，公司网上交易的委托占比已经达到86%。

随着网上交易逐步普及，证券公司开始研究将交易系统全部集中到总部。2002年，公司成为业内首批启动“大集中交易”项目的券商，顺利实现了交易系统的大集中。搭建公司集中系统，彻底改变了以往以营业部为单位部署独立的分散式IT应用模式，实现了公司级数据和应用的集中部署和集中管理。

与此同时，各营业部都可以从繁杂的业务处理工作中解脱出来，将精力集中于客户拓展和服务上，转型为营销中心和客户服务窗口。所有交易业务都通过总部系统完成，公司建立一套高效的实时监控系统对全公司交易过程中的异常交易、异常账户、异常操作进行实时监控，提前采取措施规避风险。

2006年，股市指数不断攀升、股票成交量不断创新高，公司网上交易呈现高速增长的态势。业务量的瞬间剧增，导致交易系统处理能力不足，开始出现交易“堵单”的现象。公司从组织架构、资金及人员投入、管理机制等多方位响应，在信息技术部内成立“系统运行中心”，负责保障交易系统的安全稳定运行，同时启动集中交易二期建设。同年8月，公司入选上海证券交易所“新一代交易系统先锋会员”，参与上海证券交易所新一代交易系统的研发、测试、系统切换和试运行工作，并于2009年完成新一代交易系统上线。

2015年初夏，正值公司准备做新一代集中交易系统升级的关键档口，A股迎来放量大涨。信息技术团队顶着巨大压力，顺利完成系统的升级换代，新一代交易系统在6月1日正式上线。技术团队50多个小时的不眠不休，持续几个月的半封闭轮值，使兴业证券成为这一轮极端行情中，少数几家能始终保持安全平稳高效运行的大中型券商，也是2015年上交所成交量破万亿元时，个别能正常揭示行情的券商。新系统的架构和容量为公司未来5年各类业务大发展奠定了坚实的技术基础。

构建自研技术体系
自研成果屡获行业重磅奖项

随着移动互联网快速渗透证券行业，各证券公司之间的科技竞争日益激烈，基于自研能力的差异化服务成为重要突破口。公司很早就开始发展自主研发能力，依托数据仓库、技术中台、移动终端等项目，大力推动自主研发技术体系建设浪潮，自研成果获得行业认可。

2002年4月，公司联合全球领先的金融信息产品和增值方案供应商Sybase公司开发的“数据仓库和决策支持系统”正式上线，该成果在证券行业数据仓库应用领域达到国内领先水平。

2009年，源自数据仓库项目的“兴业证券客户综合分析系统”在数据挖掘和数据分析上日渐深入，荣获第二届证券期货业科学技术奖二等奖（一等奖空缺），行业排名第一。2016年，“基于大数据和复杂事件处理的金融信息服务平台”荣获第五届证券期货业科学技术奖三等奖，综合成绩在所有券商中排名第二。2020年，“基于数据治理的证券公司集团化大数据服务体系构建及创新应用”荣获第七届证券期货科学技术奖三等奖。

2010年，公司启动建设集投资顾问业务、研究与资讯、客户管理、营销支持等为一体的财富管理平台（AFA），助推公司财富管理转型。2013年初步建成以三大中心（金融资讯中心、产品中心、客户中心）和一条总线（ESB）为核心的基础应用架构，营销服务体系的基础应用日趋完善。ESB项目、金融资讯中心项目分别荣获证券期货业科学技术奖二等奖、三等奖，综合成绩在所有券商中排名第一。

2013年7月，公司自主研发的优理宝App1.0发布。移动金融终端、PC客户服务终端、智能微信平台、优品城等新型终端的建设，为公司互联网金融打下技术基础，成为行业内少数几家有能力自主研发移动金融终端的公司。优理宝App的行情刷新速度、基金实时估值准确性、7×23小时交易时长保持行业领先，并成为行业首创人脸识别登录移动金融终端App。

2018年推出的高端客户交易拳头产品SmartTrader，实现了对客户场景化策略交易的个性化、定制化支持，包括智能拆单、智能日内回转T0策略、网格交易、极速资券划拨、期权组合行权套利、专项融资融券等亮点功能。SmartTrader带动差异化交易新突破，资产规模、成交额、创收量屡创新高，呈爆炸性增长。

公司大力推进集团信息安全体系和能力建设，领先同业建立集团一体化管控机制。自主研发的安全风险集中管理平台从信息资产、安全漏洞、安全威胁等方面对集团信息资产安全态势进行整体感知，提升对安全风险的防御、检测和响应水平，实现对公司网络安全的动态性、持续性和整体性管理。

金融科技助力数智化转型
打造“金融+科技”型一流证券金融集团

近年来，金融科技成为各家券商比拼较量的重要阵地。公司对金融科技发展高度重视，IT被列为公司三大战略投入重点之一。2019年，公司首席信息官李予涛提出，以“融合、牵引业务”为方向，启动集团金融科技五年规划，多管齐下推动金融科技对集团建设的全面赋能。

在此背景下，“一个愿景，三大目标，五项原则”的金融科技战略应运而生。即，以“数字兴证”为发展愿景，以“强保障、超融合、促发展”为目标，秉承“统一管理、重点突破、稳中求进、适度领先、自主可控”的原则，重点打造“金融科技生态”“财富管理生态”“机构服务生态”三大生态，以及“数智化风险管理能力”“数智化运营能力”“数智化基础支撑能力”三项能力。

在组织架构建设上，因时制宜进行改革，按照“信息技术管理与保障”“金融科技赋能与创新”两条主线，于2019年10月将技术团队拆分为信息技术部和金融科技部。两个IT部门分工协作，携手并进。一方面，信息系统安全平稳地度过了行情火爆叠加疫情影响的2020年，完成集团网络及安全架构规划，集团新“两地三中心”如火如荼建设中，集中日志、统一监控、CMDB、ITSM等重点项目逐步落地，以“监、管、控”为主线全面推进运维管理一体化建设，深入探索AIOps智能运维新模式。2020年，荣获GOPS全球运维大会“证券行业运维领域2020年度明星团队”，获得ISO27001信息安全管理体系国际认证，参与多项行业信息安全标准制定，共建行业信息安全能力。

另一方面，金融科技赋能业务取得重大突破。机智猫数智化营销精准定位目标客群，优理宝App不断增强线上专业化服务和转化能力，投顾工作平台助力提升员工的服务质量和服务半径，在交易、投研、大投行等机构业务方面全面赋能。深化与业务部门的融合协同，从业务需求驱动转向与业务部门共同探索新应用场景、挖掘市场机遇，以客户为中心打造金融科技产品和整体技术解决方案，并加大产品和方案的商业化运营力度，以更加市场化和产品化的科技运作模式赋能业务发展。目前，公司技术体系全面涵盖了财富管理、机构全业务链服务、专业化交易、经营决策、内控管理、运营管理等各应用领域，同时已构建企业中台、大数据平台、云计算平台、DevOps等技术平台。

与此同时，信息技术集团化管理按照“全面穿透、统筹规划、分类管理”的原则正在逐步深入，从管理机制、协同平台建设、数据集中管理、资源共享等维度全方位加强集团信息技术穿透管理。集团人力、财务、协同办公、集团CRM、运营一体化、合规管理、全面风险管理等集团协同平台的建设进一步促进了集团资源整合共享、集中调度，集团风险精准识别和集中管控。企业中台、大数据和人工智能、集团“两地三中心”和云计算建设、一体化运维管理、信息安全体系等提升了集团信息技术资源使用效率，形成集团级数字技术赋能平台，推动对集团客户服务、业务发展和经营管理的全面赋能。

近年来，兴业证券在探索证券行业金融科技创新与数智化转型发展方面的工作进一步提速，通过“内联外合”加快打造开放式业务生态，先后与阿里云、腾讯云、恒生电子等行业龙头签订战略合作协议，并与阿里云联合挂牌成立行业首家金融科技创新实验室，推动公司互联网生态前瞻性布局向前迈进了一大步。同时，公司在全面推进大机构服务体系数智化转型，实现业务和技术超融合发展等方面也取得多项切实的工作成果。

兴业证券信息技术发展的30年，正是公司业务运用科技不断实现创新发展的30年。未来，公司将以数字化、智能化为主线，通过科技与业务的超融合，推动集团管理手段、业务模式、发展理念的创新，助力集团专业化发展。

阳春布德泽，万物生光辉

——打造证券行业一流人力资源管理体系之路

文/人力资源部

国以才立，业以才兴。证券公司的竞争，从根本上说是专业队伍的竞争，核心在于打造一流高素质人才队伍。对证券公司而言，探索建立一流的人力资源管理体系尤为重要。

走过30年波澜壮阔的创业征程，兴业证券已成长为一家全国性、综合类、创新型证券金融集团，兴业证券特色的人力资源管理体系也成为证券行业的标杆。多年来，公司已形成一流的人才队伍和优秀的企业文化，培养出一批追求卓越的兴证人，与公司共同谱写如歌岁月，在证券行业的发展浪潮中大放光彩。

公司人力资源管理体系的日臻成熟，有赖于公司的高度重视和长期投入，更是建设一流高素质人才队伍、不断发掘提升人才和公司价值的初心写照。按照党管干部、党管人才要求，兴业证券人力资源部在管理理念、体制机制和管理服务上不断打磨和精进，开拓进取，担当奉献，创新协同，在发展中求新求变，着力打造公司与员工共同成长和发展的平台，形成独具魅力的特色，给兴证品牌增添了别样光华。

草长莺飞：在一次次变革后迎来“新生”

合抱之木，生于毫末。从试点人事劳动工资改革，到与国际著名咨询公司合作重塑人力资源管理体系，再到逐步探索集团化管理体系，公司人力资源管理体系在变革创新中不断成长完善。

自1993年8月综合科改为人事秘书部后，人力资源实行登报公告公开招聘、新人试用期、全员逐级聘任、考核与奖惩挂钩等一系列市场化举措，为公司起步阶段注入活力。1994年福建兴业证券公司设立后，在总部设人事教育部，1995年开始围绕劳动、人事、工资制度推动管理体制变革，打破干部终身制，真正实行多劳多得，增强了全体员工的竞争意识和业绩意识。

2000年改制后，为建立有效的长期激励机制，吸引和留住人才，人力资源部携手国际著名咨询公司确定了以岗位价值为核心的薪酬体系，人力资源管理体系得到系统、专业、规范的提升。2010年公司提出TOP10战略，在队伍建设方面进行前瞻性、战略性的投入，不断建设和完善培训体系，重新梳理并改革绩效考核和薪酬激励制度。

2018年以来，公司提出建设一流证券金融集团的战略目标，明确了对一流的人才和优秀企业文化、科学的机制体制的要求，逐步探索集团化人力资源管理体系，搭建了一套纵向加强管理、横向促进协同的集团组织架构，明确子公司、总部部门和分支机构定位，完善党委工作部门建设，加强对合规内控、财务、审计等核心管理职能的集中、垂直、穿透管理，推进分公司经营体制改革，将分公司建设为业务在区域的承载、运作、落地平台；制定和修订了三十余项集团化人力资源相关制度，升级核心管理职能，完善集团人力资源管理架构，建立分类分级授权机制，引进集团化人力资源系统，全面提升人力资源管理能力。

目前，成熟完善的人力资源管理体系已成为集团战略发展的坚实基础，集团化人力资源管理体系建设沿着集中统一、灵活高效、垂直穿透的方向深入推进，各子公司、总部部门和分支机构定位清晰，协同机制逐步完善；人才队伍规模不断壮大，干部选拔任用机制渐趋成熟，干部轮岗交流和后备干部队伍机制逐步健全，高素质、年轻化干部队伍建设成效初显，队伍质量稳步提升。现有正式员工近万人；高层管理干部中党员占比超过75%，硕士占比超过 60%，“80后”占比33%；配齐配强各单位班子，不断完善人才双向交流模式，近百名总部和子公司核心骨干到分公司挂职和任职；各类优秀专业人才为公司发展创誉增效，在“新财富最佳分析师”“新财富最佳投顾”等各类业内权威评选中屡获佳绩。

千淘万漉虽辛苦，吹尽狂沙始到金。兴业证券人力资源管理体系在实践探索中汲取力量，在变革洗礼中茁壮成长，凭借敢为人先的首创精神、与时俱进的管理机制和一流人才队伍建设享誉业内，历经风雨后仍焕发着勃勃生机，为证券行业人力资源实践开辟一片新天地。

绿树成荫：人力资源管理体系蜕变的“盛宴”

兴业证券人力资源部从实践出发，因地制宜，边摸索边学习边总结，历经一次次的理念升级、机制完善和服务提升，最终打造了完善的人力资源管理体系。

管理理念：兼收并蓄，融会贯通

兴业证券围绕战略大局，从发展角度出发，打破传统的僵化机制，践行市场化的用人理念。从成立之初主动向市场探寻人才，到试点劳动、人事、工资制度改革，破除不合时宜的条条框框，激发员工活力和积极性，再到人力资源管理体系在重要战略转型时期的重塑和变革，公司人力资源条线按照发展战略升级管理观念和思路，不拘一格选拔任用优秀人才，建设一流人才队伍。

立足发展实际，借势借力实现快速发展。1999年兴业证券实行股份制改革之后，为了快速提升人力资源管理水平，公司在内部探索基础上，借助专业机构力量推动人力资源改革。2000年，兴业证券聘请国际知名咨询公司华信惠悦（现韦莱韬悦公司）重塑人力资源管理体系，引进先进理念，实现观念转变，人力资源体系得到系统、专业、规范的提升。此后，在2010年和2016年再次携手韦莱韬悦公司，进一步对公司人力资源体系进行升级和完善。通过与管理咨询公司相互协作，开阔管理视野和引进管理思路，兴业证券人力资源体系快速走向专业化的管理道路。

坚持不断学习，加强自身能力建设。在与行业专业咨询机构携手升级人力资源管理体系同时，人力资源部也在积极向专业部门、服务部门、战略合作伙伴和变革推动者的身份转变，结合公司发展实际，借用杨三角、人力资源管理三支柱等理论框架，重构人力资源团队模式，本着有利于保证新机制落地、体现新改革精神和建设一流人才队伍的初心，深化改革，出台多项人力资源管理制度和办法，不断完善市场化人力资源管理体系，升级服务，为公司新时期建设一流证券金融集团提供坚强后盾。

管理机制：持续完善，激发活力

公司遵循市场化、专业化、规范化的方向，围绕“选、用、育、留”四方面开展变革，形成一个整体，不可分割，相互联系，相互促进。

选拔机制不拘一格，输送兴证队伍“源头活水”。兴业证券始终重视选人视野的开放性、选人过程的竞争性、评价手段的科学性，打造科学有效、灵活多样、系统完善的招聘体系，将公司自身品牌优势和公司文化融入其中，选拔出一批契合“兴证血液”的优秀人才。兴业证券坚持多样化的招聘方式，从1994年在《福建日报》首次公开招聘到2000年在《中国证券报》及全国性招聘网站发布招聘启事，再到清北复交校园宣讲、海外招聘，不断加大公开招聘的范围和力度。近年来，兴业证券整合招聘资源，建立全公司统一的招聘标准和规范，结合科学的评价机制严格考察候选人，挑选出符合公司需求，又认同公司文化的人才；并且摸索雇主品牌建设之道，系统梳理并实践价值主张，多次获评行业最佳雇主相关奖项。

用人机制专业高效，点燃兴证队伍“奋斗之火”。兴业证券建立起能上能下、能进能出的用人机制，沿着市场化、专业化的方向持续深入发展，搭建了清晰的职位体系和职务管理制度，为员工职业发展开辟了多元化渠道，打造员工干事有舞台、创业有机会、发展有空间的平台。兴业证券在1995年就打破干部终身制，后来的几次改革中，结合公司发展战略，在贯彻党管干部、党管人才原则的基础上，坚持“德才兼备，以德为先”，结合公开竞聘、双向选择、市场招聘等多种方式，不断完善选拔聘任程序；搭建管理职务和专业职级并形成体系，提供了人才交流、轮岗、挂职、后备培养等一系列机制，为员工成长保驾护航。建立科学考评机制，指标体系定性定量结合，兼顾发展实际和长期目标，提高考评的针对性和有效性，用好绩效考评指挥棒，激发兴证人干事创业的热情。

培养体系立体全面，释放兴证队伍“核心动能”。公司一直践行“人才立司”的发展理念，在发展中逐步建立了适合业务和员工需求的培训体系，将员工蕴藏的巨大潜力挖掘出来、凝聚起来。2003年配合战略转型，人力资源部推出“金牛计划”项目，通过系统培训优质毕业生，打造一支认同公司文化和价值观、具有吃苦耐劳精神、专业能力扎实的队伍，一批优秀的业务骨干从中脱颖而出，成长为集团中高层干部。不断完善培训体系，组织集团管理干部培训、集团新员工入职培训、“T计划”投研新人培训、E-learning一体化在线学习平台等一系列培训项目，充分挖掘员工潜力。2011年率先在行业内成立内部培训机构——兴证财富管理学院； 2018年成立兴证党校，建立人才培养的统一规划和机制，打造业内一流培训机构，荣获多项殊荣，兴业证券作为唯一券商代表连续两年荣获“中国企业大学50强”，是证券行业最具影响力的内训机构之一。

激励体系彰显价值，引领兴证队伍“同梦同兴”。公司坚持市场化激励机制，兼顾对内公平性和对外竞争力，历经几次变革，建立和完善形式灵活、责权利统一、激励效果明显的薪酬体系。从早期试行公司职员等级制、打破“大锅饭”、实行奖金福利制度、多劳多得，拉开档次，到改制后确定以岗位价值为核心的薪酬体系的指导方针，推进实施岗位等级薪酬制度、企业年金、递延绩效、员工持股等管理举措，综合考虑岗位类别、绩效贡献、市场价值等因素，完善多层次薪酬保障体系，兴业证券坚持文化引领，引导兴证人在价值成长的大道上坚定前行。为激励在不同战略时间和不同发展阶段开拓进取、奋发作为，为公司作出积极贡献的优秀管理干部和员工，兴业证券设置了“兴证奖”、年度评优和重要战略阶段表彰（如2001年的一次创业表彰、2011年的20

周年杰出人物评选）等一系列公司荣誉表彰，树立先进典型，传递价值理念。人力资源管理在发展历程中不断扩大激励内涵，将兴证文化注入激励体系，实现公司和员工的目标统一，将公司打造成兴证人努力奋斗、证明自己和创造价值的舞台。

管理服务：聚焦战略，强化专业

专业化的管理团队，是建设一流人力资源管理体系的关键。为适应变革需要，兴业证券人力资源部沿着战略型、专业型、服务型部门的方向发展，是员工的代言人。

持续推动变革，撬动业务发展。兴业证券从战略和业务发展角度制定和推行各项人力资源政策，专业化支持组织架构调整；加强集团化统一管理，兼顾各业务单元个性化需要，引入了业内领先的PeopleSoft系统，打造集团人力资源管理信息平台，加强授权体系建设，实现集团化分级管理；把好业务发展脉搏，解决业务发展中遇到的人力资源管理问题，合理配置人才资源，培养开发好员工价值。

坚持以人为本，提升价值认同。兴业证券搭建人力资源共享服务中心，推进人力工作流程的重组与再造，为员工提供一站式人事基础服务，实现人力资源事务性工作的整合及专业化工作的集中；设计激励约束机制，搭建多元化的职业发展通道，通过培训、挂职、交流等多种方式有针对性地提升员工能力，为员工搭建施展才华的平台；把员工作为内部客户，认真听取员工对人力资源工作的意见和建议，高效解决各种问题，持续优化员工服务体系。

| 层林尽染：多年来深耕细作结出累累“硕果”

主动作为，点燃券业“星星之火”

证券行业是智力密集型行业，人才是行业发展的核心要素。面对发展中出现的各项挑战，兴业证券聚焦人力资源管理核心，砥砺前行，唯实唯先，在行业中尽显担当本色：公司多次负责编写证券行业人力资源管理研究报告，深入分析行业人力资源发展的现状，积极参与并支持业内交流活动，为行业发展献计献策。早在2001年就举办行业薪酬状况调研报告和薪酬管理研讨会，引起行业关注，多次在业内分享公司人力资源方面的经验。近年来，面对行业发展的新形势、新挑战，兴业证券与同业一道攻坚克难，推动行业人力资源管理水平的整体提升。

璀璨星光，打造行业“黄埔军校”

杨东、杜昌勇、王晓明、王涵、张忆东、董承非、谢治宇……如今这些行业内最闪耀的“明星”，翻开他们的履历，会发现他们有一个共同的身份：兴证人。这正是兴业证券始终践行“人才立司”发展理念的结果。从最早倡导的“培训是员工最好的福利”，到后来提出“培训是员工最好的投资”，公司将培训与员工职业生涯发展有机结合，将兴证文化内涵融入人才队伍建设，通过打造立体式培训体系，为每一个兴证人刻下了兴证精神和文化烙印，兴证人也成为各券商竞相挖猎的对象。公司为行业培养输送了大量人才，也被称为证券行业的“黄埔军校”。兴证精神也随之扩散到了证券行业的各个角落。

薪火相传，淬炼一支“兴证铁军”

今天的兴业证券，一派生机勃勃、奋勇争先的火热景象，凝聚着每一位兴证人的心血与奉献。兴业证券着眼于不同时期战略发展需要，多措并举，把握好选人用人导向，在变革中推动落实一系列人才政策，深化人才发展体制机制改革，人才队伍建设展现新气象，锻造了一支以“追求卓越，共同兴业”为使命、以建设一流证券金融集团为愿景、坚守“开拓进取、担当奉献、创新协同”的兴证精神、积极践行公司战略的“兴证铁军”。我们相信，每一位兴证人力量的凝聚，便是公司发展的千钧之力。

协力奋进，建设员工“逐梦平台”

志合者，不以山海为远。兴业证券重视人才的价值，为员工提供政治素养、专业能力和管理能力提升的平台，以聚天下英才而用之为目标，让各类人才都获得施展才华、建功立业的机会，在最大程度上激发人才的奋斗动力和创造活力；汇聚了一批具备开拓进取、追求卓越的兴证人，携手公司共同成长。一代代兴证人也在这里找到生命中的“光”，实现人生价值，他们的勇气、创造力、梦想，在这里无限延伸、迸发壮大。

大河奔流，涓滴汇聚，回望兴业证券30年的峥嵘岁月，人力资源管理体系以公司发展战略为指引，与公司变革同频共振，互荣共生，以壮士断腕的勇气不断推进自我革新，把最朴素的人才管理模式做扎实，用最真挚的行动诠释建设一流人才队伍的决心。

仰望星空，北斗闪亮，方向已定，唯需跨步前行。站在新的起点，我们将继续以一往无前的奋斗姿态、风雨无阻的精神状态，携手兴证人同梦同兴，谱写公司人才价值的新篇章。

兴证运营，勇毅笃行

文/运营管理部

积跬步，以至千里；纳细流，以成江河。

运营体系是支撑证券市场安全、高效运行的后台中枢。回首30年风起云涌、市场变幻，公司运营发展紧跟行业趋势与监管步伐，经历了从无到有，从分散到集中，从粗放到日益精细化，从区域到全国，从单一证券到涵盖资产管理、期货、国际等跨市场、跨业务领域的发展历程，镌刻了兴证运营飞速发展的印记。

朝晖夕至，兴证运营强基础、重规范、开先河，稳健创新。2005年顺应行业统一登记结算发展的鼓点，全面建成集中、统一的证券登记结算体系；2007年成为福建证监局辖区内首家获批第三方存管方案的券商，客户资金第三方存管管理模式领先行业步入正轨；2008年率先垂范打赢账户规范的最后攻坚战，成为中国证监会肯定的“账户规范先进集体”；2012年作为中国证券业协会客户账户管理指引起草小组成员，参与网上开户操作指引的编制工作；2014年牵头编撰的《客户资料管理规范》，成为行业客户资料管理规范性的书面标准；2017年主动求变，领先业内建成以标准化集中运营为核心的覆盖全产品全业务“大运营”格局；2019年开创行业先河，前瞻研判未来集团运营发展格局，依托集团数智化运营，探索实践集团运营一体化管理模式。

栉风沐雨三十载，兴证运营的每一次跨越都是战略智慧与拼搏精神的结晶，在探索与“一流证券金融集团”相匹配的现代运营管理体系的道路上，兴证运营总是勇立潮头，敢为人先。

千里始足，统一登记结算体系初形成

“分散登记、分散过户、分散清算”是早期运营的雏形。伴随着1999年《证券法》开始实施，明确“证券登记结算采取全国集中统一的运营方式”，2001年3月，中国证券登记结算有限责任公司经中国证监会批准成立，全国集中统一运营的证券登记结算体系拉开序幕。公司紧紧跟随监管变化，一改此前沪深证券市场以地区划分、以营业部为主体的证券登记结算模式，正式明确公司法人为交易结算主体。2005年5月，公司所有营业部告别了结算职责，彻底实现证券交易、基金代销业务的全司集中结算。在统一的登记结算体系下，公司结算效率提升、风控能力增强，也能更好地适应证券市场不断创新发展的需求。

立足过往，不止步于前。近年来，兴证运营进一步拓展结算差异化优势，继续铸就结算优势，跨前支持前台业务发展，以领先业内的券商结算模式运营服务、分批次的日间实时清算服务、精益化的分布式内存清算系统、高效的法人清算自动化，重新定义与优化结算流程，推进结算服务从单一的支持保障向“支撑+推动”双核价值创造转型，“底盘”更加扎实。

丨应势而动，客户资金存管管理变革走前列

客户交易结算资金管理是证券市场的基础性工程。自2004年前后行业风险集中爆发后，“严禁挪用客户交易结算资金”成为监管明确提出的“三条铁律”之一，推进存管管理改革成为当时行业的必然与共识。因此，为了从制度上杜绝挪用客户交易结算资金的行为，证监会提出实行客户交易结算资金第三方存管制度。

第三方存管制度是关系几千万投资者账户的重要制度改革和创新。见微知著，未雨绸缪，公司凭借前瞻性的研判和强有力的战略执行，为推进客户交易结算资金独立存管，建立了符合独立存管要求的“安全、完整、透明、可控、可查”的客户资金安全管理体系，成为首批通过规范类证券公司资格评审的券商，快速过渡到第三方存管模式，成为福建证监局辖区内首家获批第三方存管方案的券商。有效保证了客户资金的管理安全，从源头上切断证券公司挪用客户证券交易结算资金的通道。

2007年8月，公司先后与兴业银行、中国工商银行、中国农业银行、中国银行、中国建设银行、招商银行、交通银行建立第三方存管业务合作，提早完成了客户交易结算资金第三方存管实施工作，提前实现了三个100%的工作目标，即营业部上线率100%、新增客户上线率100%、合格存量客户上线率100%，实施进度居行业前列，正式加入创新类券商行列，并在此基础上进一步实践第三方存管制度下的“单客户多银行”模式，支持客户签约最多5家存管银行，充分满足客户资金跨行转账需求，形成差异化竞争优势。

如今，公司已与18家银行建立第三方存管业务合作，覆盖工行、农行、中行、建行、交行、邮储银行等所有国有大型银行以及全国性股份制商业银行和部分经济发达地

区的城商行，合作规模位列行业前列。

| 革故鼎新，账户清理工作脚踏实地

账户是投资者资产的重要载体，账户管理对于证券市场的建设意义重大，对于证券市场的正本清源显然有着非同一般的意义。21世纪初期的行业大规模账户清理工作是证券业发展史上具有里程碑意义的关键节点，也是公司运营发展历程中举足轻重的重要事件。

账户清理工作千头万绪，涉及繁多的历史沉积问题，对公司的账户规范工作带来严峻的考验。起步较早、高度重视是公司账户清理工作成功的重要原因之一。公司早在2004年开展客户资金独立存管期间，就敏锐地意识到账户规范对公司长远发展的良好促进作用，抢先一步对客户证券交易账户体系进行全面的调查准备。

2007年，公司将账户清理规范工作作为年度工作的重中之重，公司领导高度重视，亲临一线指挥，依照“分类处置、集中监控、周密严谨、合规合法”原则，自上而下全面推进，在“实”上下功夫，在“新”上做文章，不但推动账户清理工作的进度加快。更涌现出不少生动实践案例。时任存管结算部总监魏东晞同志不顾长途奔波的辛苦，月飞行万余公里，在2个月内走遍公司不同城市的24家营业部，进行账户清理工作的现场辅导及核查，彻底扫除账户规范工作的死角。全司24家营业部所有领导员工不分昼夜、不分周末假期，共同参与，对账户逐一进行地毯式扫描清查，勤勤恳恳，兢兢业业，留下了难以忘怀的记忆，这也成为这个行业的印记。

2008年，这是运营条线最为重要的年份之一，这一年公司打响了账户规范的最后攻坚战，提前完成账户规范任务，严格把好“开户关”，并一次性通过福建证监局的现场核查，获得中国证监会颁发的“账户规范先进集体”的荣誉称号，在运营条线发展历程中画下了浓墨重彩的一笔。

| 赢在创新，客户账户管理实践敢为先

“惟创新者进，惟创新者强，惟创新者胜。”一直以来，兴证运营一脉相承公司创新基因，在客户账户管理改革的探索上从未止步，嗅觉敏锐地捕获行业客户账户管理机制创新的机遇，率先开展客户账户管理思路改革探索，并受邀作为行业客户账户管理指引起草小组成员，参与2012年中国证券业协会非现场开户创新模式的制度研究。

2013年中国证券业协会正式发布《证券公司开立客户账户规范》，放开非现场开户限制。公司获得证监会批准的网上开户资格和中国证券登记结算有限责任公司批准的数字证书代理服务资格。同年4月非现场双向视频开户业务正式开展，非现场开户业务在改善客户业务办理体验、缓解证券经营机构现场开户压力、降低证券公司业务拓展成本等方面发挥了积极作用。

2021年，公司着眼于科技赋能，立足于提升客户服务体验，进一步推出非现场单向视频开户，从“双向”到“单向”，重塑视频开户新起点，满足7×24小时开户服务，提升客户体验和服务能力。

丨转型谋变，集中运营管控体系正当时

伴随着证券公司规模日益壮大、业务体系愈加复杂以及客户的金融行为与意识发生变化，运营的覆盖范畴不断延展，对运营条线的集中化管理需求与日俱增。2005—2008年，随着证监会综合治理及合规风控的全面加强，为加强对营业部的集中管理，公司当机立断，在全司所有营业部设立存管结算部，由总部统一垂直管理。2015年，公司主动求变，进一步以“集中运营”为核心推进运营管控向纵深发展，以集中运营平台为抓手，探索覆盖全产品全业务“大运营”格局。领先同业券商，率先于2017年5月在全司所有营业部上线集中运营平台，实现“分支受理，总部集中办理”的标准化作业模式，业务办理效率大幅提升，风险管控能力显著加强，运营成本有效节约，客户服务体验不断提升。

积跬步，以至千里；纳细流，以成江河。兴证运营积极追寻客户脚步，拥抱科技，提升集中运营赋能，全面支持公司各业务条线的业务开展，累计实现160项业务功能，覆盖经纪、机构、资管及运营等业务条线。同时，依托集运平台推出iPad移动上门服务，延伸运营服务半径。在总分层面搭建完成比较完备的以标准化集中运营为核心的中台运营体系，逐步实现从结算运营向大运营的重大转变。

丨勇立潮头，集团运营管理模式开新局

在金融业综合经营发展趋势日益升级的背景下，卓越的集团化运营管理能力已经成为未来金融业的核心竞争力来源，是金融集团加强整体公司治理和风险管控的重要手

段，也是构筑金融集团的差异化优势的重要途径。而业内在集团化管理的实践无先例可鉴、无定规可循，需要在实践中摸索，在白纸上画蓝图。

2019年，公司前瞻研判未来集团运营发展格局，从“变”与“守”的重构中深化改革，在分支机构层面实现集中运营的基础上，向集团化迈进，进一步延伸运营管理范畴至集团各子公司。围绕“垂直、穿透”原则，兴证运营以全面评估集团运营现状为切入点，完成对基金、资管、期货、投资、资本、国际6家子公司的运营业务评估，集团层面形成良好的运营互动格局。在战略层面强化金融科技为集团运营发展的护航、赋能和引领，搭建集团营运事务综合管理平台，依托300余项运营风险指标初步建成集团运营一体化管控体系。同时，借力金融科技，推动以全面运营数智化为重点的子公司赋能。未来，运营一体化建设将从集团运营管理体制机制和集团运营管理基础设施建设两个方面，突出包含分公司、子公司在内的集团垂直穿透管理导向，系统化推进运营一体化工作更深层次、更多维度拓展。

回首运营30年发展历程，兴证运营蹄疾步稳，勇毅笃行。从起步探索、摸索推进，到初成体系、逐步规范，再到改革创新，始终先行一步，积跬步至千里。站在新时代新征程上，兴证运营将与时俱进、昂首阔步，努力于变局中开新局，谱写新时期集团高质量发展的运营新篇章。

合规护航三十载，行稳致远铸辉煌

文/合规管理部

三十载栉风沐雨，三十载与梦同兴。如今，公司站到了三十而立的节点上，回首过往，一个个挥洒汗水的拼搏身影、一幕幕动人心魄的发展画面、一部部鞠躬尽瘁的建设诗篇…… 共同交织成了公司成长发展的华美史诗。回望来路，合规管理与公司经营如影相随，从初见雏形到形成体系，从米粒之珠到不拔之柱，逐渐成长为公司行稳致远、守正创新的基石，护航公司书写这部波澜壮阔的成长史诗。

丨生逢其时，重任在肩，凝心聚力开新局（1991—2003年）

春风化雨，万物始生。随着改革开放的深入推进，20世纪90年代初，中国人民银行颁布《证券公司暂行管理办法》，证券公司作为资本市场的新兴主体，开始登上历史舞台。行业发展初期，在“大干快上”的思想主导下，整个行业蓬勃发展，但同时也暴露出粗放式经营、必要的行业规范缺乏、无序竞争等问题，非法债券回购、账外自营、非法融资和对外担保等时有发生，行业的系统性风险被表面的繁荣所掩盖。

2003年前后，随着资本市场的结构性调整，证券公司风险集中爆发，其中合规风险成为制约证券市场稳健发展的突出问题之一。南方证券、华夏证券等多家国内券商纷纷因挪用客户结算资金等合规问题而陷入经营危机，最终或破产，或重组，对市场和行业造成巨大冲击，证券行业开始进入优胜劣汰期。

公司作为全国首批综合类证券公司，于2001年6月设立风险控制部，承担早期合规管理的职能。2002年6月，合规审核部作为风险控制部的二级部门正式成立。在证券行业历经狂风暴雨的非常时期，合规审核部通过建章立制、全面检查、叫停相关风险业务、谈话提醒、从细从严落实“三条铁律”等一系列有力措施，与其他部门勠力同心，在风雨中收紧绳索，有效防范和化解合规风险，较为平稳地渡过了此次行业危机。

| 固基修道，履方致远，锐意进取谋发展（2003—2008年）

2003年以来，随着《证券法》《公司法》《证券公司内部控制指引》等法律法规相继修正修订实施，公司的合规管理工作迎来了新的时期。

（一）创建合规管理队伍，培育合规人才体系

对于证券公司经营、合规管理工作开展而言，足够的人员配备、健全的人才制度是公司合规管理体系高效运转的前提条件。2008年5月，中国证券业协会组织了第一次合规管理人员胜任能力测试，行业首批合规总监和合规管理人员诞生。此后，公司进一步完善合规管理体系和架构，在各部室和营业部设立兼职合规专员，负责在本单位内部制定合规制度或流程，承担合规管理职能，进行合规监测、分析和评估，开展合规培训，报告和应对合规风险等，以宣传合规管理理念，增强本单位合规管理能力与意识，确保内部营运的合规、持续、有效。至此，公司从上到下的合规管理人员体系初步建立。

（二）设立合规管理部门，明确合规管理组织架构

2008年7月14日，证券行业首部合规管理专门性制度——《证券公司合规管理试行规定》（以下简称《规定》）发布，标志着合规管理作为一项专门、独立的内部控制活动，在整个行业予以全面确立。同年12月，公司以《规定》为指导，开始建立内部合规管理组织架构和制度体系，通过设立合规与风险管理部，将合规及风险管理职能从原有内部控制职能中独立出来，负责执行合规管理制度，保障公司依法经营、合规运作，把合规管理融入公司各项经营管理活动中，促进公司提高合规管理能力，培育和提高公司全体员工的合规意识，增强公司的自我约束能力，保障公司的规范、持续、稳定发展。

（三）制定多项合规制度，初步建立制度体系

2008年，证监会接连颁布《证券公司监督管理条例》等多项重要规定，对证券公司合规管理提出了新的要求。在时任首席合规官郑苏芬的领导下，公司合规与风险管理部积极响应监管要求，将合规管理纳入公司章程的一般性规定当中，先后制定《合规管理办法》《合规专员管理暂行办法》《合规审查管理办法》《营业部合规与风险管理办法》《员工合规手册》等10余项专项合规管理制度，全面开展合规管理，实现制度到位、人

员到位、运作到位，在当年即基本完成合规管理制度框架的搭建。

（四）落实分类评价要求，助力公司跻身证券业先进行列

2007年是证券公司分类监管元年。当年7月，证监会发布《证券公司分类监管工作指引（试行）》，首次对证券公司实行以风险管理能力为基础，结合市场影响力的全新的分类监管模式。在2007年首次分类评价中，公司获得B类BB级评级，虽列入风险管理能力较好、能覆盖现有业务规模、应对市场变化能力较强的公司行列，但也暴露出公司在部分领域仍存在一些需要解决的问题。对此，公司高度重视，由合规与风险管理部牵头，对提升公司分类评价情况展开详细分析，提出积极争取加分、有效避免扣分的一系列措施。截至2008年，公司在常规评价指标上取得明显进步，首次获得A类A级评级，此后，公司多年获得A类A级或以上评级，跻身证券行业先进行列。2021年，公司分类结果为A类AA级，表明公司风险管理能力、持续合规状况、业务发展状况等获得监管部门和自律组织的高度认可。

丨革故鼎新，继往开来，矢志奋斗奏华章（2008—2017年）

（一）落实监管试点要求，多维度完善公司内控建设

2009年，福建证监局制定《证券公司合规总监工作指引（试行）》等7项合规管理指引，选择了包括兴业证券在内的4家单位进行合规管理试点。为做好试点工作，合规与风险管理部加强研究，认真实践。一是对照7项合规管理指引，对原合规管理制度进行全面梳理、逐条讨论、逐条修订。二是抓紧建设集合规信息、汇总分析、文件流转、合规监测等功能于一体的专业合规管理信息系统，将监管部门合规管理要求嵌入各项业务流程。三是调整内部管理架构，增设综合管理部，负责部门内部制度审查，组织合规评价与考核，协调涉及合规、风险、法务三方面工作等事项。四是聘请德勤会计师事务所对公司内部控制情况进行专项咨询，为公司建立全面的内部控制自评体系和内控优化的长效机制奠定基础。通过切实做好福建证监局合规管理试点工作，有效提高了公司内控管理水平。

（二）全面开展合规管理，助力公司顺利上市

伴随着公司内部治理的日益完善，公司上市融资、扩大经营规模已经逐步提上了日程。2009年6月，为了保障公司顺利上市，公司成立上市工作领导小组，时任首席合规官郑苏芬作为领导小组成员，带领合规与风险管理部进一步建立健全公司合规管理体系，加强合规管理机制建设，从合规层面助力公司成功上市。一是组织对内部各项管理制度和业务流程进行集中梳理，逐项检查，按照废止、修改、保留、补充等分类处理。对各部门报送的各项制度或流程进行合规审查，经反馈意见进一步修订后颁布，确保公司规章制度的合法性、适当性和有效性。二是组织开展全司性合规工作检查，主要围绕自有资金、客户资金运作和管理的安全性、合规性，以及内部控制的有效性和规范性展开，进一步保障公司相关工作的合规、规范开展。三是组织合规管理培训，精心编写《合规管理培训教材》和课后试题，从监管层面的合规管理建设、公司合规管理体系建设和员工合规管理三个方面向全体员工介绍合规管理知识，宣传合规管理理念，提高合规管理认识，营造合规经营的企业氛围。

（三）服务境外业务开展，支持创新业务申请

2011年，证监会正式核准公司在香港特别行政区设立兴证（香港）金融控股有限公司，公司成为福建省首家设立香港子公司的证券期货机构。合规与风险管理部通过合规咨询、合规论证分析、合规审查等方式，积极为境外子公司设立及后续运作提供合规支持。

2012年9月，在合规总监的带领下，合规与风险管理部积极参与公司多项创新业务资格的申请工作，将合规管理工作嵌入创新流程，关注合规风险变化的新特点，在坚持原则性和敏感性的基础上保持适度灵活性，综合运用各项合规管理手段，确保创新发展在法律法规的框架和底线内进行，保障公司顺利获得上交所股票期权业务、权益类收益互换业务、收益凭证业务、证券投资基金托管业务、私募基金服务业务、互联网合作、场外证券业务等十余项新业务的资格。

（四）贯彻落实反洗钱要求，获得监管部门高度评价

2012—2013年，中国人民银行开展了大额和可疑交易报告综合试点工作，公司作为全国首批按照自主监测标准上线报送可疑交易报告的证券业试点单位，全面完成了自定指标、自建系统、自主分析、自立制度等试点任务，获得了人民银行总行的认可。针对证券业发展动态、可能的洗钱方式，以及可疑交易判断标准的适用性，确定了自主设

置监测指标，同时及时调整、优化可疑交易监测指标，做好系统改造与升级工作，并通过建立客户尽职调查与异常交易监测分析的整合机制，实现主观分析与客观标准的结合，有效提升报告质量。

（五）化解违规事件，提升公司合规管理能力

2015年，公司董事会第十次会议决议，聘任夏锦良为公司合规总监。欣泰电气事件发生后，合规总监牵头积极参与欣泰电气重大风险事件的应急处置，组织推动赔付工作小组高效运作。一是组织安排合规、风险、审计等内控部门派员对欣泰电气项目进行核查，要求加强后续持续督导，督促欣泰电气归还占用资金。二是组织协调对证监会调查的配合工作，实现了证监会对公司的快速处理和依法处罚效果，减轻了对公司各项业务的负面影响。三是担任公司赔付工作组主要负责人，通过制订并完善赔付方案、开展各项先行赔付准备工作，推动赔付工作小组高效运作，并配合开展追偿工作，保障公司利益。四是组织开展公司内控内核专项检查工作，强化IPO项目合规风险意识，提升公司整体合规管理能力。

丨与时俱进，更上层楼，砥砺奋进谱新篇（2017年至今）

（一）转变合规管理理念，压实合规管理责任

2017年6月，证监会以主席令形式发布了《证券公司和证券投资基金管理公司合规管理办法》（以下简称《办法》），同年9月，中国证券业协会发布了《证券公司合规管理实施指引》（以下简称《指引》），《办法》与《指引》成为证券公司合规管理的基本大法与原则底线，标志着以合规为主线的监管规则体系逐步健全，合规管理的重要性显著提升。据此，公司逐步转变合规管理思路，合规经营的意识逐步从“要我合规”转变为“我要合规”。2017年9月，合规法务部修订《公司章程》和《合规管理制度》，切实将《办法》和《指引》各项要求嵌入各个业务流程，压实各层级合规管理责任，强化合规履职保障，加大合规考核与问责执行力，推动合规管理执行的有效性。

（二）加强合规队伍建设，完善垂直穿透机制

公司积极探索适应性管理与垂直穿透管理相结合的集团合规管理新模式，通过制

定《合规管理人员管理细则》，明确各单位合规管理人员配备要求、岗位要求与任职条件、岗位职责、行为规范、监督管理与考核问责等，建立“合规总监—合规管理部及其管理人员—下属单位合规管理人员”三层级合规管理队伍体系；发布《关于进一步加强集团合规队伍建设的通知》，明确合规队伍动态管理、学习交流、实践锻炼、科学考核等管理措施；制定《子公司合规管理实施细则》《分公司合规管理办法》等一系列规章制度，从合规人员管理、重大事项合规审查、合规检查、定期或不定期合规报告、合规培训宣导、合规考核问责等方面，强化对子公司、分公司的垂直穿透管理。多批次组织安排分公司合规人员到福州总部现场培训交流，通过大力推动公司合规管理队伍建设，不断深化合规管理人员集中统一管理模式，指导子公司、分公司将合规垂直穿透管理延伸至下辖各单位，打通垂直穿透管理“最后一公里”，实现集团合规“一盘棋”。

（三）推动合规内生机制建设，加强人员合规管控

公司积极转变合规管理思路，工作方式进一步从“事后救火”向“事前防范”转变。合规管理部主动参与业务研究讨论，在产品、项目引入环节、产品设计环节，以及客户引入环节，指导督促相关单位切实做好合规工作，在业务开展的初始阶段把好第一道关。对一线业务岗位人员的引入实行合规管理前置，要求合规管理人员提前介入本单位一线业务岗位人员的招聘工作，通过签署承诺函、合规谈话、集中合规培训考试等方式，对本单位所有新入职人员开展合规执业教育及警示工作，打好“预防针”，提高“免疫力”。

（四）加强分支机构合规精细化管理，提升公司依法合规经营能力

公司在深入推进财富管理和大机构业务双轮驱动战略过程中，对分公司管理能力提出更高的要求。但在日常管理工作中，仍发现个别分公司精细化管理水平未能跟上分公司发展需要，暗藏风险隐患。为切实提升分公司依法合规经营能力，提高从业人员合规意识，防范重大合规风险，合规总监郑城美奔赴一线深入调研，牵头合规管理部制定《加强分公司精细化管理　提升依法合规经营能力实施意见》及《加强分支机构从业人员执业行为管理机制建设的方案》，通过不断完善分支机构的精细化管理体系，进一步加强分支机构从业人员执业行为管理；并赴多家分公司开展专项调研活动，沟通了解分公司执行情况，对落实过程中存在的问题或困难、后续管控措施等进行交流探讨。

（五）对外主动输出反洗钱工作成果，对内紧抓落实开展“反洗钱攻坚年”活动

公司积极响应新时代反洗钱监管要求，提高站位，转变观念，抓紧适应新时代反洗钱监管要求。2017年2月，公司在《中国证券》期刊发表课题报告《证券公司洗钱风险评估体系与实施框架研究》，为证券行业洗钱风险评估提供有益借鉴。2018年5月，公司与期货子公司联合申报项目《基于特征指标化的统一反洗钱模型及其集团化应用》荣获“第六届证券期货科学技术三等奖”。2018年10月，公司作为证券行业仅有的两家代表之一，向反洗钱监测分析中心领导汇报可疑交易监测工作，得到中心领导的高度肯定。2020年，为进一步提升集团各单位反洗钱工作成效，公司印发《兴业证券集团各单位反洗钱管理抓紧抓实抓到位的工作方案》，并根据方案在集团各单位开展“反洗钱攻坚年”活动，推进“3+1”实施计划；贯彻“风险为本”理念，加强客户身份识别；强化可疑交易监测，提升可疑交易报告工作质量；注重数据治理，贯彻“以客户为单位”的信息收集、尽职调查及记录保存；并开展覆盖全体员工及高管人员的反洗钱培训课程，强化反洗钱意识传导。2021年，公司根据人民银行年度重点工作安排，有序推进自评估工作开展。合规管理部组织相关单位反复研究讨论，按照地域环境、客户群体、产品业务、渠道横向4个维度，以及固有风险、控制措施、剩余风险纵向3个环节，搭建自评估体系，自主设计了236项评估指标，并逐项确认数据提取口径。

（六）落实新《证券法》要求，加强合规文化建设

2019年，新《证券法》发布，证监会持续推进建设“合规、诚信、专业、稳健”的行业文化。公司始终坚持合规稳健经营的原则，持续强化合规文化建设。定期组织合规管理部编撰《合规周报》《合规月报》《反洗钱工作简报》《证券行业监管案例汇编》，通过公司E-learning系统、现场培训交流会议等“线上+线下”模式，组织员工合规培训与考试，促使员工增进对合规文化理念的认知、认同，将合规要求铭记于心、付诸于行。公司将合规文化建设融入公司文化建设之中，加强督导推进，完善监督检查，助力公司2020年度文化建设实践获评A类。

（七）科技赋能合规管理，强化合规协同工作

在数字化与金融科技创新成为时下证券行业最重要的发展趋势下，2019年，公司把科技赋能合规管理提高到战略高度，打通不同系统之间的壁垒，搭建统一的合规管理信息系统，推动各子公司、分支机构在系统中进行日常合规信息的处理、数据录入、留

档，对子公司、分支机构合规履职情况开展日常跟踪及穿透监测，实现合规管理全流程监控。随着公司双轮驱动战略转型，集团协同机制进一步深化，合规管理部紧随业务发展新格局，强化与其他内控部门的联动，加强与审计、风控等内控部门的协同，实现内控监督成果和信息及时共享，集思广益，共同把关业务协同全流程合规风险，提升合规管理的智能化水平。

秉承工匠精神，打造一流投资能力

文/兴证全球基金管理有限公司

兴证全球基金管理有限公司（以下简称兴证全球基金或公司）成立于2003年。回望成立以来的18年，兴证全球基金始终把握着自己的发展节奏，不疾不徐，苦练内功，在主动投资管理能力上持续“做加法”，打造自身的核心竞争力。也正因为如此，公司在风起云涌日新月异的资管行业，走出了一条少有人走的“兴证全球之路”，以“责任”及“绩优”的品牌内涵，受到业内广泛认可。

成立18年来，兴证全球基金交出的成绩单可圈可点——截至2020年底，公司注册资本为1.5亿元，为持有人管理的总资产超过5000亿元，公司旗下36只基金累计为客户盈利超过1536亿元。凭借优秀的投资业绩，公司已11次荣获被称为基金业奥斯卡的“金牛基金公司奖”，在行业内排名第一。公司历史盈利情况良好，2003年至2020年，累计创造净利润达67.28亿元，分红33.02亿元，持续为股东创造了稳定回报。

丨鉴往知来：坚守信托责任的创立初心

兴证全球基金诞生于兴业证券艰难的转型期。2001—2005年，A股市场经历了长达5年的熊市，有数年券商行业近乎全行业亏损，30多家证券公司被迫关停。兴业证券同样面临很大的风险，也曾一度命悬一线。在那个年代，券商的委托资管业务要保本保收益。兴业证券意识到这种方式已经违背了资产管理行业的初衷，毅然决定固化风险，化解风险，同时推进公司转型。而转型的重要决策之一，就是于2003年成立兴证全球基金公司（当时名为兴业基金）。

公司在筹备之初，就确立了其最重要的职责和使命是坚守信托责任，用专业能力做好投资，为广大持有人创造价值。公司发展初期，基金产品数量少，发行规模也较小，最大的资源禀赋是优秀人才和投研文化，因此在经营过程中逐渐形成了产品的“精品策略”和扎扎实实做好业绩的“工匠精神”——提倡发行具备核心竞争力，能穿越周期、有持续生命力的基金产品，致力于把每只基金打造为精品，用出色的投资业绩回馈持有人，从而也吸引更多的投资人。在这个过程中，兴证全球基金的竞争战略逐渐形成。

正是基于这种坚守信托责任的初心，“责任文化”成为公司最醒目的标签之一，给业界和投资者留下了深刻印象。公司将责任融入投资，将责任融入日常，致力于以优秀的业绩表现回馈持有人、以稳健的成长回馈员工和股东、以可持续的公益回馈社会。

一直以来，兴证全球基金都不是行业内规模最大的基金公司，但却被很多投资者和媒体称为“有良心的基金管理公司”，这可能是因为公司作出的重要选择和决策，都是把“维护持有人利益”作为出发点。这份初心，自筹备这家公司开始就一直保持着，从未改变。

| 18年征程：兴证全球基金的变与不变

2003年成立以来，公司始终坚持“有所为，有所不为”的经营理念，持续不断地给自己的优势项目“做加法”，聚焦于打造业内一流的投资管理能力，注重人才战略、风险控制等长效机制的建设，推动公司各项业务稳健发展；公司也勇于“做减法”，在发展新业务时谋定后动，做好充分的准备，不凑热闹不跟风，把握自己的能力边界，以专业素养维护持有人利益。

从3人到300人，坚持在人才建设上“做加法”

2003年，兴业证券经过研究抽调了3人筹备小组，从零开始筹建公募基金管理公司，他们成为公司最早的一批“开拓者”。18年来，公司始终坚持“以人为本”，视优秀人才为公司最宝贵的资产，真正做到了“用人不疑，让金子一般的人才自己发光”，同时将责任文化贯彻到日常经营的方方面面，吸引了一大批高度认同公司价值观的志同道合的人才。截至2021年5月末，公司员工队伍已经接近300人，相对于同等规模的公募基金公司而言，团队规模可谓精简，但贵在务实高效、凝聚力强，对公司文化有着高度的认同和自豪感。公司成立以来的两任总经理均为拥有近30年投资经验的投资老将。在基金行业，两任总经理都是投研出身的公司并不多见，或也正是这个因素，兴证全球基金的投研文化和体系，在业内也是颇有独到之处。公司高管对于投资的专业理解和洞察，使其能够更多地站在投资自身来考虑经营理念和企业战略，资源适度倾斜，同时也给予投研以足够的尊重和自由度。而公司在公司治理、产品、人才、风控、客户等多维度长效机制的建立和坚守，无一不建立在对投资实质的深入理解之上，更是基于对投资者利益的珍视与维护，进而始终聚焦于打造投资核心竞争力，专注于长期投资管理创造的真正价值。正如公司现任总经理庄园芳所说：“基金公司的业务模式很简单，就是要引进人才、培养人才、留住人才，打造核心投研能力。”

公司纯粹的投研氛围，在业内一直颇有口碑。这首先体现在给优秀投资经理以充分的信任和授权，实行“基金经理负责制”。在投决会严格把控风险的前提下，根据基金经理的投资管理水平给予不同层级的授权。投资上的集体决策往往不是最优解，而“基金经理负责制”则充分调动了基金经理的主动性，进而形成了公司如今多元包容的投研文化。

纯粹的投研文化一方面成为内部培养优秀基金经理的土壤，另一方面也吸引了许多外界的投资人才。公司投研人才选聘采用“双轨制”，致力于打造一个既能自己培养又能吸引行业优秀人才、多元包容、业内领先的出色团队。在基金经理的选拔和引进方面，公司的标准尤为严格。一方面，因为公司基金产品数量较少，所以在公司成长为一名基金经理需要历经更严苛的选拔和更长时间的成长——内部培养的基金经理都必须先从研究员做起，历经基金经理助理，双基金经理，然后才有资格独当一面。或许也正因为如此，公司培养基金经理的“成材率”相当高，如董承非、谢治宇、乔迁、陈宇、邹欣等，均在业内受到较高认可。公司引进外部优秀投资人员标准同样严苛，不仅需要考察基金经理的过往业绩等“硬性指标”，还会重点考察基金经理是否拥有与公司一致的投资理念和价值观，在对人才充分尽调的基础上进行精挑细选。近年来，公司也成功引进了一批优秀基金经理，如董理、任相栋、季文华等，进一步充实了公司的投研团队。

从30亿元到5000亿元，始终秉承“精品策略”与“工匠精神”

2004年5月11日，公司旗下第一只公募基金——兴全可转债基金（当时名为兴业可转债基金）正式成立，发行总规模32.8亿元，公司自此正式开启了公募基金管理业务。

成立以来，公司始终坚持自己的发展节奏，而不被市场“带节奏”。产品发行和规模发展以投研为驱动，只发行具备核心竞争力，能够穿越周期、有持续生命力的基金产品，聚焦打造具备整体优势的产品线，在这个过程中逐渐形成了公司的“精品策略”。截至2021年第一季度末，公司管理的公募总规模已经超过4733亿元，而基金数量仅40只，远少于同等规模的其他基金公司。平均单只基金规模超过118亿元，规模增长主要来自老基金的持续营销和净值增长。

公司的“精品策略”，还体现在投资管理端——始终坚持深耕细作，在投资管理能力上持续“做加法”，致力于将每只产品打造成精品。截至2021年第一季度末，兴证全球基金旗下40只基金累计为客户盈利超过1547亿元，盈利数值超越公司旗下所有基金的累计发行规模1421亿元，业内鲜见。平均单只基金盈利38.70亿元，在同期可比的36家基金公司中位居第一。公司成立3年以上的11只主动偏股型基金平均年化回报超过20%，真正做到以时间见证价值。

打造精品的同时，公司也积极锐意求新。每一只基金筹备时，公司都进行了深入研究及精心设计，为其打造鲜明的特征。如2004年5月11日，公司发行的第一只基金兴全可转债基金，就是国内首只可转债基金，行业的第二只转债产品直至2010年才出现。同样，早在2007年，公司就开始研究社会责任投资，组织翻译相关著作，开展责任投资论坛，并于2008年4月30日成立了国内第一只社会责任基金——兴全社会责任基金。2010年，在社会责任投资的基础上，公司对绿色投资也展开了类似的研究，翻译出版《掘金绿色投资》一书，系统阐述绿色行业股票的投资机会。2011年5月，同样是建立在对绿色投资理念深入研究和理解的基础上，公司又发行了行业首只绿色主题基金——兴全绿色基金。公司旗下许多基金名称融入了许多公司对于投资理念的研究和理解，如兴全趋势基金、兴全全球视野基金、兴全有机增长基金、兴全商业模式优选基金、兴全新视野基金等。同时，公司也是行业内第一次实行侧袋估值的基金公司。2011年9月至2012年初，兴证全球基金在旗下专户产品成功实践了侧袋账户交易结算机制，成为首家实行“侧袋估值”的基金公司。2020年证监会正式将侧袋机制明确为基金行业新增的一类流动性管理工具。

用心珍视每一位持有人的托付

基金行业的本质在于“受人之托，代人理财”，因此公司成立以来始终将“维护持有人利益”作为首要使命和责任。公司一方面致力于用优质的投资业绩为客户创造价值，另一方面相信“规模是管出来的，不是卖出来的”，坚持通过优质的营销服务匹配客户的真实需求，改善客户的盈利体验。投资者对于兴证全球基金品牌的认可，不仅是因为公司产品长期业绩突出，也因为公司一直与客户保持真诚专业的沟通。

兴证全球基金是到目前为止市场上唯一以公开信的方式向投资者提示风险和机遇的基金公司。2006年1月，市场在经历多年的持续调整之后，投资情绪低落，公司撰写《致基金持有人的一封信》提示市场机会——这一刻，正是A股史上最大一波行情之一的开端。2007年10月，沪指高居6000点，基金行业铆足全力发行新产品、冲规模。公司又再次撰文《致基金持有人的一封信》：“今天如果我们理性地进行分析的话，我们不得不承认A股的泡沫化程度已经相当高了……在市场快速下跌过程中，基金的净值难免受到波及。如果您仅仅是因为相信基金肯定不会损失而投资的话，我们建议您全面认真地考虑；如果您出于风险因素，赎回了基金，我们也能理解。”——随后不久，A股开始快速下跌。2015年4月底，A股持续暴涨，公司在旗下基金的2015年第一季度报告中集中提示风险。同年6月，股市表现再次印证了我们的判断。

兴证全球基金还是行业首家“暂停申购”旗下产品的基金公司。2005年底，兴全可转债基金重仓的招行转债停牌10个交易日，市场预计复牌后大涨概率很高，大量套利资金或通过申购转债基金进行套利。为了避免摊薄原有持有人的利益，公司在毫无行业先例的情况下，经请示监管部门同意后发布公告，暂停旗下兴全可转债基金的申购。之后暂停申购的做法成为同类情况下的正式监管要求。

公司在客户陪伴上持续做加法。从2006年开始，公司每周都会撰写一篇投资者教育专栏文章，通过《中国证券报》、《新闻晨报》、新浪网等主流媒体及公司微信、微博等自媒体发布给广大投资者，累计已刊载600余篇。公司高管、基金经理都参与到投资者专栏的写作之中，近15年来全年无休，2019年结集出版投教书籍《这样做迈出理财第一步》，成为行业内颇有影响力的投教品牌。

从责任投资到公益，“责任文化”成为公司特色名片

历经18年的发展，兴证全球基金的“责任文化”已成为公司最醒目的标签之一，给业界和投资者留下了深刻印象。

兴证全球基金是责任投资领域的先行者与实践者。从2007年开始，公司专注社会责任投资的研究，2008年4月30日，公司成立了国内首只社会责任基金——兴全社会责任基金，在随后的12年投资实践中，这只基金以良好的投资业绩成为公司旗下的明星产品之一。2011年，公司成立兴全绿色投资基金，在国内率先引入绿色投资理念，提出绿色投资筛选策略，重点关注绿色科技产业或公司。该基金的投资理念，与国家提出的碳中和目标是高度契合的，符合时代的发展趋势。2016年，兴证全球基金开始探索社会责任专户新模式，致力于为公益资金提供资产管理服务，更将计提并收取的部分专项资金重新投入公益项目，在专户领域以专业能力为公益“开源”。2020年，基于过往十余年在责任投资领域的深耕与积累，公司正式申请并顺利加入联合国负责任投资原则组织（UNPRI）。

公司长期以来一直坚持开展公益活动，履行企业社会责任。2006年11月，我们通过云南省人民政府驻上海办事处了解到云南施甸县兴华小学的100位贫困学生的信息后，启动了公司的第一笔慈善捐赠。这也成为公司“大山有爱”公益助学行动的起点。经董事会批准，公司每年从兴全社会责任基金、兴全社会价值基金的基金管理费中计提固定比例用于公益支出，这一业内独创的机制不仅为公司的公益事业提供了稳定的资金来源，更对企业价值观的确立，对于公司发展具有长远的积极意义。

2008—2020年，公司累计公益支出超过1.4亿元，执行公益项目200多项，受益人数超过28万人次。在多年的探索和尝试中，公司公益行动也从最初零散的单项目的捐助逐渐转型为系统化的公益事业。如今公司公益已完整地覆盖了教育、人文、环境、体育四大板块。在社会公益方面，个体的力量永远是渺小的。因此，兴证全球基金将公司的公益计划主题确定为“牵手”，希望与更多的爱心人士牵手同行，共同为公益事业贡献一份力量。

| 未来可期：努力成长为一家“百年老店”

成立18年来，兴证全球基金始终坚持最初的信念，以优质专业的投资产品和服务作为公司发展最大的驱动力，将责任融入投资，用行动实践梦想，以时间的锻铸和客户的认同积淀品牌。

时代在变，我们初心不变。展望未来，无论行业风潮如何变化，公司将坚持并继续发扬公司已有的责任文化，传承一以贯之的价值观、文化和理想，将为客户创造价值视为公司使命，专注在投资管理能力上“做加法”，持续打造优质投研能力，最大化地发挥公司十几年来积累的独有竞争优势，力争成长为一家真正的“百年老店”。同时，公司也将致力于加强与集团的协同合作，更好地服务集团财富管理及大机构业务两大双轮驱动核心业务体系的构建，为集团一流证券金融集团建设新征程奠定坚实的基础。

三十而立正风华，继往开来启新程

——兴证期货创业14年纪实

文/兴证期货有限公司

时间的车轮驶入2021年，在“两个一百年”的历史交汇点，全面建设社会主义现代化国家新征程开启。一份初心，一脉情怀，一泓梦想，一种坚持，作为兴证集团子公司，兴证期货也进入了第14个年头。回首创业之路，那一幅幅画面依然鲜活，一场场“战役”依旧激动人心。在集团成立30周年之际，让我们以史为记，献礼百年。

| 初创阶段：抢抓发展机遇，顺势而兴

20世纪80年代初期，市场化改革沿着企业改革和价格改革两条主线展开。国有企业股份制改革催生了中国证券市场，而商品市场价格改革孕育了中国期货市场。随着计划经济“统购包销”时代的结束，企业被推到市场的“风口浪尖”。价格双轨制问题深深困扰企业的经营发展。此外，随着农村生产力水平的不断释放，农副产品的销售面临着一系列难题。在价格闯关过程中，农产品和工业品价格大涨大跌、生产大起大落、买卖难等问题层出不穷，甚至还引发了“官倒腐败”等现象。1988—1991年，中国期货市场进入理论准备和方案设计阶段。20世纪90年代初，为解决市场价格问题，期货市场应运而生，此后经历了混乱发展和清理整顿，于2000年走上规范发展之路。

“期货从来没有像2007年这样备受关注，也从来没有像2007年这样深入人心。”北京工商大学证券期货研究所所长胡俞越教授曾用这样一句话对2007年期货市场进行盘点。至此，期货市场驶入了高速发展的“快车道”。中国期货业协会的统计资料表明，2007年前 6 个月全国期货市场成交规模快速增长，累计成交量达2.33万亿手，累计成交金额为14.49万亿元，同比分别增长了9.5%和43.51%；进入下半年后，发展更为迅速，期货市场7月至12月的成交金额已达25.67万亿元，这一数字甚至超过了2006年全年的交易总和。与此同时，期货公司新开户数也出现全面“井喷”，开户工作人员应接不暇。一段时间内，原本只有在证券公司营业部才能看到的排队开户场景，在一些期货公司营

业部也纷纷出现。

同样在2007年，兴业证券由于战略需要并经中国证监会核准，通过受让华商期货经纪有限公司69%的股权并增资至6000万元，最终持有华商期货84.5%的股权，成为华商期货控股股东。为满足华商期货未来拓展业务规模和风险监管指标持续达标的要求，兴业证券数次对其增加投资，并将其更名为“兴业期货有限公司”。

彼时的兴业期货，人才寥寥，百废待兴。时任总经理夏锦良接受采访时说道：“兴业期货从无到有的创业阶段，团队一起打基础的那段历史，给我们留下了深刻的画面，比如在长春的时候，在打基础阶段，为了省钱，租了民房，冬天很冷，暖气不足，生活比较艰苦，大家不分彼此，吃苦耐劳为后续的发展打下了很好的基础。“在母公司及期货骨干的大刀阔斧下，2007年完成了各种基础性建设；2008年，提出“夯实基础、稳中求进”的策略，并实现了3位数以上的增长；2009年，提出了“专业化营销、差异化竞争”的策略；2010年，提出了“量的积累”的策略，实现突破。2007—2010年，通过3年多的开垦拓荒，兴业期货注册资本增加至3亿元，初步完成了备战股指期货所必需的技术系统建设，取得中国金融期货交易所各项业务资格，形成组织和基本管理制度框架，风险管理体系逐步建立健全，初步完成了规范化、制度化、专业化的建设。

| 稳步发展阶段：砥砺奋进，跑出发展“加速度”

2001年12月，中国正式加入世界贸易组织（WTO），这一年可以被称作“全球化元年”。加入WTO之后，中国经济发展进入了快车道，全面走向国际化。中国社会主义市场经济体制在该阶段得到进一步完善，土地、劳动力、技术、产权、资本等要素市场快速发展。经济体制亟待实现战略转型，许多深层次的问题逐渐暴露出来。在这一阶段，中国期货市场的品种不断拓展，业务模式不断创新，功能发挥逐渐深入经济转型的战略层面，期货行业由量变向质变迈出了坚实的一步，投资咨询和资产管理业务相继开闸，创新业务打破了过去同质化竞争的行业困局，推动期货公司从中介机构向中介服务、风险管理、财富管理“三位一体”功能的金融衍生品专业服务机构转变，促进期货公司向多元化经营模式转型。

同时，期货新品种推出速度加快，期货市场产业链也逐渐完善，国债期货时隔18年再次推出，上海自贸区、上海国际能源交易中心的设立为期市发展提供了重要的平台和机遇。各交易所竞备期权业务，期权准备工作就绪，随着2015年上证50ETF期权的重磅上市，资本市场的投资工具进一步丰富，交易机制更加灵活，期货市场服务国民经济的能力进一步提升。

兴证期货在整个期货市场是一个新兵，但在短短10年间，时任兴证期货董事长王君恩、总经理孔祥杰带领期货公司大刀阔斧发展业务，兴证期货由行业排名一百开外到进入行业前列，客户权益由不到亿元到突破百亿元规模。2016年7月20日，兴证期货客户权益首次突破百亿元大关。在快速前进的同时，如何能既走得快，又走得稳，走得长？孔祥杰给出的答案是重视客户服务的同时，更要重视合规和客户及企业本身的风险管理。重视合规风控的企业很多，但像兴证期货这样把合规风控融入外部客户、内部管理、企业转型各个环节的却不多见，兴证期货对合规风控的重视丝毫不逊于对销售和服务的投入。

2011—2016年，兴证期货及时抓住行业变化的有利时机，制定了第一个五年发展规划并进入初级发展阶段。提出了“做大客户权益”的业务目标以及“机构化、产品化、专业化”的战略指导思想，加大了机构客户开发力度，积极协助产品发行。2013年，公司正式由“兴业期货有限公司”更名为“兴证期货有限公司”。

“稳健经营是公司长久发展之本，期货公司的经营本质就是风险管理，”孔祥杰说，“公司在全面风险管理的体系建设方面也是刚刚起步，还有很多问题需要解决，风控合规也是生产力，我们会在这条路上坚持走下去。”在继续夯实经纪业务基础的同时，兴证期货努力拓展风险管理、财富管理、资产管理、专业交易商等多元化业务。经过几年的摸索与努力，公司核心竞争力逐步形成，拥有不少有特色的客户服务资源，与行业中一批优秀的私募对冲基金建立了良好的业务合作关系并形成局部优势，产品营销体系初具规模，资产管理业务开局良好。

信息技术是期货公司发展的基础，从早期多地交易中心保障客户交易安全，迄今接入交易所极速交易通道以及为客户量身定制的技术支持方案，正是兴证期货不断打造技术领先的名片。信息技术始终是兴证期货发展良好的保障，兴证期货也是最早介入CTP平台的企业之一。

经过多年共同努力，兴证期货主要业务和经营指标接近或进入行业前20名，金融期货走在行业前列；各项制度流程基本完备，人才梯队接近合理健全，服务观念深入人心，公司风险管理能力、市场竞争力、持续合规能力大幅提升，在期货公司分类评级取得A类A级，进入优质期货公司行列。

| 转型磨砺阶段：苦练内功，积极推动公司转型

2017—2018年，经纪业务进入微利时代，财富管理成为业务增长的新大陆，兴证期货坚持以客户服务为中心，继续全面推进“机构化、产品化、专业化”战略指导思想贯彻落实，全面落实四大竞争策略，继续加大对信息技术、专业人才、财富管理和创新业务的战略性投入，加速形成多元化的业务和收入结构，形成新的商业模式，通过专业化的管理和服务，在合规的前提下持续提升各项业务竞争力和风险管理能力。

在金融混业的趋势下，行业界限不断被打破，混业人才、跨界人才更是重中之重。混业时代拼的是专业，能及时了解客户的诉求，量身打造合适的财富管理方案，筛选并找到最适合的产品，便是专业的体现。而这些，都需要通过不断的专业化学习，反复迭代强化，苦练内功，积极推动公司转型才能实现，为此兴证期货立足期货经纪业务，努力拓展风险管理、财富管理、资产管理、专业交易商等多元化业务，全面提升业务竞争力，在机构客户服务、产品设计、渠道合作、销售募集各方面均取得不俗业绩。

| 集团化发展阶段：集团一体化协同步入发展新阶段

2019年期货和衍生品市场迎来2015年以来最为快速的增长，发展势头强劲。全年期货、期权上市品种新增15个，达到76个，为历年之最，初步形成了商品金融、期货期权、场内场外、境内境外协同发展的局面。

2019年也是兴证期货三年发展规划的开局之年，兴证期货坚持以党建为引领，紧紧围绕创行业一流金融综合衍生品服务商的战略目标，贯彻集团统一工作部署，切实转变发展理念，统筹推进业务多元发展、经营体制改革、内部运营管理和人才队伍建设，夯实长远发展基础，经营管理体系步入集团一体化管理新轨道。其中，在客户多元化上，兴证期货在继续保持私募客户优势的基础上，有重点、有计划、有针对性地推进大金融客户、IB渠道客户、产业客户的开发，推动客户结构进一步优化和丰富。在业务多元化上，兴证期货发挥各张牌照价值，坚定多元化业务布局推进。风险管理业务迈出坚实步伐，风险管理子公司以大宗商品综合服务商为发展方向，以期现业务为重点，经受住了2008年以来最大市场风险考验，建立并完善了风险控制体系。资管业务方面，确定了FOF和量化CTA两大产品线，加强投研团队和运营团队建设，搭建起内外部销售渠道，主动管理产品业绩表现较好。基金代销业务方面，加强优质产品引入，培养分支销售能

力，夯实财务管理基础，全年实现产品销售2.18亿元。国际业务方面，同步促进境外期货权益提升和引进境外客户参与国内衍生品交易，环球期货期末权益1.54亿港元。积极服务实体经济，推进在福建省增设原油、铝、菜籽油等交割库工作，服务省内相关产业发展，以衍生品为工具实施一批“保险+期货”项目，为云南德宏州等全国多个贫困地区的橡胶、鸡蛋、玉米、红枣产业发展和农民增收作出了积极贡献。

2019年，在推进业务协同的同时，兴证期货积极融入集团一体化管理体系，认真贯彻财务集团化和穿透管理、集团运营一体化、信息技术集团一体化管理、风控穿透管理等方面的具体要求，切实将集团一体化管理理念落到实处。

2020年是兴证期货三年规划实施承前启后的关键一年，在集团党委及公司党委的领导下，兴证期货围绕集团“建设一流证券金融集团”的战略目标，深入贯彻集团新发展理念，构建“双轮驱动”业务体系，坚持以多元发展、协同发展为主要转型策略，以打造人才、技术、创新、风控和协同、营销、渠道、品牌、研究、产品、服务、平台业务发展支撑体系为保障。其中，期货经纪方面，兴证期货始终坚持机构化发展战略、做大做强客户权益规模，以私募机构客户为突破口，辅以大金融客户、IB渠道客户、产业客户开发，2021年客户权益从不足40亿元扩大至突破170亿元；积极开发服务产业客户，实现产业客户权益翻番，涉及农产品、能源化工、有色金属等多个领域；兴证期货资产管理业务通过探索集团协同联动、深化同业及渠道合作的方式，年内协同集团各分公司落地城商行FOF业务的模式，拓宽机构业务渠道，实现子公司资管FOF规模与集团机构业务的双突破；财富管理方面实现协同销售模式新突破，兴证期货发挥私募客户优势，遴选优质的管理人选并送至集团优选产品池；确保在福建区域形成压倒性优势目标下，兴证期货积极响应服务大福建实体经济的号召，以大产业为目标客群，开发建发集团、象屿集团、天马科技、祥鑫股份、金纶高纤等大中型企业，2021年成交量市场区域份额位居第一。

2020年上半年，新冠肺炎疫情暴发，兴证期货在做好公司内部疫情防控、积极组织复工的同时，努力发挥专业优势，丰富金融服务产品和工具，提升服务实体企业的能力，全力支持打赢疫情防控阻击战。

2021年，期货行业发展迎来有利环境，根据集团的规划及发展步骤，2021年作为集团“十四五”规划的元年，兴证期货统一思想，上下一心，努力成为“一流”的综合金融衍生品服务商，以打造首个“权益年”为总目标，力争实现期末权益200亿元，并努力突破210亿元，进入行业前十，以饱满精神、优异成绩为集团公司成立30周年献礼。

兴证国际十年磨剑，紫荆花畔扬帆起航

文/兴证（香港）金融控股有限公司

2021年，是“十四五”规划的开局之年，是中国共产党建党100周年，恰逢兴业证券成立30周年，也是兴证国际成立10周年。作为兴业证券践行国际化战略的桥头堡，立足于香港国际金融中心的中资券商，兴证国际在离岸市场抢占先机，背靠集团协同强有力的支持，凭借专业实力与优质服务，历经10年发展，如今成为香港主要的综合型券商之一。

| 忆往昔：破茧前行，十年磨剑

2008年，受国际金融危机的影响，香港股市遭受了重大冲击。当年恒生指数累计下跌48.3%，创1974年以来的最大跌幅。股市、楼市以及就业市场，万马齐喑。

正是此时，国家提出加强内地与香港证券市场交流与合作，积极支持香港采取应对国际金融危机的政策措施，支持符合条件的内地企业到香港上市，支持内地证券期货经营机构到香港设立分支机构，支持内地有条件的企业与香港上市企业合作，优势互补，共同发展。一系列政策和指导方针为香港证券业的发展提供了有力的支持，也为内地证券行业走向境外市场、开拓国际化市场提供了机遇。

好风凭借力，兴业证券也跟随时代发展的红利，开始了在香港设立分支机构的探索。2010年12月12日，兴业证券董事会审议通过了《关于设立兴业证券兴证（香港）的议案》。2011年7月，兴证（香港）金融控股有限公司注册成立，初始发行股本1亿港元。2012年，兴证（香港）正式在香港开业，标志着兴业证券迈出了国际化进程的重要一步，成为中国资本市场双向开放带来的中资券商南下潮中的一员。

当时，香港金融市场以外资为主导，14家A类券商中有12家为国际投行，香港联交所交易额中，本地券商占17%，欧洲券商占37%，美国券商占15%，内地券商仅占10%。而在之后的近10年里，中资金融机构成了香港金融市场版图中的重要新生力量。此时的兴业证券正站在香港金融市场格局第二次改变的起点上，以兴证（香港）作为桥头堡，开启了兴证集团的国际化之路。

宝剑锋从磨砺出，梅花香自苦寒来。2016年，兴证国际业绩快速增长，全年实现营业收入5.07亿港元，同比增长39.2%；实现利润总额1.01亿港元，同比增长100.2%；年末总资产达133.98亿港元，净资产达42.94亿港元。

在经过重组及增资扩股后，兴证国际于2016年10月20日成功于香港联交所创业板发行上市，成为首个在境外分拆上市的中资证券集团子公司。上市集资净额12.88亿港元，是当时香港创业板集资额中罕见的高水准。

同时，以此次首次公开募股大幅提升资本实力为契机，结合2016年下半年“深港通”开通及香港市场阶段性转好机遇，兴证国际积极为客户推荐配置境外资产，努力新增客户规模，为跨境业务加快发展奠定了客户基础，客户托管资产持续增加。截至2016年底，经纪客户所持全部证券资产的总市值超过800亿港元。

2018年，对于港股市场来说是历史大年，深港通、沪港通成交额创下新高，港交所修改主板上市规则，香港IPO募资额重登全球第一宝座。与此同时，大批内地企业赴港上市给在港中资券商带来了不少商机，一批在港中资券商投行业务迅速崛起，以香港为核心的海外业务收入占集团公司的比例越来越高，券商国际化业务进入2.0时代。

同年，兴业证券开启了集团协同发展的新战略，在集团大协同战略的支持下，兴证国际充分利用集团遍布全国的触角，快速做大境内客户规模，当年集团协同开发的新增客户占比达到46%。全年实现营业收入突破10亿港元，净利润1.44亿港元，在18家中资券商中分别居第八位和第五位。

2019年1月3日，伴随着港交所的锣声，兴证国际正式从港交所创业板转至主板上市，主板上市证券代码为6058.HK，成为福建省金融企业第一家、中资在港券商第五家上市公司，是兴业证券国际化发展的又一个重要里程碑事件。

杨华辉董事长在上市仪式上表示，兴证国际的成功转板上市是全新的开始，是新时代、新起点、新责任、新征程！作为兴业证券集团海外事业业务总部和集团公司国际化的综合平台，兴证国际将坚持立足香港、辐射全球，致力于建设成为具有国际竞争力的一流中资海外证券金融集团，以更高的标准规范公司治理，更加积极努力创造更好的经营业绩回报股东和投资者。

同年4月，福建省副省长郭宁宁来港视察驻港福建金融机构，其间到兴证国际调研，在兴业证券董事长杨华辉等公司领导的陪同下参观了兴证国际办公场所，并与驻港的福建省金融机构负责人举行调研座谈会。副省长郭宁宁从做优跨境金融平台、扩宽跨境双向投融资渠道、强化风险合规体系、整合集团资源等多个方面向福建省驻港金融机构提出了要求。她强调，福建在港金融军团要运用好香港的金融资源，把握新福建建设、大湾区建设、“一带一路”建设等战略发展机遇，积极运用专业能力，提升运营效率，实现自身效益的可持续增长，同时帮助福建企业走出去，为福建省的高质量发展作出贡献。

兴业证券董事长杨华辉代表在港的福建金融机构感谢福建省委省政府及郭宁宁副省长对福建在港金融机构的关心与大力支持，福建在港金融军团一定按照做大做强做优的目标，发挥优势，做出特色，注重风险防范，加快发展，发挥在港优势，为闽港合作以及新福建的建设作出应有的努力。

看今朝：涅槃重生，行且益坚

伴随国际政治经济形势的跌宕起伏，以及中国改革发展进入深水区，为更积极应对发展和风险的平衡，落实兴业证券集团“专业化、集团化、国际化”战略目标，在兴业证券董事长杨华辉的领导下，兴证国际于2020年组建以黄奕林为董事长、李宝臣为行政总裁及其他相关人员的新经营班子，坚定深化改革，不断推进业务发展和风险管控，全力践行集团新发展理念，深化集团协同和贯彻执行双轮驱动战略方针。兴证国际开启“二次创业”新征程，谋求破而后立，涅槃重生。

2020年1月13日，第十三届亚洲金融论坛在香港盛大开幕，论坛以“重塑增长：创新、突破、共融”为主题，汇集了来自多个国家和地区的政策制定者、金融监管机构代表、财商界领袖、投资者和企业家，共同探讨如何通过创新和突破，重塑经济增长模式，惠及社会各界。福建省地方金融监督管理局局长薛鹤峰率领福建省金融代表团来港参加论坛。论坛期间，福建省代表团走访兴证国际，对跨境业务现状，省内企业关注的问题、省内业务合作机会、合作方式等进行深入交流探讨。

新冠肺炎疫情暴发以来，全球金融市场出现了巨幅波动。受惠于港交所对上市规则的改革，香港市场持续吸引新兴产业公司及中概股二次上市。据统计，2020年，香港市场共完成154家IPO，募资3942亿港元，其中，来自中国内地的企业约112家，共募资3901亿港元，占全港IPO募资的99%。扩容后的香港IPO市场也进一步引爆中资券商保荐行情。瑞恩资本数据显示，在过去两年（2019—2020年）中，共有37家中资券商参与了191家新上市公司的保荐工作，占比高达58%。由于熟知企业端及市场端，中资券商在香港市场不断收获“高光时刻”。兴证国际牢牢把握发展良机，不断扩大营收，并优化结构，构建更稳健的业务基础、积蓄可持续优质发展的动力。2020年，兴证国际业务和收入结构大幅优化，收费型业务收入占比46%，提升20个百分点。

兴证国际积极践行集团大财富管理及大机构业务双轮驱动战略，成效显著：

一方面，财富管理转型成果显现，业务竞争力提升，期末客户数量增长24%，港股托管市值在中资券商排名第八；全年港股交易量增长54%，超市场增长6个百分点，在632家活跃的交易所交易参与者中排名提升7位至第六十八位。与此同时，兴证国际积极把握行业自动化交易的发展趋势，在2020年9月正式推出自主研发的港美股“一站式”手机交易平台“兴港通”App。App整合行情、资讯、交易、新股、账户体系，重点打造具有个性化的香港市场新股板块，并在特色功能上实现创新突破，成为兴证国际借助金融科技赋能财富管理业务转型的重要抓手，标志着兴证国际财富管理业务的智慧转型。

另一方面，大卖方机构业务的生态系统初步形成，2020年借助海外研究实力的进一步赋能，机构业务携手投行、固定收益、资管等做深业务体系，全年实现大机构业务（含机构经纪业务、投行等业务）收入2.67亿港元，占比提升7个百分点；机构客户数量和资产增长15%，交易量和佣金收入增幅超过50%。

在研究业务方面，兴证国际海外研究院硕果累累。由兴证国际副总裁张忆东领衔的海外研究院在2019年、2020年连续获得香港彭博中资离岸基金最佳研究第一名、第十八届新财富最佳港股及海外市场研究团队第一名、第十四届卖方分析师水晶球奖海外研究领域第一名、第二届新浪金麒麟港股及海外市场最佳分析师第一名、21世纪金牌分析师港股及海外市场研究第一名以及2020年中国证券业金牛奖最具价值首席分析师等专业奖项，这也代表了投资者对兴业证券及兴证国际研究实力的肯定。

在大投行业务方面，兴证国际聚焦优质项目稳步发展，2020年全部股权融资额1.15亿美元，在中资券商中排名第十五位。以主承销商（JBR）以上角色完成美元债总承销金额10.8亿美元，在中资券商中排名第十位，其中JGC角色增长20%，非地产类客户增长9%，投资级占比22%。加大与备证银行合作，年内实现了与多家银行的首单合作，并尝试了点心债、绿色债、抗疫债等创新业务。

在资产管理业务方面，兴证国际也取得新的突破，投资业绩全面提升，实现多个跨越式发展。一方面投身金融科技创新，优化客户体验，为客户提供优质高效的服务；另一方面及时把握市场动态，持续推进新产品，丰富产品线，致力于满足不同资产配置需求的客户，同时借助自身成熟的投研体系深耕大中华、美国等地区的投资与研究，实现品牌声誉的提升，获得同业及客户的认可。

兴证国际核心精选系列——中国核心资产基金于2020年12月成功递交两地基金互认申请，成为继海通国际、博时基金、华夏基金、易方达基金之后的第五家递交两地基金互认的中资资管机构。该基金管理规模成功领先中资券商资管发行的同类别股票型基金产品，也成为中资券商2006年出海以来独立运作并管理的较大规模股票型公募基金，并成为香港中资券商资管公司中（包括基金管理公司）独立运作并较早达到申请资格并递交两地基金互认的股票型基金。

博观而约取，厚积而薄发。兴证国际在严格控制风险的前提下，不断筑牢业务根基，并获得业界认可。在2020年先后获得投资洞见与委托2020区域年度最佳新产品股票大奖、2020年财资亚洲最佳G3债券投资人香港地区高度赞扬投资人荣誉、第十届中国证券金紫荆最佳中资券商大奖、2020年格隆汇大中华区最佳上市公司最具创新力大奖、第五届金港股年度颁奖盛典最佳金融公司大奖及第二届金中环最佳券商研究团队及最佳资管业务表现奖，并连续两年荣膺香港交易所模范中资期货商。

潮平两岸阔，风正一帆悬。兴证国际作为一家中资企业，积极参加香港事务，发挥社会责任，肯担当，能担当。在香港止暴制乱的斗争中，兴证国际充分凝聚香港员工的正义力量，在港积极为政府发声、为警察发声、为爱国爱港力量发声，做好香港国安法实施、香港选举制度改革的宣导工作，组织国家安全教育日活动，推进“一国两制”在香港的行稳致远。在香港抗击疫情的斗争中，兴证国际周密部署，常抓不懈，采用错峰上班、居家办公、人员分流、每日申报等方式，做到疫情常态化、工作正常化，公司没有发生一例确诊病例，日常办公也未受到大的影响。此外，兴证国际在不断完善自身发展的同时，始终牢记使命，积极回馈社会，参加社会发展和公益项目，关注社会上需要帮助的群体。公司多次组织员工探访香港本地老人院和独居老人，参与捐款捐物活动，并从2018年起连续三年获得香港商界展关怀称号，主动履行社会责任，展现了中资金融机构在香港这片土地上应有的担当。

| 展未来：守正出新，扬帆起航

2021年，受惠于内地经济复苏，港股市场有望迎来更多内地企业来港上市。随着中概股的持续回归及越来越多的生物技术、互联网信息公司加入港股市场，香港资本市场或将成为新时代更具吸引力的国际资本市场。而“沪港通”及“深港通”扩大合资格股票范围，也将进一步活跃香港证券金融市场。

雄关漫道真如铁，而今迈步从头越。在兴业证券成立30周年之际，面对未来的机遇与挑战，兴证国际将秉持“专注价值、智创未来”的经营理念，守正创新。一方面，将始终坚定高质量发展理念，服务实体经济，立足香港，背靠集团优势资源，在严格执行中性偏稳健的风险偏好及规范的内控管理基础上，全力推动业务发展，充分利用和整合集团优势，聚焦主业，结合市场特殊阶段的特点与机遇，努力构建健康稳健的业务发展模式，实现业务内生性增长和高质量发展。另一方面，兴证国际将紧跟时代步伐，推进数字化转型，以科技赋能金融，深化业务模式和风险管理；同时，在风险可控的前提下，进一步探索和发展国际和国内业务，以创新谋发展，打造拳头产品，争取打开突破口，努力做大做强。

时代大潮，浩浩汤汤。2021年，30岁的兴业证券，10岁的兴证国际，站在“十四五”规划的开局之年，面对当今世界百年未有之大变局，恰风华正茂，正在迎来一个崭新的极具挑战的时代。面对新阶段、新理念、新格局，而惟有奋进者自有远方，未来蓬勃而至，兴证国际已时刻准备着，守正创新，扬帆起航。

行而不辍，未来可期。作为兴业证券践行国际化战略的桥头堡，兴证国际将继续团结一致，统一思想，深化改革，加强协同，为兴业证券建设一流证券金融集团的目标而不懈努力！

坚持价值投资，兴证资管与投资者共成长

文/兴证证券资产管理有限公司

从2000年9月兴业证券成立资产管理部起，公司资管业务开始萌芽，从无到有，从小到大，有起有落。至今21年时间，兴证资管一路砥砺前行，成为资产管理市场中不可小觑的一股力量。这其中，始终不变的是兴证资管对主动管理的传承，坚持投资本源，坚持价值投资。

| 诞生与重启，置死地而后生

作为中国首批获得资产管理业务资格的证券公司之一，兴业证券自2000年起就开始了对资管业务的探索与实践。也正是2000年前后，由于证券市场规范性较弱，券商资产管理业务处于无序发展阶段，多家证券公司形成了负债式资产管理模式，向客户许诺保底收益。在2001—2005年的长期熊市中，该类业务给证券行业积累了巨大的风险，导致三分之一的证券公司倒闭，三分之一的证券公司依赖资本注入进行变革，只有三分之一依靠着自身的力量，顽强地生存了下来，而兴业证券就是其中一家。

在经历了2002年证券市场“寒冬”之后，多家证券公司意识到，资产管理业务不应该以保本、保底为基础，将信托关系异化为借贷关系，而应该坚持中介服务的定位。在公司管理层迅速反应下，兴业证券毅然决定清理该类资产管理业务规模，全额返还客户资金。这一过程的艰难与痛苦无异于“壮士断腕”，不仅面临着客户流失的问题，还有佣金下降带来的一系列问题。然而，除旧才能迎新，通过此番转型，兴业证券客户资产管理业务开始迈向全新发展。新篇章从2004年开始书写。2004年，中国证监会发布《证券公司资产管理业务试行办法》（以下简称《办法》），全面规范券商资产管理业务内容和形式。《办法》规定证券公司可开展定向（一对一）、集合（一对多）、专项（资产证券化为主）三类资产管理业务。兴业证券当时为规范类券商，未获评创新类券商，仅能开展定向资产管理业务。

2005年，公司参照《办法》逐步探索开展定向资产管理业务，依托兴业证券投资研

究的传统优势，开发投资权益类二级市场的定向资产管理产品。可以说，兴证资管主动管理的传统就是从这时开始孕育并一直传承至今，也正是从这时起，公司树立了以主动权益为核心的发展思路。历经二十余年的业务发展，主动管理类权益投资一直是兴证资管的核心业务和重要利润来源。

2006年对于兴业证券资产管理业务而言，可谓是承前启后的重要一年，也是置死地而后生的转型关键之年。在成功彻底清理不规范资产管理业务的基础上，2006年资产管理业务从零起步，通过产品创新推动业务模式转型，逐步建立了以收取管理费为核心的盈利模式。同年3月底专门针对委托资产100万元以上的机构客户推出了以股票投资为主的机构定向资产管理产品。4月起，正式开始运作机构定向资产管理产品，通过这一产品，逐步扩大了客户基础；第四季度又推出了以基金投资为主的“基金宝”及以固定收益证券和新股申购为主的“保本策略”产品。

至此，公司定向资产管理业务开始大发展。截至2008年，兴业证券定向资产管理业务规模突破10亿元，投资业绩出色，风险控制优异，在投资者群体中初步树立了良好的口碑。

获评创新类券商，资管业务逐步进入全面发展阶段

2008年，公司获评创新类券商，也为集合资产管理业务的开展打开了突破口。在投资团队的设置上，除原来的权益团队外，公司还全面增配固收业务人员，成立固收团队。

2008年11月18日，公司第一只集合资产管理产品——兴业卓越1号集合资产管理计划顺利通过中国证监会评审答辩会，意味着集合资产管理业务取得了突破性的进展，成为公司资产管理业务的里程碑之一。2009年第一季度，资产管理部首只集合资产管理计划“兴业卓越1号”（后改名“兴业证券金麒麟1号”）成功获批，开启了兴业证券集合资产管理之路。兴业卓越1号受到销售渠道的热烈欢迎，仅在兴业证券自身营业部销售的产品首发规模就达到18.78亿元。客户资产管理部也因此荣获兴业证券优秀部门称号。

2009年继第一只固收大集合产品卓越1号之后，第一只权益类集合产品兴业证券卓越2号也获批发行，首发募集超15亿元；第一只小集合产品玉麒麟1号同步发行；2010年首只FOF集合计划金麒麟3号发行，首发规模突破22亿元。此时，公司完成产品品牌体系的搭建和梳理，明确了以“金麒麟”为主线的大集合产品序列和以“玉麒麟”为主线的小集合产品序列，将原来的卓越系列大集合产品统一更名为“金麒麟系列产品”。

其后几年，兴业证券在集合资产管理道路上走过了多个“从0到1”的蜕变。金麒麟5号、金麒麟消费升级等集合计划持续推出，产品体系逐步完善，销售体系逐步丰富。公司凭借“金麒麟”“玉麒麟”两大产品系列，充分发挥公司自身投研优势与主动管理能力，在业内树立了领先的品牌形象和知名度。

在中国证券业协会公布的《证券公司会员成长性指标排名情况》中，2007年和2008年，公司客户资产管理业务净收入增长率这一指标排名分别位列第四和第三，为兴业证券IPO上市工作奠定了重要基础。

2010年，兴业证券资产管理上海分公司成立。此时公司产品线有了初步布局，包括权益、固收、FOF三大类，覆盖大集合、小集合、定向三种产品类型。截至2011年公司受托资产规模超过30亿元，资产管理业务正式走上规范化发展道路。

2012年新《基金法》发布，资产管理业务范围大幅扩充。延续改革创新的基因，结合当时的政策，公司在产品投向和产品形态上都进行了多样化探索，研发设立了包括固定期限固收类产品、证券公司保证金现金管理产品、固收类多层优先级分级产品、定增类产品、非标产品、资产证券化产品、上市公司员工持股计划产品等多类型新产品。资产管理业务正式进入全面发展阶段。

截至2012年11月底，公司已发行大集合产品8只，小集合产品3只，管理定向资产管理账户31户，共计管理规模超过215亿元。

除传统投资类业务外，投行类业务也取得了突飞猛进的发展，尤其是定增产品方面，结合客户需求，研发推出“3—2—5—11—22”定增体系，包括5大产品系列、11类产品、22种合作模式，创新推出了市场首个多票集合“鑫成9号”，取得了极大的市场影响力，效仿者众多。定增业务从无到有，快速发展，2015年底业务规模达到130亿元，位居券商资管之首。

2012—2016年，公司各类型产品更是全面发展，多点开花，业务范围全面覆盖投资、投行、资管三大领域，在原来的小集合产品“玉麒麟”系列和大集合产品“金麒麟”系列之外，又全新打造了鑫享系列、鑫众系列、鑫成系列等创新产品，产品线布局进一步完善。

成立独立资产管理子公司，管理规模节节攀升

为做大资管业务，兴业证券准备筹备成立独立资产管理子公司。2014年6月9日，

兴证资管正式成为兴业证券旗下全资子公司，营业执照正式获批，注册资本5亿元。同年6月26日，兴证资管正式取得经营证券期货业务许可证。

如何在券商资管乃至大资管领域的激烈竞争中脱颖而出？成为独立子公司后，兴证资管明确了未来经营发展的路径——自主培养投研团队，发展主动管理能力，打造多元化业务体系。在投研体系打造方面，依托兴业证券自营部门及研究所的支持，兴证资管在投研资源的初步积累的基础上，继续坚持以自主培养为主的原则。经过多年的持续培育，截至2016年兴证资管核心投研团队成员已超过40人，其中包含诸多来自海内外名校的投研精英。这支团队拥有相近的价值观，遵循共同的投资理念——以价值投资为核心，在把握市场大趋势的前提下，以精选个股的能力为投资人获取超额回报。从2017年下半年开始，公司将权益研究和固收研究从相应的部门中剥离出来，成立兴证资管研究部，作为整个公司的研究支持平台，为权益、固收、创新投资等各业务条线提供研究支持。

在创新动作方面，2014年，兴证资管在券商资管业界率先提出了“投行资管”的概念，战略性地组建创新投资团队和结构化融资团队，将包括定向增发、新三板投资等一级半市场投资的创新业务，与包括员工持股计划、资产证券化、员工增减持业务等在内的结构化融资业务作为两大创新领域，致力于将公司打造为“一站式”投资投行平台。

彼时，定向增发方兴未艾，兴证资管也于2014年推出了旗下首只定向增发产品，并迅速扩张其定增产品线，鑫成、鑫安、鑫汇系列产品各具亮点，打造精品化定增产品，定增业务模式高达22种。参与定增项目数量三年（2014—2016年）蝉联同业第一，定增业务规模两年（2014—2015年）蝉联同业第一，定增项目规模一度超过100亿元。2015年，在A股市场剧烈波动之下，旗下所有定增结构化产品劣后端实现零补仓。

资产证券化（ABS）业务作为兴证资管“投行资管”业务的重要一环，业务范畴广阔，可涵盖租赁债权、应收账款、信托受益权、收费收益权、CMBS、REITs等各类基础资产，提供承揽、承做、销售的资产证券化全流程服务。2015年3月，兴证资管第一单资产证券化项目——兴证资管—融信租赁一期资产支持专项计划成立。截至2018年，兴证资管共完成资产支持计划15单，总规模超163亿元。创造了行业内多个首单纪录：福建省内首单资产证券化、全国首单民营资产证券化、全国首单新三板公司资产证券化、全国首单小额再贷款债权资产证券化、全国首单民营医药流通企业资产证券化。

2014—2015年是券商资管群雄逐鹿的时期，兴证资管奋楫当先，凭借着权益投资优秀的历史业绩以及锐意创新的多只“金麒麟”大集合产品，进入以招商银行、中国工商银行等为代表的国内主流银行渠道，产品规模迅速做大，进入了高速发展阶段。

2015年兴证资管净收入排名业界前十，集合资产管理规模突破200亿元。2014—2016年连续3年定增业务规模、收入、风险管理能力（股灾期间结构化产品零补仓）稳居券商同业第一。

主动管理规模从2014年的148亿元增长到2017年的641亿元，增幅350%。其中集合规模从124亿元增至357亿元，主动定向规模从24亿元增至193亿元，专项业务规模从零起步增至91亿元。

2018年兴证资管获批2.2亿美元QDII额度，标志着公司海外业务拓展了方向。获批以来，兴证资管积极开发QDII产品，储备美元债、QDII FOF、结构化票据、港股基石等多类产品，同时积极研发推进RQDII、QDLP、QDIE等不占用QDII额度的跨境业务落地。

大胆探索“固收+”策略

2018年以来，全球经济增长放缓，利率下行，中国经济正在探底中寻求结构战略调整，相匹配的监管体系、监管政策、资本市场也在发生巨大变化。以“破刚兑、控分级、降杠杆、提门槛、禁资金池、除嵌套、去通道”为核心的资管新规陆续出台，“专业化、标准化、规范化”成为资管行业发展的明确要求。

《关于规范金融机构资产管理业务的指导意见》出台后，此前各类资产的低风险高收益模式难以为继，百亿理财市场亟待转型。加上全球利率的持续下行，安全性资产的收益率不断被压低，低门槛的银行理财收益率也在不断地降低。百亿理财市场在寻求理财替代，稳健配置型产品存在较大缺口。

在对市场有了上述了解和判断之后，兴证资管瞄准了具有绝对收益特征的“固收+”策略。以固收策略为盾，锁定风险，以权益、可转债、新股申购等各种策略为矛，力争增厚收益。此举旨在做大固定收益规模、差异化发展主动管理，充分发挥公司在资金端、资产端的连接作用，加强投研、风控、市场、运营核心能力的全面提升，最大化协同内、外部战略资源，打造一个快速反应、低风险、综合性的产品/服务方案供应平台。

另外，兴证资管还打造了“麒麟日添金”类固收系列产品，包含现金管理、纯债、固收+、FOF等各个系列，依托集团公司在财富管理、投行、固收、研究院、资本市场及托管部等领域积累的资产创造、资金募集优势，充分利用资管牌照优势及架构，将集团公司的资金和资产无缝对接，输出符合客户需求的各类产品，实现集团整体资源的最大化，提升集团公司资产收益水平。

2015—2019年，资管固定收益业务创收贡献呈逐年增长趋势，各类业务全面开花。首先，自主创新型现金增强类业务规模扩大，2019年3只产品销售规模达88.33亿元，为分公司开拓机构及高净值客户提供了有力产品武器；其次，固收委外投顾取得突破，全年拓展委外投顾项目8单，新增规模24.09亿元；再次，积极响应资管新规，兴证资管净值型固收产品转型顺利，包括19只小集合和1只大集合在内的净值型固收产品，累计续接资金20.6亿元；最后，兴证资管还积极推动新产品创设规划，2019年11月1日获得深交所质押式报价回购业务资格。

丨公募化新世界，资管新征程

2018年4月《关于规范金融机构资产管理业务的指导意见》（以下简称资产新规）这一在资产管理史上具有重要意义的规定正式发布，去通道、净值化、破刚兑、回归资产管理业务本源成为必然趋势，金融生态链即将重塑。

得益于一直以来对主动管理的坚持，兴证资管得以在新规后作出快速反应。在产品布局方面，以投资者理财需求变化为出发点，进行了固收类产品的净值化转型升级，抓住银行理财业务调整的时间窗口，积极开发中低风险净值型固定收益类产品，在符合监管要求的大前提下，创新研发了现金增强型小集合产品，在净值型固收产品上进行了积极的尝试。

在监管环境越来越规范化，公募私募产品边界越来越分明的大背景下，大集合这类“非公非私”的产品明确身份成为大势所趋。2018年11月30日，《证券公司大集合资产管理业务适用操作指引》（以下简称《指引》）发布，指出自《指引》公布之日起，大集合新开展的投资，都要遵守公募基金投资的现行法规。也正是这一《指引》的发布，让大集合产品有了“公募化改造”的机会。

在多个部门通力合作下，兴证资管首只公募化大集合产品——“金麒麟领先优势”于2020年4月改造生效，于5月成功发行，打响了公司公募化产品发展的第一炮。兴证资管正式打开公募新世界，开启了新征程。

2020年，公募基金迎来了前所未有的大爆发。公募规模首次突破20万亿元，年度盈利首次达到2万亿元，成为中国财富管理的蓝海。资管行业迎来了发展的好时代。

2021年兴证资管将陆续推进剩余9只大集合产品的参公改造工作，打造包括货币类、纯债类、固收+类、权益类四大业务类型的公募产品体系。前路漫漫，面对竞争激烈的资产管理市场和公募世界，兴证资管时刻不能停止前进的步伐，唯枕戈待旦，不断求索。

资管行业告别野蛮生长，高速增长时代一去不返，依靠旧有资金池等通道业务维持业务增长的模式难以为继，回归主动管理的转型升级成为泛资管行业共识。

资管子公司围绕集团公司“建设一流证券金融集团”战略目标，紧扣财富管理与大机构双轮驱动业务主线，明确以固收+为核心战略定位，重点推进大集合公募化改造，做好申请公募基金管理人资格的准备，探索和尝试转型发展之路。主动管理能力、资产配置能力始终是资管业务长期发展的基石，是资管子公司提升业务竞争力的根本。而在后资管新规时代，这一能力需要长期培养、需要一定时间去累积。

在大资管时代，资管子公司迫切需要重建品牌口碑，借助集团公司的综合平台优势，依托集团公司在投行并购、财富管理、交易和机构业务、投资管理等方面能够提供一揽子综合金融服务，实现从融资、投资到财富管理“一站式”综合服务优势，抓住市场化、人才和投研等方面各种优势，走出一条差异化的发展路径。

积跬步而至远，怀博志以登高。兴证资管主动投资之路，从筚路蓝缕到茁壮成长，始终不忘“大道至简·知行合一”的经营哲学，行走于大道，步步坚实，路漫漫其修远兮。新征程中，兴证资管将始终不忘客户利益的初心，努力为投资人创造更多回报。

深耕投资十余载，勇毅笃行启新篇

——兴证创新资本创业纪实

文/兴证创新资本管理有限公司

兴证资本是兴业证券全资设立的私募股权投资基金子公司。成立十多年来，历经资本市场的跌宕起伏、券商私募监管政策的不断变化，在中国私募股权投资行业千帆竞发的时代大潮中，兴证资本始终坚守服务优秀企业成长的初心使命，始终坚持专业研究、价值投资的投资本分。从提供投资顾问服务起步，从自有资金直投到募资管理基金，从简单的交易机会型投资到成熟的行业研究驱动型投资体系，从10年前设立第一只基金到现在累计管理与服务22只基金、累计管理与服务资金规模近90亿元的专业化私募股权基金管理人，如今兴证资本已跻身为投资业绩优秀、具有较高知名度及影响力的券商私募股权机构。

丨梦想启航，兴业资本宣告成立

相比券商其他业务，对未上市企业的直接投资并不是一项持牌业务。早在20世纪90年代初，IDG等一批外资投资机构就进入中国开始了股权投资，也带动了一批内资投资机构的成立和发展。券商在严格的监管之下，虽有零星尝试，但直到2007年才正式进入直投行业。2007年9月，证监会正式启动证券公司直投业务试点。当时国家推出建设创业板在内的多层级资本市场的政策，为证券公司直接投资业务创造了广阔的空间，各家券商纷纷布局发力。

兴业证券对直投业务高度重视。2008年初，经过深入研究论证，形成了通过提供直接投资管理顾问服务的方式进入直投领域的思路，并与上海兴烨创业投资有限公司签订协议，由兴业证券提供直投顾问服务，专门投资高科技成长性企业。2009年之后，兴烨创投先后投资了鼎汉技术、万得信息、青岛恒顺、龙马环卫等7个项目，其中鼎汉技术成为首批登陆创业板的公司，为客户带来丰厚的收益，兴业证券直投管理顾问能力得到客户的高度评价。

2009年5月，证监会发布《证券公司直接投资业务试点指引》。8月，兴业证券向中国证监会提出开展直接投资业务的申请，9月获得证监会无异议函。经过一系列准备后，2010年4月23日，兴业证券子公司——兴业创新资本管理有限公司（以下简称兴业资本）正式成立。开业当年，在资金有限的情况下，完成对华电福新1.5亿元投资和铜陵洁雅952万元投资。

丨募资与投资快速突破，业务与管理体系迅速成熟

2011年是兴业资本正式完整运营的第一年，这一年股权投资市场明显过热，在创业板、中小板发行市盈率高企的环境下，大量社会资金蜂拥而至。公司客观分析市场环境，秉承母公司稳健投资的风格，完成了会畅通讯、晨光文具、先导智能等5个项目总计1.15亿元规模的投资落地。2011年7月，母公司兴业证券对公司进行2亿元的增资，公司注册资本增加至4亿元。

2012年，在境内资本市场持续低迷以及境外市场中国概念股频遭质疑的环境下，中国企业境内外资本市场融资规模萎缩到2010年以来的最低点。在这个关键时刻，兴业资本决定从自有资金投资向管理基金转型，虽然困难很大，确是必然之路。2012年初，公司启动福建省信息技术投资基金的设立工作，尽管首次募资缺乏经验、极其艰难，但公司积极在管理形式上创新，推动和争取老客户支持，以基金投资顾问方式，最终成功设立基金，总规模4.01亿元。该只基金是福建省第一只以单一产业为投向，政府出资与社会资本相结合的产业投资基金，公司出任该基金的唯一财务顾问机构，对推动公司业务转型和发展具有重大意义。同时，公司深入研究福建省信息产业，挖掘上下游产业优质企业，在投资方面也取得一定成绩，完成5个项目总计1.52亿元规模的投资落地。当年度，公司管理及服务资金规模增至11.01亿元。

2013年国内私募股权投资市场依旧低迷，公司以做大客户资产管理规模为重点，在困境中寻找优质投资机构。2013年3月，公司首只作为管理人管理的私募股权投资基金——兴证战略基金正式发行，发行期内路演近120场，接触机构客户近200家，最终完成基金募集3.48亿元。2013年8月，公司在与福建省上杭县政府反复磋商后，双方共同组建类夹层股权投资基金——福建兴杭战略创业投资企业（有限合伙），资金总规模1.3亿元。公司2013年管理及服务资金规模增至15.79亿元，其中兴证战略基金完成对广

生医药、拓斯达的投资，规模总计0.71亿元。至此，公司在券商直投子公司体系中较早走出了一条资产管理转型的发展模式。

2014年初，公司积极响应中央和福建省委省政府支持平潭开发开放战略，探索以产业基金形式支持平潭综合实验区发展。2014年9月，公司在平潭设立子公司——福建省兴潭股权投资管理有限公司。年底，由省财政、平潭综合实验区与兴业证券共同出资成立平潭雏鹰基金、平潭雄鹰基金（以下简称两鹰基金），总规模达9亿元。这是两只面向平潭发展的专项投资基金，其中雏鹰基金总规模2亿元，是用于投资初创型企业的“种子资金”，以提高初创企业存活率；雄鹰基金总规模7亿元，主要投资成长型企业，通过股权、债权投资或股债结合等方式，扶持优质企业进一步发展壮大。“两鹰”基金设立后，陆续投资了20多个项目，为平潭招商引资和经济发展作出了积极贡献，也在国内较早探索出一条产业基金助力区域经济发展的成功路径。截至2014年底，兴业资本的管理与服务资金规模达到23.79亿元，全年完成福光数码（2019年成为福建省科创板第一家上市企业）、恒锋信息等6个项目规模总计1.86亿元投资落地。

2015—2016年，国内私募股权投资市场迎来一轮爆发。公司抓住时机，借助母公司兴业证券在高净值客户上的优势，在新设基金及项目投资上均取得突破性进展，两年内共设立兴杭旌彩、兴证片仔癀、兴证赛富等8只私募股权基金，管理与服务资金规模提升至45.38亿元，同时还完成盈趣科技、优彩资源、阿石创等25个项目总计16.54亿元的投资。其间，母公司兴业证券分3次对公司增资总计3亿元，公司注册资本于2016年初增至7亿元。此外，根据业务需要，公司于2016年9月正式更名为兴证创新资本管理有限公司（以下简称兴证资本）。

2013—2015年，公司连续3年获得投中集团“最佳券商直投TOP10”荣誉。

监管巨变，积极整改稳步度过3年调整期

2017年金融行业步入“严监管”时代，银监会、保监会和证监会等监管机构陆续出台多项监管政策和制度，强化金融监管，防范金融风险。针对券商直接投资业务，2016年12月和2017年7月，中国证券业协会和证监会机构部分别发布《证券公司私募投资基金子公司管理规范》和《关于证券基金经营机构子公司规范整改有关工作意见的函》，对证券公司直接投资业务的业务模式、基金出资、投资范围和业务合作等进行重大调整，券商私募基金子公司正式接受中国证监会、中国证券业协会和中国基金业协会的多

重监管，券商利用自有资金直投成为历史，全面进入私募基金管理公司新时期。由于整改完成前不能备案新产品，各家券商直投公司业务都受到极大影响。

兴证资本积极推动整改工作，2017—2018年，着手对下设19家机构进行整改，变更5只基金管理机构为兴证资本，清算注销17个下设管理机构。

相比整改期间增量业务进展缓慢，兴证资本多个已投项目IPO成效凸显。2017年会畅通讯、恒锋信息、拓斯达、阿石创先后登陆深交所创业板，2018年1月盈趣科技深交所上市，2019年7月福光股份于上交所科创板上市。多个项目上市的好消息频出，极大地振奋了公司上下重整旗鼓再出发的信心。

2018年1月，兴证资本新规整改方案经中国证监会、中国证券业协会和中国基金业协会三方会审通过，获批可正式开展新增业务，筹备新基金发行。兴证资本由原来的券商直投子公司转型成为券商私募基金子公司。

2018年4月，中国人民银行、中国银行保险监督管理委员会、中国证券监督管理委员会、国家外汇管理局联合发布《关于规范金融机构资产管理业务的指导意见》（以下简称资管新规），以打破刚性兑付、净值化管理、消除嵌套、杜绝监管套利等为基本原则，对资产管理行业提出了更高的要求，全行业募资进入低潮期。

2017—2019年，兴证资本3年内仅创设了5只基金，项目投资规模及数量呈现逐年下降态势，因整改事项业务发展受到较大影响。但长期看，严监管带来的资管行业和市场的规范，更有利于兴证资本的可持续发展。

| 转型提升，奋力迈入发展新阶段

2020年以来，私募股权投资市场仍处于调整分化期。一方面基金募集规模持续走低；另一方面一级市场投资过热，一二级市场间的价格空间急剧收缩，私募股权投资行业1.5万家管理人进入了“淘汰赛”。无专业、无平台、无规矩的“三无”管理人在这个价值掘金时代面临淘汰和洗牌，深入产业、坚守专业、坚持价值、依托平台、规范运作的专业化投资机构迎来黄金时代。

面对新形势，2020年初，兴证资本对组织架构和投资团队进行大幅度调整，成立医疗健康、新一代信息技术、先进制造、大消费及综合4个行业中心。在新的组织架构下，募、投、管、退各环节分工更加明确，各部门边界与职责更加清晰，投资研究更为专业和深入，为公司持续打造业务精专的私募股权投资平台及长期稳健发展奠定良好基础。经过本次调整和优化，公司在医疗健康、先进制造、新一代信息技术等重点行业的投资队伍更加专业和强大。年内成功新设2只私募股权基金，累计上市项目达到15个，全年为客户分配资金超过10亿元，并获得《母基金周刊》“2020年度中国投资机构软实力GP100投研力TOP10”殊荣。

回首十余年发展历程，母公司兴业证券在资本、人力、业务、管理、风控等方面全方位、集团化的支持，特别是坚持价值和责任的投资文化深深渗透到了公司的发展之中，这是兴证资本在未来有信心做好投资最大的资产和力量。22只基金，近90亿元规模，86家被投企业，15家上市公司，高达44%的整体退出率，完整经历过多只基金募投管退全生命周期、专业化的投资队伍、经受过严峻考验和挑战的内控体系、持续进化的平台化管理机制，这些都是我们敢于向更高更远目标挑战的最大底蕴与底气。展望未来，作为金融行业最直接服务实体企业，与创新、创业紧密关联的私募股权投资行业，必将肩负起服务经济创新驱动发展的光荣使命，也将迎来中国股权投资大时代的历史性投资机遇。兴证资本将在母公司兴业证券的集团协同体系中，努力发挥专业投资价值，拥抱创新、不断成长，持续在信息科技、医疗健康、先进制造、碳中和等行业强化专业研究和产业渗透，以笃定的信念做好每一项研究和每一笔投资，努力发掘更多优秀企业投资价值，全力为客户创造更大的价值回报，为经济创新发展贡献更大的资本力量！

栉风沐雨经六载，砥砺前行谱新篇

文/兴证投资管理有限公司

| 行业创新规范，兴证投资应运而生

2011年4月，证监会发布《关于证券公司证券自营业务投资范围及其有关事项的规定》，明确券商自营投资品种范围，允许证券公司设立子公司从事《证券公司证券自营投资品种清单》所列品种以外的金融产品等投资。2012年，中国证券业协会举办首届证券公司创新发展研讨会，券商另类投资子公司应运而生。

2015年3月17日，在行业创新规范发展浪潮的催生下，兴业证券另类投资子公司兴证投资管理有限公司（以下简称兴证投资）在福建省平潭综合实验区正式注册设立，注册资本10亿元。截至2021年3月底，兴证投资注册资本已增至60亿元。

| 努力顺势而为，不断优化经营布局

券商另类子公司设立初期，行业规范和监管指引较少，各家券商另类子公司业务发展方向各异。2016年12月，中国证券业协会发布《证券公司另类投资子公司管理规范》，各家券商内部对另类子公司业务范围进行了重新的划分和定位，行业发展不断规范。

兴证投资成立之后，业务以二级市场股票（包括新三板股票）投资为主。2016年下半年至2017年末，随着市场环境的变化以及外部监管政策的规范，兴证投资的投资策略调整为兼顾项目类投资和MOM大类资产配置投资。

从2018年开始，兴证投资着手推进业务转型，调整优化投资方向，明确未来以一级市场股权投资为主的经营布局。

专注聚焦主业，锻造专业投资能力

2019年初以来，兴证投资坚定贯彻集团新发展理念，积极融入集团发展战略，有效防控投资风险，服务并保障集团战略落地。兴证投资系统长远谋划发展格局，建立完善科学的投资组合，进一步明确聚焦一级市场股权投资业务（包括股权直投、战略投资股权基金、科创板跟投等）为核心主业，合理配置定增、创新类固收、FICC等非一级市场股权项目，各项业务步入良性发展轨道。

兴证投资专注投研领域，包括集成电路、智能制造、信息技术、新材料、医疗器械耗材等，兼顾新能源、环保、计算机等领域，并通过与各类市场主体加深交流与紧密合作，积极构建良性投资生态圈。

作为福建本土券商全资自有资金的投资平台，兴证投资积极以服务新时代新福建为己任，深耕福建地区优势产业和优质项目，逐步形成股权投资业务的区域优势。在其他具有战略性新兴产业集聚优势的经济发达区域，兴证投资充分借助集团协同机制，与当地政府部门、科技园区、科研院所、相关机构加强互动，实现市场资源积累，推动优质项目投资落地。

忆往昔峥嵘岁月稠，展未来前程似锦绣。放眼未来，兴证投资将用心谱写辉煌篇章，进一步明确战略定位和发展目标，不断深耕优势行业，持续优化投资结构，力争3年左右时间进入上市券商另类子公司前十。

风起榕城，兴远征，业启航

——兴业证券福州分公司30周年纪实

文/福州分公司

风起榕城，兴远征，业启航。

沐雨前行，三十而立，荣光在肩。

依依东望，上下齐心，如鲲鹏扶摇，踏蓬勃之路。

聚力协同，逐梦前行，踏十四五征途，再创兴之辉煌。

自1991年下辖第一家福州华林路证券营业部成立至今，福州分公司伴随兴业证券集团历经30年风雨历程，成为兴业证券在福建区域的重要综合经营平台，同时也是兴业证券集团证券金融服务在注册地的品牌窗口。2020年，福州分公司认真贯彻落实集团新发展理念，坚持双轮驱动，取得优异成绩，锻造出一支“讲政治、守规矩、有担当、重团结、精业务、强执行”的福分铁军；股权融资、股基交易量、手续费收入份额均实现福州区域第一，为各级政府做好智库、产业规划、招商引资等服务，助力新时代新福建建设。

“兴”起榕城

1992年，是中国资本市场发展值得纪念的一年，邓小平同志南方谈话掀起了新一轮改革开放的热潮。借着改革红利，证券市场蓬勃发展，就在这年夏天的榕城，十几名有着金融专业背景且满怀激情的年轻人加入兴业证券，同年10月，在福州华林路17号屏东写字楼一层兴业银行总部营业部的大厅，兴业证券第一家营业部福州华林路证券营业部正式开业，这批年轻人成为首批员工。

因为没有接待客户的交易大厅也没有座位，兴业银行临时划出一排柜台给营业部使用。为了方便客户看实时行情，营业部将1台25寸彩电挂在营业厅外墙上当作行情显示屏，投资者在室外台阶和马路边站着看行情，场面异常火爆。1992年的A股市场尚无涨跌幅限制，营业部每天手工处理大量的客户委托，由场内“红马甲”进行竞价申报、撮合和成交回报，常常要等到次日早晨才收到交易所回报数据。那时工作节奏之快、强度之高，直至现在回忆起来，还让老员工们感叹不已。也正是这种艰苦创业、争分夺秒、高效执行、不怕苦累的勇者精神，兴业银行证券业务部当年便抢占了福建证券经纪业务领域的较大市场份额。1992年全年，实现代理证券交易145648万元，累计发行证券40275万元，累计实现收入1447万元，成功从福建的几十家金融机构中脱颖而出，奠定了本土券商的根基。

初创期的兴证精神，成为福州分公司文化的“初元”；烈火般炙热的团魂燃烧着，员工奋斗的动力不息。

1993—1997年，公司先后成立福州湖东路天骛大厦证券营业部（现福州湖东路营业部）、福州仓山证券营业部（现福州工业路营业部）、福州金晖证券营业部（现福州五一北路营业部），营业网点遍布福州主要行政区，区域网点版图初具规模。1994年，福建兴业证券公司正式注册，兴业证券在榕城，扬帆起航。

“行”商之路

2001年，中国证券行业发展中累积的遗留问题和制度缺陷逐步显现，市场行情极为动荡，也由此进入了长达5年的熊市。2001—2005年，证券全行业亏损，全国100多家证券公司倒闭，兴业证券经营也遭遇重大挑战。作为拓荒者，福州营业部的员工们秉持着责任奉献、艰苦奋斗的精神，与公司同风雨、共荣辱。也正是市场的深刻洗礼和业务模式瓶颈带来的深度困惑，让福州各营业部的负责人和员工都深入反思传统业务模式存在的问题。

2003年，兴业证券果断转型，吹响坐商到行商转变的号角，转变业务模式，积极走出去，对福州营业部这些一线业务部门而言，便是改变过往靠天吃饭、等客户上门、只做二级交易通道的传统业务模式，化被动为主动，去主动挖掘客户需求，通过专业的基金产品，帮助客户做好资产配置。

当时对长期习惯于二级市场交易的客户来说基金完全是新生事物，而对习惯了坐办公室的证券公司员工来说，怎么卖基金产品也成为一大难题。但福州各营业部坚决执行公司的转型战略，湖东路营业部时任总经理孔祥杰，迅速制定适应营销团队竞争与发展的绩效考核制度；积极组织日常营销培训；积极开展一系列基金销售竞赛活动。员工们迅速转变角色，积极主动销售，客户到营业部办理业务时，柜员会主动热情地向客户介绍基金产品，宣导财富管理理念；客户经理们经常带着宣传单、椅子、遮阳伞，各处做展业和陌生客户拜访，风雨无阻；周末和节假日，更是走进企业、走进社区、走进学校，努力开拓客户。客户对基金产品从完全陌生，到后来接受并能够优选适合自身的产品，是员工与客户共成长的见证。

千锤万凿出深山，烈火焚烧若等闲。福州各营业部认真贯彻公司战略，加快营销拓展步伐，不断完善服务体系，做大客户金融资产，优质专业的服务赢得客户的高度认可。福州湖东路营业部也成为兴业证券经纪业务转型的标兵，业绩在福建省名列前茅，2003年荣获“全国级青年文明号”称号。

“财”商征途

随着股权分置改革的推进，2006年新《公司法》《证券法》实施，资本市场法律体系逐步完善，证券市场管理逐步规范，中国A股市场也结束了5年的熊市开始强劲反弹。2007年，兴业证券提出财富管理转型战略，将佣金收入水平和市场份额共同作为衡量营业部竞争力的指标。面对新的竞争形势，福州各营业部积极响应公司提出的二次战略转型，紧紧抓住资本市场投资者规模日益壮大，全民市场参与度高的机遇，努力新增客户规模，提升资产配置广度，全面推进财富管理转型。

2007年，福州湖东路营业部借助三方存管账户清理的机遇，对成立以来的存量客户进行二次梳理，配合当时兴业银行、招商银行、中国建设银行等商业银行的第三方存管营销竞赛活动，对存量休眠客户进行再次激活。同时借助市场行情良好的契机，根据客户风险偏好和投资需求，引导并优化客户做好资产配置，各家营业部客户托管资产快速增长，福州湖东路营业部2007年实现利润总额超亿元，创历史新高。

2009年，资本市场初步形成了包括主板、中小板、创业板、代办股份转让系统等在内的多层次资本市场，在投资产品方面，也从市场成立之初仅有股票、国债等少数交易品种，发展成为包括股票、证券投资基金、权证、公司债、可转换公司债券、资产证券化产品、国债回购、商品期货等在内的投资产品体系，福州分公司各营业部得益于过往销售服务获得客户积累的优势，业务规模迅速扩大，各项业绩蒸蒸日上。2010年，福州树汤路证券营业部（现为福州横屿路东泰禾证券营业部）成立，当年便实现盈亏平衡；2011年，湖东路营业部全年累计交易量超2010亿元，其中股票基金交易量超1335亿元，综合实力和盈利能力稳居福建省内券商营业部前列，成为公司旗舰营业部。截至

2012年，福州已设立同城6家营业部，县域4家营业部。

“变”革兴起

为抓住行业创新发展的有利时机，推动公司区域战略落地，2015年11月，福州分公司正式成立。时任兴业证券股份有限公司副总裁胡平生兼任福州分公司总经理。

2016年，兴业证券制订新一轮五年战略规划，明确将高绩效团队建设作为最重要竞争策略，同时提出客户中心策略、区域行业聚焦等策略。福州分公司坚决贯彻执行公司战略，2016—2018年先后成立福州浦上大道、鳌峰路、王庄讲堂路、通湖路、南平东路、乌山西路6家营业部以及平潭综合实验区分公司，在福州主城区及重点县域进一步设点，完善福州区域业务竞争版图。短短两年时间，福州分公司基本完成管理体制改革转型，分公司直属业务部共计23个。2018年福州分公司实现营业净收入25852万元，净利润9543万元，净利润公司排名第一，区域股基交易市场份额排名第一；福州分公司下辖福州湖东路营业部和福州五一北营业部股基交易量市场份额分别进入沪市和深市的全国百强营业部，树立了兴业证券的百强旗舰营业部标杆形象。

“榕”城铁军

2019年，兴业证券提出新发展理念，贯彻双轮驱动，深化集团协同，加快分公司转型，推进分公司做大做强，成为区域综合经营平台，努力建设一流证券金融集团。改革以来，分公司承担起推动区域财富管理业务、机构业务发展的重要职责，是客户服务的第一触点，是大机构业务承揽、协同承销的前沿阵地，是兴业证券在当地业务发展的战略支点和窗口平台。

2019年，福州分公司迎来新一任总经理刘运慈，他带领分公司全体员工坚决贯彻执行公司战略，以党建引领业务发展，不断强队伍、促转型、抓协同、增创收，打造福分铁军，大力推进分公司体制机制改革，以机构业务带动财富管理业务转型升级，为新时代新福建建设贡献力量。

在双轮驱动战略引领下，福州分公司聚焦机构经纪业务、产品销售业务、两融业务等关键增长点，以机构业务带动财富管理业务弯道超车，推动多项指标提升，实现财富管理业务的持续强劲增长，股基交易量、手续费收入均实现区域市场份额“双第一”，并大幅超越竞争对手，实现压倒性优势。福州分公司加快提升专业能力，为客户提供更优质、更专业、更贴心的服务，做深、做实、做细服务，始终坚持为区域企业和投资者提供优质的投融资、财富管理一条龙服务，帮助客户资产保值增值，赢得了广大投资者的高度评价和认可。2021年4月，福州分公司长期服务的华利集团在深交所创业板成功上市，IPO募集资金总额38.87亿元，成为2021年以来A股新招股企业中募资金额最大的IPO项目，上市首日市值突破千亿元，也是A股首单采用“QFII基金+境内资管计划”模式进行战略配售的企业。

福州分公司时刻牢记金融服务实体经济的职责使命，积极协同集团资源服务福建经济发展，协同为省投资集团、省高速集团、省电子信息集团、福能集团、中国武夷等几十家福建省优质企业提供股权、债权融资和财务顾问服务，协同累计融资金额300多亿元；协同福州自来水绿色供水收费权ABS产品，实现福州市属国企首单绿色资产证券化突破；与福州、平潭、福清市政府签署战略合作协议，协同为福建省市各级政府做好智库、产业规划、招商引资等服务，配合各级政府举办发债培训、企业辅导、资本市场讲座等活动，推动政府专项债的发行，推出券商政府合作新模式——“福清模式”，得到当地政府的高度认可。

2020年，福州分公司实现营业净收入近5亿元，是2016年的6.4倍，实现净利润约2亿元，是2016年的7.5倍；截至2020年底，总客户数超60万户，是2016年的1.9倍；资产规模4000多亿元，是2016年的2.5倍。

分公司队伍规模从2018年底的300多人增加到2020年底的约500人，网点扩张到19个，覆盖福州核心区域和主要县域，业务部扩张到38个，成为兴业证券最大的一级一类分公司。连续获评“优秀成熟期分公司”“省直机关先进基层党组织”“集团先进基层党组织”“疫情防控阻击战先进基层党组织”“省级青年文明号”“沪深全国百强旗舰营业部”“新财富中国三十强证券分支机构君鼎奖”“新财富中国区投资顾问团队君鼎奖”“新财富最佳投资顾问”“最佳股票收益”“最佳资产配置收益”等荣誉称号。

30年征程，30年奋斗，征程万里风正劲，重任千钧唯担当，历史只会眷顾坚定者、奋进者、搏击者，兴业证券福州分公司将发扬无私奉献孺子牛、攻坚克难拓荒牛、艰苦奋斗老黄牛的“三牛”精神，不用扬鞭自奋蹄，只争朝夕谋发展，用担当凝聚奋进伟力，用奋斗铸就美好未来，为“十四五”起好步、开好局，为建设一流证券金融集团贡献力量！

创业30载再出发，开启建设一流证券分支机构新征程

文/上海分公司

兴业证券上海分公司是兴业证券在全球金融中心城市上海设立的综合性证券业务平台。创业30年来，上海分公司伴随着兴业证券发展壮大而茁壮成长，从最初不足10名员工开始起步，发展到今天年营业收入超过4亿元、净利润超过1.4亿元、拥有14家证券营业部、35个业务团队、超过430名全职员工、业务范围涵盖各证券门类的大型证券分支机构。今天，站在创业30周年的时间节点上，我们不仅是为了回望过去走过的历程，更是为了发扬艰苦创业的兴证精神，开创建设一流证券分支机构的新征程。

丨初创与摸索，从抢滩上海开始（1992—1994年）

1992年初，为适应国内证券市场发展需要，福建兴业银行加入上交所成为首批异地会员，并租用上海木材大厦，设立福建兴业银行上海证券业务部，这是兴业证券上海分公司的前身。当年5月，兴业银行南平办事处证券科科长杨华辉同志调往上海，负责领导上海证券业务部各项经营管理工作，包括派员参加上交所交易员培训、建设业务和后台工作队伍等，上海分公司发展雏形开始显现。这一年，股票交易没有涨跌幅限制，市场交投火爆，上海证券业务部在交易所统一部署下，入驻“文化广场股票交易集市”摆摊设点，接受股民交易委托，开始股票代理买卖，直到年底文化广场集市关闭。1993年3月，上海证券业务部广西南路营业部开业（设在淮海东路41号，首期编制30人，后于1995年搬至现金陵东路营业部），尽管条件十分简陋，但营业部在淮海路上非常显眼和具有标志性，吸引了很多上海本地客户前来开户交易。同年，福建兴业银行厦门分行上海业务部及其斜土路营业部也相继开业，并于次年划由福建兴业银行上海证券业务部管理（斜土路营业部后于1997年搬至现天钥桥路营业部），自此，福建兴业银行在上海初步设立了证券业务组织和营业网点，建立了几十人规模的业务团队，标志着兴业证券从此扎根于上海市场并不断发展。

| 起步与成长，业务重心向上海转移（1994—1999年）

1994年，随着福建兴业证券公司设立，上海业务部及广西南路营业部、斜土路营业部划归福建兴业证券公司统一管理。1994年国债期货交易趋于活跃，公司积极申请创新业务资格，上海业务部当仁不让，在上交所支持下在全国券商中率先取得国债期货专用席位，经过积极稳健运作，国债期货交易量迅猛增长，在公司所有网点中占比高达88%，并且在吸引机构大户方面成绩突出。次年国债期货市场风险爆发，5月上海业务部停止该项业务，全年带领2家营业部主要聚焦经纪业务，并开展建章立制，加强内部管理。1996年，上海业务部内部增设了投资银行部（对外称投行一部）和交易一部（直属交易业务总部领导），为1997—1998年投行、自营业务的发展打下了机构和人才的基础。从1998年开始，公司经纪业务市场份额出现下滑，提高市场份额成为此时上海2家营业部的重点工作，营业部把提高服务质量和创建"青年文明号"活动结合起来，取得良好效果，天钥桥路营业部当年荣获上海市证券营业部优秀文明服务"十佳窗口"单位称号，天钥桥路营业部和金陵东路营业部还积极组织员工参与5月举行的集中业务轮训，提高了职业道德水平、专业知识技能和员工综合素质。1998年，公司在上海设立区域管理总部，为一级分支机构，根据授权对上海区域营业部进行监管并开展其他业务。

| 发展与磨砺，加快变革和转型（1999—2008年）

1999年，随着《证券法》的颁布实施和公司改制为股份有限公司，公司在上海发展有了更好的资金和人才基础，但资本市场从2001年开始经历5年下跌，全行业连续5年总体亏损，以承诺收益为特征的受托投资管理业务出现大额亏损，在危机与困境面前，公司领导层果断决策处置和化解相关风险，明确公司转型目标，通过服务流程再造、提出投资服务业务模式等尝试进行经纪业务的转型探索，通过账户规范化、强化内控机制等工作提升经营管理水平。在这一时期，上海区域各家营业部认真践行公司转型战略，配合公司处置化解受托管理业务，盘活存量资产与公司共渡难关，同时积极探索基金销售和投资服务业务模式。从2002年下半年开始，上海金陵东路、天钥桥路营业部按照公司对传统资产管理业务进行集中清理的部署，逐步压降和清理受托管理规模。营业部克服重重困难，本着早准备、早兑付、多沟通、多疏导的原则，至2005年底全部完成涉及客户的兑付工作，有力地配合了公司对存量业务风险的释放。在2001—2005年行业寒冬期，上海金陵东路、天钥桥路营业部出售自有房屋，有效盘活存量固定资产，积极配合公司压降费用、进行成本控制的工作，一定程度上缓解了公司资金压力，为公司度过经营危机创造了重要条件。

在公司确立向优质金融服务公司的转型目标之际，从坐商向行商转变的氛围十分浓厚。公司提出建设投资服务业务模式，大力开展开放式基金等证券产品销售活动，经纪业务系统加紧落实渠道战略。上海区域各营业部顺应公司转型需求，从坐商向行商转变的氛围十分浓厚，开启“全员营销”模式，大力推动基金销售工作，开展了“走进客户”等一系列服务活动。正是在这一时期，上海金陵东路、天钥桥路营业部形成了较强的零售业务能力，培养和锻炼了一支过硬的人才队伍，营业部盈利能力和业务收入均有所提升。

2005年上海梅花路证券营业部的开业，是公司在这一时期进行转型发展和创新探索的一个重要缩影。梅花路营业部的前身是广东顺德营业部，由于经营状况持续不理想，于2005年迁往上海浦东。整个筹建过程中公司进行大胆创新：交易方式上，只开展非现场交易业务；业务增长方面，建立以投资顾问为本的业务增长新模式；服务模式方面，将过去的“牧羊式”转变为一对一的专业化客户服务模式；客户定位方面，明确目标客户为中产阶层、高档社区的居民；业务创新方面，更加重视理财服务，主推基金等产品销售。梅花路营业部开业不到一年就实现盈利，为公司后续营业网点建设提供了有力借鉴，也成为公司投资服务业务模式有效性的一个有力印证，坚定了后来公司经纪业务持续转型的信念和决心。

2006年之后，公司的经营管理逐步走向成熟，其间推行和完善投资顾问制度，开展了对中产阶层目标客户的“定向营销”和存管结算优质服务等专项活动。这一年，上海地区营业部全体员工开拓进取，围绕做大客户金融资产这条主线，抓住市场发展机遇，营业部均实现盈利。2007年，随着市场好转和公司对佣金管理的加强，经纪业务佣金收入回升，上海金陵东路营业部实现利润总额超亿元。2007—2008年，上海区域各营业部积极探索深化客户服务的举措，带头落实账户规范化工作，经营能力和内控水平不断完善。其中上海金陵东路营业部、上海天钥桥路营业部还被公司授予“账户规范工作先进集体奖”。

| 坚定信心，加快向财富管理转型（2008—2017年）

根据证券公司分公司监管规定，公司从2008年底开始筹备设立分公司事宜，并确定在上海设立3家分公司的方案，其中兴业证券上海分公司经营公司全国范围内的证券承销与保荐业务，管理公司全国范围内的证券营业部，这是公司历史上首次出现“上海分公司”这一业务单位，虽然与后来的区域分公司定位有所差异，但分公司的出现，一方面满足了监管对业务规范的要求，另一方面也显示出公司对于上海区域发展的重视程度与日俱增。

在这一阶段，公司在出色完成三方存管和账户规范基础上，于2009年结合对三星证券考察学习成果，以及对经营环境新变化的判断，在中期工作会议上提出二次转型目标与方向，上海区域各营业部在第一时间响应号召，全力投入以专业服务为核心的二次转型中去。同时，随着2010年兴业证券上市，公司品牌和美誉度进一步提升，客观上也助力各营业部财富管理转型工作开展。在这一阶段，上海区域主要从以下几方面入手，推进财富管理转型：一是扩大营业网点覆盖，针对当时上海区域营业部数量较少的情况，通过前期详尽的调研和需求分析，在人口及居民财富较为聚集的浦东中心区域陆家嘴、东绣路、浦西中心区域南京西路、四平路、长寿路、东绣路、政立路以及城市副中心莘庄和松江等处设立了新型营业部，进一步扩大在上海区域布局，增加了与财富客户的触点，为财富管理业务转型打下良好的物理网点基础。同时结合前期梅花路营业部设立和发展中的经验，在起步阶段统筹做好面积规划、人员配置和业务重心等层面的布置，确保上述营业部顺利起步，基本达到设置营业网点的初衷。二是完善服务体系建设，在这一阶段，随着优理宝财富平台的打磨和AFA投顾平台的打造，从客户端和员工端丰富了开展财富管理业务的工具箱。随着公司陆续取得融资融券、期货IB、新三板及港股通等业务资格，区域营业部在第一时间针对增量业务做好做足宣传、推广和开发工作。而公募基金代销的渐入佳境及兴证资管品牌的统一、“金麒麟”系列产品的发行，则为服务客户提供良好的素材和抓手。上海区域营业部立足客户实际需求，不断优化客户体验，以扎实且务实的态度推进财富管理新业务、新产品和新模式的推广。

同时在这一阶段，以首届券商创新大会召开为契机，上海分公司借助集团牌照资源与本地业务资源相结合，在收入结构多元化方面进行了积极探索，如一级市场承揽、新三板承揽承做、债券质押、股票质押以及机构客户托管、信托产品落地等业务领域，均取得一定业务突破并积累了业务经验。

丨面向未来，开启建设一流区域分支机构之路（2018年至今）

2018年以来，集团党委为上海分公司发展擘画了战略，在打造一流证券金融集团、落实双轮驱动和做大做强分公司等一系列战略引导下，上海分公司从组织架构优化、业务团队打造、加强党风廉政建设和持续推进合规风控等多个角度入手，不断夯实基础，做大做强做优分公司。

首先是业务团队的打造，上海分公司不断做实自身业务功能，在牌照允许范围内，结合前期在多个新业务领域拓展尝试的基础上，全面推进包括财富管理、大投行和大机构等各项业务的开展。根据业务发展规划，逐步建立一个涵盖零售、大投行及机构业务，人数近450人的分公司前台业务体系。人才规模的扩张和业务团队的建立，有力地支持分公司在业务领域的扩张。

其次是组织架构的优化，为适应新战略下的管理和业务职能的变更，分公司同步开展组织架构的优化。一是抓住上海自贸区国家战略机遇，作为首家券商机构于2020年4月在上海临港新片区设立二级分支机构自贸区分公司，定位资本市场对外开放试验田，主营跨境证券金融业务。二是高效推进营业部同城化改造，在明确其开户、运营、合规及风控等中后台业务定位的同时，将原有前台人员划入业务团队序列。营业部的平台化为分公司低成本扩张业务团队奠定了基础，而业务团队的设立则令前台人员更加聚焦于业务本身，二者间的专业分工和有机结合，不仅厘清了业务逻辑，也进一步优化了组织架构。三是为推动、支持和规范业务团队的发展，分公司在本部设立财富管理部、业务发展部、私人银行部、合规运营部及综合管理部等一系列中台部门，在管理架构上加强对分公司业务发展的各项支撑。

此外，随着总部下沉部门人员和项目进入分公司，在扩张和壮大业务规模的同时，也带来一些新的业务潜在风险。在此期间，上海分公司进一步加强合规风控意识，完善合规风控体系，始终将合规风控工作放在和业务同等重要的位置上，全力为上海分公司的做大做强保驾护航。

在上述举措的合力之下，上海分公司取得长足的进步，2018—2020年，上海分公司合计实现超10亿元营业净收入；2020年期末管理客户资产959亿元，位列全司第一；产品月日均保有143亿元，位列全司第一；两融余额54亿元，位列全司第一；2020年大投行业务当年创收3540万元，位列全司第一，一个双轮驱动下综合化经营的上海分公司正在不断前行。

2021年2月24日，集团党委书记、董事长杨华辉同志前来上海分公司调研，对上海分公司未来3年打造成全功能证券公司分支机构、实现规模与效益快速增长、尽快成为集团分公司转型发展的典范和标兵，寄予殷切期望。杨董事长的勉励，点燃了上海分公司近500名员工干事创业的热情，在集团建设一流证券金融集团战略的驱动下，上海分公司全体员工定将认真落实主体责任，融合本地资源，发挥协同优势，履行守土责任，不断提升自身能力，践行新发展理念，不断提升站位、坚持做大做强，为建设成为集团发展的排头兵而不懈努力。

第三部分

青春岁月　我与公司共成长

不畏浮云遮望眼，风物长宜放眼量

——战略定力 执行优先

文/兴证证券资产管理有限公司 曾旭

光阴荏苒，白驹过隙，从2011年1月1日加入兴业证券大家庭，10年弹指一挥间，我在兴业证券实现了职业生涯的3次转型，个人的成长与公司的转型发展紧紧地结合在一起，也与时代发展的大江大河紧紧相连。从卖方研究到投行业务，再到分支机构财富管理和机构业务的双轮驱动，最后投身资管业务，虽然“华尔街没有新鲜事，太阳每天从东方升起”，但在证券行业不同领域的积淀和磨砺，让我有机会参与公司的改革创新，见证了兴业证券的壮大发展，也成就了个人的点滴成长。风雨砥砺，岁月如歌，风物长宜放眼量，感谢兴业证券，感恩兴业证券。

| 文化分歧与思想统一的碰撞融合

2018年初分公司经营体制改革的序幕徐徐拉开，我调任上海分公司总经理。现在从改革的结果来看，总部相关业务的下沉对做大做强分公司是及时有力的支持，也符合公司发展的必然选择，极大地化解了总分的业务冲突和利益博弈，极大地解放了分公司的生产力。但在改革初期，业务模式的变化、团队的融合以及组织架构的调整都带来了不小的分歧和冲击。上海分公司从原有3家历史悠久的营业部，2011年新设1家，2016年新设7家，2018年接收原总部部门直属营业部2家，同时进行组织架构调整和外部优秀人才引进，从200人扩张超过500人，快速实现了平台化，新建业务部高达49个。集团下沉部门之间的融合、总部和分支机构的融合、新引入的员工与兴证文化的融合都迫在眉睫。上海分公司以分公司党委为引领，配齐配强分公司班子，根据改革发展需要实时调整班子成员再分工，积极宣导和坚定落实集团党委关于分公司经营体制改革的战略，以统一目标带动统一思想，上海分公司区域竞争力大幅提升，双轮驱动齐头并进，集团协同不断深化，各项经营指标和业务指标实现快速稳健发展。

丨超前投入和滞后产出的战略定力

改革初期，上海分公司面临人员快速扩招、区域竞争力有待提升、投行业务周期长见效慢等困难，人工、运营、销售成本上升以及机会、时间成本叠加，对收入、利润和绩效带来了冲击，政策资源导向和分配的调整，超前投入与滞后产出的矛盾在上海分公司内部引发了争议和分歧。关键时刻，上海分公司坚定执行集团党委制定的分公司经营体制改革战略，站在改革大局思考，以战略定力克服思想分歧，换取时间和空间，坚定战略投入，坚定做大做强，坚持长期主义。事后来看，正是有了改革初期的超前投入、厚积薄发，有了危机与矛盾中的探索与前行，上海分公司才实现了后续几年的快速发展。

丨最短路径和最大效用的相互促进

上海分公司地处上海，没有省分公司的幅员辽阔，市区与郊区经济发展很不平衡，市区券商营业部林立云集，竞争格局已初步形成。大规模设立同城实体营业部时间长、成本高、效益未知，显然不是最佳选择。而分公司业务部的创设改变了原有券商实体营业部的同质化竞争格局，是分公司实现低成本快速扩张的最短路径。上海分公司通过翻牌、招聘、裂变、举牌、合并等方式快速设立业务部，人员最高峰超过500人，业务部达到49个。大部分业务部在上海分公司本部办公，离总部近，离业务近，离协同近，节省了大量的运营成本、沟通成本和时间成本，在垂直穿透的保驾护航下，实现扁平化管理，充分发挥了业务部虚拟营业部的最大效用。优秀业务部的示范效应体现后，反过来又促进了更多业务部设立，吸引了更多优秀人才加盟，也给了原有营业部内部年轻有为的业务骨干脱颖而出的机会，进而带动上海分公司的经营体制改革不断深化，持续做实做大做强分公司。

丨分工效率和协同繁荣的辩证统一

金融行业长期推行分业经营，证券行业的投行、债券、资管、自营、研究、经纪等不同业务条线分工清晰，高效执行，快速发展。但证券行业发展到一定阶段，券商之间的同质化和无差异化竞争格局越来越明显，券商内部业务线之间的鸿沟越拉越大。分公司经营体制改革，一方面坚定落实区域经营主体地位，另一方面协同总部各业务条线在合规前提下开展双轮驱动的券商综合业务，形成兴证对客户的一揽子金融服务方案，坚持以客户为中心，对满足客户需求、响应客户效率、提升客户感受和增强市场竞争力起到了属地化、个性化、差异化的协同效果。分工提升效率，但协同铸就繁荣，分工与协同一体两面，相互促进，辩证统一。兴业证券集团的内部协同已经通过自上而下的顶层设计逐步渗透至业务流程的各个环节，深入人心，自发而为，持续迭代，不断深化，是分公司经营体制改革成功的重要依托。

| 垂直穿透对双轮驱动的保驾护航

2018年集团拉开再次转型的帷幕，新设战略客户总部、投融资审批部、质控部、风险二部（内核部）、金融衍生品部，持续整合财富管理部、证金部、销售交易总部，厘清了总部推动部门、风险管控部门与业务部门的职责边界，强化了集团的战略推动以及对业务条线和分子公司的垂直穿透管理，为集团的双轮驱动战略实施和分公司的经营体制改革保驾护航，打破了以往改革过程中“一收就死、一放就乱”的管理悖论。分支机构的生产力和生产关系得到有效释放，主观能动性大幅提升，专业能力持续增强，风控体系不断完善。

| 自贸分设立到独立的孵化蜕变

2018年11月国家主席习近平在首届国际进口博览会上宣布设立自由贸易试验区上海临港新片区。上海分公司随后调研了同业在上海外高桥保税区设立的分公司和营业部，经营状况与市场预期还有一定差距，对于是否设立自贸区分公司存在不同的意见。上海分公司向集团汇报相关情况后，杨华辉董事长指出，设立自贸区临港新片区是国家对外开放的重大战略部署，不能拿原有保税区的券商现有分支机构作为参考，要高瞻远瞩、高举高打，一旦临港新片区的政策超预期，赛道会变得拥挤。2019年8月国务院批准自贸区临港新片区正式设立，上海分公司随即启动了自贸区二级分公司的新设工作，对标战略定位在上海分公司本部同步推进业务孵化及人员储备，于2020年4月抢先在临港设立了上海自贸区分公司，定位于“兴业证券集团在境内开展跨境与离岸金融业务的试验田”，以机构业务和跨境业务拉动财富管理业务。自贸区分公司从成立开始，依托前期上海分公司在业务层面的深度介入与业务团队的迅速就位，2020年成立当年就实现了盈利。2021年初，集团决策上海自贸区分公司独立为公司一级分公司，从集团层面进一步支持自贸区分公司的快速差异化发展。自贸区分公司迎来历史发展新篇章。

专业深度与管理广度的融会贯通

从财务到审计再到分析师，一直在专业路径上探索，不断扩充知识结构、补短板，不断认知世界和认知自己，不断把书本知识应用在实践中，“年年岁岁花相似，岁岁年年人不同”“横看成岭侧成峰，远近高低各不同”，这些年的发展经历见证了思维框架体系持续完善、个人能力视野不断提升的过程。

从研究员到管理者，从纸上谈兵到实地作战，从单枪匹马到运筹帷幄，从专业深度到管理广度，在实践中磨砺进化，深入浅出地发现问题，系统周全地考虑问题，设身处地地解决问题，实时复盘地反思问题。公司的人才培养机制给了年轻人广阔的成长空间，不同细分行业的交叉领悟，不同业务类型的岗位历练，不同地域的亲身体验，不同管理层级的认知提升……正是这样的人才培养机制，让来自五湖四海的员工在公司茁壮成长、一路同行，见证公司30年的发展历程，成就公司的同时成就自我。

路径依赖到开拓创新的自我迭代

我的券商行业职业生涯是从研究开始的，我认为研究是没有商业模式的，如果一定要有就是不断打破原有商业模式，“人生有涯而学无涯”，一个优秀的管理者是没有路径依赖的，必须不断学习、开拓创新、自我迭代。我们的职业生涯始终跟随公司的转型步伐，融入公司的发展浪潮，认同公司的文化和价值观，与公司的志同道合者风雨同舟。有人问过我，协同的边界在哪里？我的回答是协同的边界不在于业务线的距离、部门的职责抑或是分公司的地域，而在于跨业务线协同过程中并肩战斗的革命友情。公司的每个人都是站在兴业证券这个“巨人”的肩膀上，高瞻远瞩，高屋建瓴，打破路径依赖，跨越协同边界，不断开拓创新，持续自我迭代，以强大的历史使命感和责任感投身公司改革发展浪潮。

鲁迅说，“即使艰难，也还要做；愈艰难，就愈要做。改革，是向来没有一帆风顺的”。诚然，一路走来，并非皆是坦途与顺境。然而，我始终坚信，只要走在正确的方向上，道路越曲折，过程越历练，前途就越是光明；正如我始终坚信，信仰是逆向的，只要心无旁骛地投身其中，建设一流证券金融集团的战略目标就一定能实现。而我们每个人要做的，就是在自己的岗位上去磨砺、去奋斗、去实现，以同梦之心去追求同兴之果。子在川上曰：“逝者如斯乎，不舍昼夜。”三十而立，风华正茂，时不我待，只争朝夕。

30年同梦同兴，与兴证共成长

——兴业证券30年庆随想

文/信息技术部　刘斌

时光荏苒，岁月如梭。公司迎来30周年司庆，而我到兴业证券工作也已27年有余。回顾27年来的工作经历，往事犹在眼前，感慨万千。

犹记27年前，在女儿出生的第二天我来到福州湖东路天骛大厦6楼报到，那是我与兴业证券的初次相识。当时公司还是兴业银行的一级业务部门（证券业务部），技术部只有5人。伴随着资本市场的发展，公司在时代的浪潮中稳健前行，发展壮大。现如今女儿研究生毕业走上了工作岗位，兴业证券也成长为一家全国性、综合类、创新型证券金融集团。我个人从普通员工有幸成长为行业最资深的信息技术管理人员之一，部门技术人才队伍规模已扩大近百倍。可以说，我个人的成长与公司的发展互相交织，彼此见证，我们共同经历了从无到有、从有到强的成长过程。兴证金融科技历经1.0信息化时代、2.0移动化时代到现在的3.0数智化时代，已成为公司在行业的亮丽名片。回望一路走来的艰辛历程，其中的点点滴滴与酸甜苦辣，都历历在目。

有人问，应该给兴业证券信息技术贴上什么样的标签？我建议第一个贴上“创新”。公司素来注重IT内生能力的积累，从1994年自主研发国债期货柜台交易管理系统、1995年自主研发交易柜台及24300席位集中自动报盘，到2013年自主研发移动金融终端优理宝App、再到现在赋能投顾的“财富梦工厂”等，兴业证券自主研发的系统应该是行业中数量最多、占比最大的。同时，将科技创新根植于公司文化，积极参与行业前瞻性研究。近10年，我们有6个信息技术应用项目获得行业最权威的证券期货业科学技术奖（其中二等奖2项、三等奖4项），获奖数量在证券公司中名列前茅，主持制定并发布了多个行业标准。这些都是兴证科技“创新”的例证。

我建议贴上的第二个标签是“融合”，信息技术是通过与业务融合体现其价值的，技术不仅仅支撑保障公司业务的开展，更要通过融合推动业务的发展。兴证IT一直以来都与提高业务发展水平、解决业务发展问题、提升经营管理效能紧密结合，多个技术驱动业务发展与管理创新的领先案例而今仍历历在目。例如，早期即通过技术手段支持公司实践集中管理和业务协同，包括1996年集中自动报盘、1998年厦门分公司区域集中交易、2003年公司级大集中交易系统建设等；2000年借助营业部级客户关系管理（CRM）系统辅助公司逐步建立并完善客户服务体系，支持业务模式从坐商到行商转型；2017年依托技术手段打造机智猫智能服务助手、7×23小时预委托服务，优理宝App行情速度行业领先，构建业务差异化竞争优势；2018年推出智能交易终端SmartTrader，为引入高端交易型客户提供抓手。20年前开始由数据仓库起步探索大数据技术应用，到现在已构建了完善的集团级数据治理体系及大数据与人工智能平台，形成自助化的数据服务生态。与业务的融合应用由简单的数据报表深化到精准营销、风险控制、量化交易等各智能场景，成为公司行业科学技术奖获奖项目最多的领域。近两年，RPA流程机器人广泛应用于资产托管、运营管理、财务核算等场景，业务作业效率提升超过40%，尤其托管外包领域估值核算效率、风控水平和人均效能得到大幅提升，助力托管外包智能化程度和业务增速达到行业领先水平。

我建议贴上的第三个标签是“忠诚”，以公司为家，是几代兴证IT人最朴实的写照。在兴业证券27年的工作历程中，我看到的是兴证IT人对工作的坚守。身边超过20年司龄的老兴证人比比皆是，从大学毕业就扎根兴证、踏实奉献，是众多兴证IT人对自身的职业规划。回顾27年来兴证IT人的日夜奋战，从“一次创业”到“二次创业”到“再创业”，有年轻时勇往直前、自主研发核心业务系统的激情，也有系统故障时紧急处置的紧张和事后的失落沮丧；有坚守“火山口”上的战战兢兢，也有上台领奖时的成就与自豪。可以说，兴业证券数智化的今天离不开一代又一代兴证IT人的忠诚拼搏和无私奉献、离不开他们在信息化建设的道路上一步一个脚印地坚定前行。

感谢兴业证券为我辉煌且长久的职业生涯提供了平台。27年的激情岁月里，兴业证券给予我“有突出贡献者”“创业7年贡献奖”“创业10周年先进工作者”“一次创业突出贡献奖”“优秀经理奖”“最佳总经理”“创业20周年杰出人物”等一系列奖励与认可，激励我怀揣梦想，砥砺前行。感谢兰董事长、杨董事长及许多老兴证领导的栽培、支持和信任，也感谢所有兴证人长期的理解与合作。

对历史最好的纪念，就是创造新的历史。我坚信公司将秉承“开拓进取、奉献担当、创新协同”的兴证精神，在新时代经济浪潮中不断焕发新活力，融入新格局，迈向集团化、专业化、国际化的新征程。衷心祝愿兴业证券早日实现一流证券金融集团的经营目标，成就百年基业，也祝愿所有兴证人安康幸福！

栉风沐雨二十载，以始为终再攀登

——忆研究院发展历程

文/经济与金融研究院　王斌

2021年是兴业证券成立30周年，也是兴业证券经济与金融研究院进入业内一流研究团队行列的10周年。伴随着一代又一代研究员致知力行的辛勤付出，研究院已走过23个年头。从最初的名不见经传，到如今稳居业内第一梯队，回首研究院发展，已记不清多少回挑灯夜战、埋首钻研于研报，多少通不分昼夜、与客户探讨交流的电话，多少次风雨兼程、昼夜不休的路演调研。2021年是我在研究院工作的第21年，从初入研究行业，到主持研究院工作，"拼命干，有章法"，不仅是研究院的部门文化内核，也是我对于研究工作最大的感悟。

忆往昔：山重水复疑无路，柳暗花明又一村

兴业证券经济与金融研究院前身——兴业证券研发中心成立于1998年，开始规模不大，2000年时任部门负责人张训苏博士组建扩招研究团队，我有幸从一名临床医生转型从事证券行业研究工作。当时，国内券商研究的定位和盈利模式尚不清晰，兴业证券研究院也是如此，研究员日常工作主要是为内部投资、投行、经纪业务等部门服务，以及向三大证券报投稿。为更好地推进跨行后的医药研究工作，除日常工作内容外，我开始攻读CFA课程，以系统性的学习来弥补自身投研理论体系的不足。当时研究院还没有建立相应的人才培养机制，后来CFA课程也成为我们研究人才培训的重要知识体系来源。牛市短暂，随之而来的是2001—2005年漫漫的5年熊市，在最差的年份（2004—2005年），国内证券公司多数风雨飘摇，行业连年大额亏损，在公司最困难的时候，对研究院是否有存在的必要，内部曾出现过争论，最后虽然部门保留下来，但人数缩减至20人左右。

2006年股权分置改革带来转机，不仅开启了2007—2008年资本市场大牛市，为证券行业注入了活力，也为券商研究业务带来了巨大的发展契机。牛市中，公募基金行业

获得大发展，管理规模出现爆发式增长，研究需求及机构交易佣金也随之激增，券商研究逐步有了明确的服务对象及清晰的盈利模式。与此同时，以零售经纪为代表的传统券商业务，在同质化的商业模式下，价格战成为各家券商获取客户的主要手段。为应对市场机构化浪潮及传统业务的竞争压力，参照成熟市场发展路径，公司决定将发展重心转向机构业务。在此背景下，作为发展机构业务的重要抓手，2009年公司正式把研究业务确立为三大核心战略之一，并将研究院定位为核心支持部门进行战略投入。研究院顺应行业发展趋势及公司战略，明确了向卖方研究转型，成为国内较早从事卖方研究的机构之一。

在张训苏、黄奕林、孙国雄等历任部门领导打下的良好基础上，叠加公司战略投入和自身定位的确立，公司机构研究业务发展步入快车道。此前，在业内公认衡量研究水平的权威评选活动上，研究院除了医药等个别行业偶有上榜，包括总量研究在内的绝大多数领域尚属空白。当时排名靠前的券商研究大所，研究团队人数配置普遍超过百人，相较之下兴业证券研究院研究员人数不足50人，人才短缺成为研究业务发展最大的瓶颈。在此背景下，公司率先着手为研究所解决优秀人才问题。当时招募的新员工大多从国内顶尖高校的商科、理工科专业中择优录用，还有不少研究员是从各行各业中招聘进来的，具有深厚的行业背景。除外部招聘外，内部“造血”系统也开始逐步建立，2009年以“T计划”为核心的研究人才培训体系开始运作。

但起初，刚开始战略投入的研究院客户基础薄弱，由于没有明星分析师的站台，研究员路演普遍不受客户重视，拜访不到核心客户是常事。在此发展的关键节点，院内提出“拼命干，有章法”的口号，时任院长颜克益博士带领全院上下深耕苦熬。经过近2年的努力，2010年末研究院逐步厚积薄发，以策略、化工为代表的研究领域率先实现突破，时任策略首席张忆东和化工首席郑方镳在新财富最佳分析师评选中上榜。2011年，张忆东凭借《敦刻尔克大撤退》对市场的精准判断，一举问鼎新财富策略研究第一，郑方镳带领的化工团队也荣登榜首。此外包括医药在内的多个行业实现上榜，全院整体排名首次跻身本土最佳研究团队前十！这一佳绩的获得，极大地鼓舞了全院上下的士气。

| 看今朝：少年辛苦终身事，莫向光阴惰寸功

2011年底，颜克益博士卸任院长一职，将研究院的主持管理工作交到我手里。管理层交接受任，以及初次主持部门工作的我，引来不少同行质疑。任职之初，在院内发展

的一些决策判断上，内心也曾有过犹疑，但在时任分管领导庄园芳女士的指导、鼓励下以及院内同事们的信任支持下，各项决策都得到了很好的安排和落实，确保了研究院各项管理工作稳步推进。

为了巩固已有研究成果，并进一步实现突破，研究院继续倡导“拼命干，有章法”的发展理念。在这一理念号召下，院内上下齐心，共同奋斗。研究员们日常行程满满，研究工作常常夜以继日地推进，连周末节假日都笔耕不辍。为协调部门会议时间，不耽误研究员路演服务，院内把部门周度例会安排在晚上十点以后，并时常开会至深夜，这一日常工作模式到现在已经持续了近10年。新财富评选期间，院内管理团队协同首席和研究员逐一到重点客户公司登门拜访，行程之紧张，不少同事一连几个月都在出差，如王涵博士某一年评选期间恰逢妻子临产，孩子出生时都没来得及陪伴左右，许多女员工甚至在怀孕后期还在全国各地奔波路演。

除了“拼命干”精神，如何“有章法”地突破，打造具备兴业证券特色的研究业务，又是另一个需要攻克的管理难点。人才流动不可避免，面对这一实际情况，院内决定进一步完善研究人才培养体系，通过内部造血夯实巩固平台整体的研究实力。一方面，院内坚持市场化机制，给予人才更公平有效的激励机制和更广阔的发展空间，主张员工与部门共进步、齐发展；另一方面，重视内生力量及人才梯队的培养，建立候选人才库，注重团队文化建设，尊重人才，为员工创造价值感、归属感。院内，我们倡导“简单、拼搏”的工作氛围，为新入职员工营造良好的研究环境和学习路径，扎实打好研究基本功。

凭借着“拼命干，有章法”这一部门文化理念，全院上下通过奋勇拼搏、团结协作，2012—2017年在各类研究评选活动中得分点不断增多，整体排名不断提升。2012年新财富研究评选活动中，全院在2011年基础上又新增3个获奖行业，整体成绩再创新高，跻身本土最佳研究团队前八。到了2017年，研究院共斩获5个行业第一，14个行业上榜，整体排名升至本土最佳研究团队第三！

| 望未来：长风破浪会有时，直挂云帆济沧海

在历任部门领导、同仁的辛勤付出，以及公司领导的大力支持下，兴业证券研究院在业内已获得举足轻重的影响力，无论是席位佣金规模还是研究排名，均稳居行业第一梯队。2018年公司提出建设一流证券金融集团的战略目标，推动“财富管理业务+大机

构业务”双轮驱动与协同发展战略。为响应和实现公司新的战略目标，研究院开始新一轮转型，由纯粹作卖方研究转向以卖方研究为基石，内部协同和智库研究全面发展的综合型研究道路，全面对接公司新时期发展战略。

除卖方研究工作外，在内部协同和智库研究工作上，全院上下也秉承着“拼命干，有章法”的部门文化内核。为更好地推进与投行部门的协同合作，院内着力组建产业研究中心，精选产业前景广阔且在业内具备研究优势的医药、TMT、高端制造、金融等领域，引入研究骨干和资深产业专家，在合规前提下，深入参与大投行项目的各个环节，为投行业务提供包括行业研究、估值定价培训、投资价值研究报告撰写、发行及战略配售阶段路演站台等全方位研究支持。在协同财富管理业务上，参照外部服务标准，院内专门增设了协同推动岗，帮助研究员与业务部门实现更好的合作对接。策略研究领域还增设了市场研究小组，配备专人为零售客户提供研究服务支持。此外，研究院除自身为公司培养和输送人才外，还担任公司博士后工作站的核心专业指导部门角色。

2020年，兴业证券研究院获批成为首批福建省高端智库建设试点单位之一，是15家试点单位中唯一的金融企业。在此荣誉背后，研究院在智库研究领域，自2018年起，已累计为各级政府部门提供智库服务千余次，撰写相关智库报告百余篇，同时在各类行业会议、重大学术论坛及国内外知名财经媒体上积极发声，分享最新研究成果。随着品牌影响力的扩大，研究院智库服务对象的级别与重要程度也不断提升。首席经济学家王涵多次受邀在人民银行以及证监会的一些重要会议上就宏观经济及市场形势作专题汇报；策略团队与人民银行、财政部等部门就利率并轨、“双币债券”等前沿问题进行沟通交流；宏观团队多次受邀参与到国务院、人民银行、证监会等一些重要研究课题工作之中。

目前，兴业证券研究院在研究实力、人才培育、品牌影响力等方面助力公司持续夯实软实力，同时积极推进研究综合效益转化，2020年研究院实现内外部创收合计近10亿元。对于研究院“拼命干，有章法”的兴证研究精神及其多年来取得的一系列成果，公司给予了充分的肯定和鼓励。研究院多次获得优秀部门奖，公司最高个人荣誉奖项“兴业奖”，第一次即颁发给时任研发中心总经理张训苏博士，以后包括我在内先后有6位研究院领导也获此殊荣。雄关漫道，忆往昔峥嵘岁月，看今朝百舸争流，望未来任重道远。何其有幸工作于兴业证券，何其有幸与研究院共同成长21年。作为兴证人，我为身上拼搏奋进的兴证基因感到骄傲，为我们优秀的兴证研究团队感到骄傲，为兴业证券感到骄傲！

祝兴业证券30周年生日快乐！

星光不问赶路人

——忆兴业证券账户集中规范工作

文/资产托管部　魏东晞

人们都说三十而立。30岁，是一个恰到好处的年岁，盛着热泪盈眶的张扬和青春，也镌刻着岁月的成熟和稳重。对于一个人来说，“30岁”是成家立业之始；对于一家企业而言，“30岁”正是积微成著、风华正茂的大好时期。回首我与兴业证券的这30年，我见证了“他”从小小的六尺柜台到跻身全国性金融集团每一个流星步伐，坚实而炙热；而我自己，也从桃李年华成长为陪伴“他”、建设“他”的中坚力量。是兴证，带给我幸运和绽放。

在这之中，始于2007年的账户集中规范工作是兴业证券30年发展史中具有里程碑意义的关键节点，同时也是中国证券行业发展历程中具有浓墨重彩的重要事件。当时我还在存管结算中心，也就是现在的运营管理部，有幸参与领导了公司账户规范工作的全过程。回首那段难忘的岁月，我们全体兴证人所凝聚的勠力同心、砥砺奋进，将永远是我在风霜雨雪里斗风战沙、自信昂扬的底气，也将进一步激励着我们朝着建设一流证券金融集团的新征程努力奋进。

未雨绸缪，运筹帷幄

客户身份真实、资金投入真实、资产权属清晰、资金账户与证券账户对应关系明确的客户证券交易账户体系是证券业务有效运作的基础，因此，账户规范对于证券市场的正本清源有着非同一般的意义。

2004年行业开始推行客户资金独立存管之际，我们就意识到，行业长期存在的账户管理乱象可能成为下一步治理工作的重点，于是我们向公司提出，应提前着手开始对客户证券交易账户体系进行全面的摸底调查。在2005年、2006年，监管部门开始提出要加强账户规范要求的时候，我们已经在整体性推动规范工作的组织、协调、督导和落实的工作。

2007年，中国证监会、中国证券登记结算有限责任公司、福建证监局连续发文，要求证券公司全力推进账户规范工作，行业的高压预示着账户规范已经提高到决定公司未来发展的重要层面。此时账户规范工作进入全面清理阶段，全司上下全面动员，紧紧抓住第三方存管上线、客户普查的契机，进一步加快清理步伐，从账户规范的组织架构设计、方案流程制订、日常规范督导、遗留问题处理、技术系统建设、人员培训及宣传等方面做了大量的工作，正是由于我们抓得早、抓得细、抓得实，为账户规范工作的高质量完成奠定了坚实的基础。

| 加强领导，统一思想

2006年，证券行业完成了历经3年的综合治理，监管部门正式开始在全行业全面推行第三方存管和账户规范管理工作，以期为证券公司的分类监管，以及行业创新业务的顺利开展铺路搭桥。

账户集中规范工作的高效推进，有赖于公司的高度重视和各部门的全力配合。当时我们在总部及分支网点层面均建立了不同层级的工作小组，总部统一指挥，由公司高管、运营部门、经纪部门、财务部门、技术部门、风控部门等负责人组成的领导小组统一领导、部署、协调账户规范各项工作，下设综合事务工作小组和账户清理与客户服务工作小组两个工作小组具体落实。分支网点成立了由总经理牵头的营业部账户清理与客户服务工作小组，负责营业部层面账户规范和客户服务工作的具体操作实施。

我们还不定期派员到网点进行蹲点指导，实时掌握营业部账户规范工作动态。适时举现场或视频会议，或通过电话或办公网络交流等方式，建立疑难、重大问题的及时沟通、汇报机制，充分发挥协同效应。此外，还组织了几十场全司账户规范专题推动会，反复宣导、持续强调账户规范的重要性与战略意义，促使全司上下在这项工作中思想理念上形成了高度的统一。有效的组织体系和高度的思想统一，为账户规范工作的全面落实贯彻提供了强大的保障和强劲动力。

| 上下齐心，并肩作战

无论是第三方存管还是账户规范，均牵涉全司上上下下方方面面，又涉及大量的历史遗留问题，都是复杂的系统工程。为保证进度，当时这两项工作分为两个条线同步推进，先期我带领的存管结算团队负责三方存管的实施。由于期间账户规范进度不理想，同时鉴于第三方存管与账户清理工作成效都将作为证券公司获评规范类券商和创新类券商资格的重要参考依据，实施结果将直接影响公司后续融资融券、股指期货等创新业务资格的获批。因此，在完成第三方存管实施后，2007年初我们又临危受命，担负起账户全面清理阶段的攻坚任务。

彼时留给我们的时间确实不多。为了更好地推进账户规范工作，公司领导亲临一线指挥，部门员工有的一个月飞行万余公里，巡检、抽检多家营业部，多名专业能力强、责任心重的业务骨干到各营业部进行蹲点，对营业部不合格账户规范情况实地稽核；分支网点也是领导和员工全员参与，"5+2""白+黑"，不分白天黑夜，不分假期周末，对每一账户进行地毯式扫描清查。当时存管结算部才二三十人，日常既要确保结算运营安全稳定，又要筹划推动账户规范整个体系方案的落地。我记得当时整个团队真的是日夜奋战，既要制订整体方案，也要做好个案，既要抓好各项工作的落实，也要为分支机构提供好服务和保障。当时面对巨大的压力，即使身体不适，大家都始终保持良好的精神状态。那段时间，怀揣胃药连续赶赴公司不同城市进行账户清理工作的现场辅导及核查，已经成为我们的日常习惯。即使在账户规范工作最紧张的2007年底，由于长期精神紧张和疲劳，造成免疫系统失调并引发严重皮肤病，我也坚持和团队成员们轻伤不下火线。营业部一线更是如此，记得当时有营业部总经理为了坚持每天和全体员工一起战斗，每个星期都偷偷去打吊瓶缓解高度疲劳，有的员工怀孕直至产前依然挺着大肚子和大家一起整理资料、档案，寻找客户，等等。

回想到这些，我经常在想，这么困难的时期我们的团队都经受住了考验，未来还有什么工作是我们完成不了的，所以团队的并肩作战与相互激励，是我们始终激情奋斗的动力源泉。

科学部署，足履实地

账户规范工作千头万绪，涉及繁多的历史沉积问题，事务繁杂，而且时间紧、任务重，如果做得不好，将极大地影响公司后续获批创新券商资格以及参与行业各项新的业务。当时我们根据公司的历史和特点制订了有兴业证券特色的账户规范工作方案，确定了"统一安排、分散实施、平稳推进"的实施细则以及"分类处置、集中监控、周密严谨、合规合法"的操作细则。方案确定后，推动开展全司范围客户账户资料的排查，重点对风险隐患较大的“一对多”账户、挂失解挂账户、密码重置账户、无主股东账户、内转账户，以及司法冻结账户进行治理，最终实现了分支机构客户资料的分户归档、一户一册、明晰准确，并对每个账户资料册编制了资料清单目录，为最后阶段账户规范工作的全面展开奠定了基础。

2008年8月底是监管部门要求的最后期限，我们在前期规范成效基础上加大复查力度，积极查找不足，全面提升账户规范工作质量。当年3月10日，公司进行了最后攻坚阶段的全面动员，特别强调账户规范工作是事关公司生存、事关公司发展的重大而紧迫的工作，全力以赴，责任到人，确保全面、按时、保质、保量完成账户规范工作。此后我们连续召开全司范围的账户规范专题会议数十场次，一方面，通过强化账户规范各项工作的业务培训，提高公司员工账户规范的熟练程度，保证最后复查阶段的规范成效，另一方面，紧紧依据监管部门的相关文件精神，着重探讨解决前期遭遇的各项疑难问题，拔除影响公司账户规范整体进展的障碍。在大家的共同努力下，我们终于在2008年5月提前完成了账户规范任务，并一次性通过福建证监局的现场核查。

账户集中规范工作的圆满完成，是兴证人无数的智慧与汗水、无数的拼搏与奉献共同铸就而成的。正是账户规范管理的卓有成效，使公司获得了中国证监会颁布的“账户规范先进集体”荣誉称号，我与时任营销管理总部总经理孔祥杰同志也同时获评“账户规范先进个人”荣誉称号。据说这是证监会系统内迄今为止第一次也是唯一公开对券商行为进行表彰的公告。

夯实基础，立足长远

账户体系作为证券公司最基本的基础设施，关系整个证券行业的安全有效运行。在账户规范工作告一段落后，我们依旧不满足于眼前，重新调整管理重心，立足长远，进一步夯实基础管理，以“保护投资者权益”“提升客户服务水平”“防范经纪业务风险”的原则，积极巩固规范成果，将账户规范工作的重点由原先对遗留问题的处置转向未来新增业务的风险预防。我们又安排人员从组织、制度、流程、系统、考核保障等多个维度，进一步完善账户管理体系，将账户规范管理作为一项最根本的工作目标，持续建立健全公司账户规范管理的长效机制，做到了自2008年5月账户规范工作一次性通过福建证监局的验收起，公司再未出现过一例不合格账户。

回眸过去，硕果累累；展望未来，信心百倍！30年的时光转瞬即逝，但对于有着

"百年兴业"远大理想的每一个兴证人来说，奋斗才刚刚开始。历经千帆，出走半生，归来仍是少年。30年，栉风沐雨，砥砺前行铸辉煌；30年，扬帆远航，锐意进取谱新篇。未来我们同梦同兴，且酒且歌！站在30周年的新起点，我相信兴证人强大的奋斗精神，坚强的意志力，高效的执行力将为我们奋进建设一流证券金融集团新征程提供不竭动力！

星光不问赶路人，因为你所走过的路，最终都会变成照亮你的灿烂星光。谨以此篇祝公司30岁生日快乐！

那些人、那些事、那股劲

文/投资银行业务总部　徐孟静

提到福建，就让人想起20世纪90年代脍炙人口的那首《爱拼才会赢》，“人生可比是海上的波浪，有时起、有时落，好运、歹命，总嘛要照起工来行，三分天注定，七分靠打拼，爱拼才会赢”，它鲜明地唱出了福建奋勇当先、努力拼搏的文化底色，这也是兴业证券作为扎根八闽大地的福建本土券商刻在骨子里的基因。

今年是公司成立30周年，也是我来到兴证的第八年。从组建结构融资业务总部、整合固定收益业务总部，到管理投资银行业务总部，一路走来，与许许多多优秀的同伴一起披荆斩棘，完成多个行业首单。往事点点滴滴，这种“爱拼才会赢”的福建文化，随着在兴证的岁月慢慢渗透进我的生活里，让我与兴业证券紧紧连在一起。

那些人

在兴证的时光，是一个不断与兴证人交流碰撞、共同成长的过程。这些可亲可爱的兴证人无时无刻不在深深地触动着我。其中最让人印象深刻的是两个画面。

画面一

某次，我去夏锦良副总裁办公室汇报工作。往日夏总总是聚精会神地听汇报、第一时间作出工作指示。我沉浸在自己的思路中，但慢慢地，我察觉到了一丝异样。夏总的话越来越少，声音也越来越低。当时的我十分诧异，因为夏总作为内核负责人，一直以来认真谨慎、兢兢业业，平时开会总是思维活跃，不断给我们反馈意见和建议。即便对我们的意见不认同，也会耐心细致地告诉我们，给我们指导，很少这样精神恹恹的。时过境迁我才得知，夏总前一天打了半宿吊瓶，第二天拖着病体仍然赶到公司，因此有了之前在他办公室的一幕。那个沙发上的身影深深地留在了我的脑海里。

画面二

某天，我想约林红珍总汇报工作。飞机有些延误，下飞机时，已是晚上八点多，上海深墨色的天空让我有些犹豫。当天要汇报的内容较多，为了不影响红珍总休息，我跟红珍总约第二天上午的时间。电话那头，她轻轻地说："你直接来我办公室吧。"

等我赶到红珍总的办公室已逾晚上十点，红珍总的脸色有些憔悴，却依旧笑盈盈地接待我。她条理清晰、一丝不苟开始跟我讨论方案要点，反复沟通方案中的细节，只是声音有些轻。

后来我才知道，就在那天红珍总刚刚做了个手术，第二天还要飞香港处理公务。为了不耽误我们部门工作推进，特意在当晚挤出时间来接待我。那个有些轻的声音总让我想起上海墨色天空下大厦还亮着的灯。

这种敬业的态度和拼搏的精神，在兴证人身上随处可见。不仅是夏总和红珍总，其他的兴证领导、一线的业务人员、中后台的服务和支持人员都在以自己的方式守护着兴业证券、客户和投资者，努力把每一项工作做得更好。与这样的伙伴共事，总是推动着我奋力前行。

| 那些事

兴证人恪守责任意识、努力拼搏，让我们无论是在行业寒冬期，还是在蓬勃发展阶段，都能跳出自己心理舒适区，积极主动进行学习和创新，一次又一次地完成不可能的挑战。

创新，不忘初心——知识产权证券化领域形成先发优势

2018年，国家经济由高速发展向高质量发展转变，创新驱动和供给侧结构性改革成为国家转型的核心战略。作为在一线的业务人员，响应国家号召，从自身岗位出发，我感到我们兴证要实现弯道超车，唯有创新！

关于"知识产权保护"，习近平总书记曾说过，"加强产权保护，是提高中国经济竞争力最大的激励。早在2017年，国务院印发的《国家技术转移体系建设方案》（国发〔2017〕44号）就重点提及了开展知识产权证券化融资试点的重要发展方向。2019年，《中共中央、国务院关于支持深圳建设中国特色社会主义先行示范区的意见》再次提到“探索知识产权证券化，规范有序建设知识产权和科技成果产权交易中心。”①

“知识产权证券化”在国内是全新的事物，但国外已早有先例。结合境外领先发展经验，我们意识到，未来我国“知识产权证券化”将具有广阔的发展空间。

知易行难。业务的发展是需要土壤的，“知识产权证券化”不仅对我们券商，对成熟的中介机构如会计师、律师，对客户，甚至对监管部门来说，都是需要学习和摸索的新事物。在我国全市场“无先例”情况下，我们团队齐心协力，历时6个月，深入研究相关政策和国外经验，在与客户充分沟通后获得打造“知识产权运营发展先行区”的目标，大胆创新、审慎论证。由于市场没有先例，其间负责项目的律师事务所遇到了法律认定的困难，难以出具法律意见书，项目过程中先后换了几个律师事务所。从底层资产业务模式的构建、法律适格性论证到资产证券化产品（ABS）的结构方案设计，再到深交所及国家知识产权局的方案论证沟通等，我们团队几乎完成了所有中介机构的工作，进行了全流程推进和创新。

“筚路蓝缕以启山林，栉风沐雨砥砺前行。”在这个项目的推进中，我对这句古文有了深切的认同。曾经在换律师事务所最困难的时候，我们也曾想过要放弃，真的很难。是经历的那些沟通论证、那些不眠之夜以及心里那股不服输的火苗在驱动着我们，我们的团队咬着牙、互相打气，漫漫长路我们相互扶持，一步一步地走了下来。

最终，我们作为管理人及牵头销售机构，成功发行了全国首单专利许可知识产权ABS——兴业圆融—广州开发区专利许可资产支持专项计划，获得了国家知识产权局、深交所和广州开发区相关领导的大力支持和高度肯定。

自2019年发行全国首单知识产权专利许可证券化后，市场反响热烈，兴证在这一领域的局面打开了，声誉也得到提升，并逐步建立了在知识产权领域领先地位。

2020年上半年，我们结合“先发优势”和项目经验，进一步深耕。通过与各地政府、科技局、知识产权部门合作，对扶持的科技型企业池进行逐一排摸，辅导、培育潜在符合条件的上市、并购企业。通过向目标企业提供兴业证券“ABS+股权”结合的投行综合服务模式，落实公司大投行业务联动策略，同时扩大地区影响、服务区域产业升级及高质量发展。2020年全年，公司共发行知识产权4单，发行规模合计约10亿元。

① http：//www.ccpit.org/contents/channel_3586/2018/0411/987473/content_987473.htm.

责任，使命担当——发行市场首单抗疫债和ABS

2020年初，突如其来的新冠肺炎疫情将整个国民经济按下暂停键，复工复产的延迟打乱了许多实体企业的经营节奏，部分实体企业面临现金流紧张的压力。“服务实体经济和国家战略”一直是我们兴证人的家国情怀。2月1日，人民银行、证监会等五部门联合印发《关于进一步强化金融支持防控新型冠状病毒感染肺炎疫情的通知》，出台30条措施强化金融支持疫情防控，要求券商“发挥资本市场作用，为受疫情影响的地区、企业、投资者提供资本市场专业和产品支持”。

疫情发生后，我们开始思考，怎样才能发挥自身的专业能力帮助企业复工复产、共克时艰。当时我们“固收党员创新小组”充分发挥战斗堡垒和党员先锋模范作用，冲锋在前。我们戴着口罩和护目镜，加班加点地研究相关监管要求，积极筹备防疫金融产品。最终，我们发行了一系列抗疫产品，多项行业首单抗疫金融产品也极大地提升了兴业证券的债券和资产证券化业务影响力。

2020年元宵节后的第二天，兴业证券在上海证券交易所公开簿记“疫情防控公司债”，发行规模30亿元。这是全国首单以证券公司为主体发行的疫情防控公司债券，也是全市场首批疫情防控公募债券。没有先例的压力是巨大的，一方面，我们为武汉和其他地区遭受疫情影响的人们担忧，真切地希望能为疫情贡献出自己的一份力量；另一方面，在疫情最紧张的时候发债，我们也担忧在这一条线上共同出力的小伙伴们的安危。在各个条线全力地协同之下，幸而不负重托，30亿元“疫情防控公司债”成功发行，募集资金也全部用于支持新冠肺炎疫情防控相关业务。在项目完成后，我的内心如释重负，持续的压力一旦卸去，当天晚上我就发起高烧。

随着各地驰援武汉，我们密集发行了各类防疫产品。2月19日，我们帮助厦门象屿集团发行16亿元疫情防控公司债，募集资金部分用于湖北省、浙江省、广东省、湖南省农产品及其他产品供应链业务，保障受疫情影响地区生活必需品的正常供给。这是全国首批可续期疫情防控债。3月20日，我们担任牵头主承销商及簿记管理人成功发行了“兴银2020年首单疫情防控信贷资产支持证券”，总规模36.56亿元，用于疫情防控相关的重要医用物资和重要生活物资的生产经营和供应保障领域的贷款投放，全力保障疫情防控领域企业融资需求，是银行间市场首单疫情防控CLO，发行利率为兴业银行历史CLO各档最低。

虽然这中间遇到了各种困难，但是想到我们力所能及地帮助疫情防控，我的内心依然非常满足。

| 那股劲

兴证人的这种拼搏劲儿，是兴证文化的一部分，也已内化为每个兴证人生命的一部分，这种自驱力与向心力，也是业务发展的催化剂。在这种文化的影响下，集团各部门无间合作，取得了傲人的成绩。

坚持，不懈坚持——首单具有国际品牌的中国通用软件企业上市项目

“科教兴国”和“创新驱动”是国家一以贯之的战略。随着中国的崛起，围绕国家战略的新经济企业成为监管支持、资本追逐的首选。践行国家战略，福昕软件IPO就是国内通用软件上市的标杆性项目。福昕软件是一家来自福建的PDF电子文档解决方案提供厂商，是国际PDF协会主要成员、中国版式文档OFD标准制定成员。

我们的投行福建团队从2011年起就开始服务福昕软件。经过多年坚持，陪伴和见证公司从一家几千万元资产、几百万元利润的企业成长为资产规模超30亿元、利润过亿元的上市公司。我们多年的坚持和陪伴，获得客户的高度认可。

在疫情防控之下，项目的现场核查受到影响，但凭借多年以来对福昕软件的深入认知，项目组在2020年3月完成了项目申报。同年4月14日，我们收到问询函，45天内就完成了第一轮问询回复。6月1日，项目组收到了第二轮问询函，在福建团队兄弟姐妹的加班加点之下，项目组在短短3个工作日内就完成了第二轮问询回复的材料撰写、审核和报送。4个工作日后，项目组超前完成了审核中心意见落实函的回复，从申报到审核仅用时3个月，这个效率在注册制IPO中表现亮眼。

扎实的尽职调查和论证工作同样得到市场的认可。投行协同销售交易业务总部共同为福昕软件安排了紧凑、周密的路演行程，以专业的姿态与大型公募、保险等主流投资机构进行了充分的沟通交流。最终，福昕软件发行的市盈率达到191倍，为企业募集资金28.72亿元。福昕软件的成功上市是我们服务“新福建建设”的重要成果，也奠定了兴证投行在通用软件领域的地位。

协同，深化协同——完成兴证30年来独家保荐承销金额最高的IPO

自“2018年分公司改革”伊始，集团进行了一系列组织架构调整，经过3年多的运行，协同机制高效运转，为业务发展提供了有力支撑，华利集团上市就是一个典型的协同案例。

华利集团是全球运动鞋履制造龙头企业。2009年，时任福州分公司机构业务负责人王昌优带领团队首次拜访了华利集团董事长。在接下来的10年时间内，兴业证券发挥内部协同优势，持续向客户提供资本市场运作指导和资产配置服务。十年磨一剑，2018年，凭借在长期服务过程中建立的良好信任，福州分公司最早得知华利集团有意向上市。此后，分公司一方面主动沟通引导企业在A股上市，另一方面第一时间向投行推荐项目。杨华辉董事长、王仁渠主席、胡平生副总裁、夏锦良副总裁等亲自部署，多次赴广东拜访企业，使项目有序推进。

华利集团项目有其特殊性。客户收入规模较大，报告期内营业收入超百亿元，归属于母公司股东的净利润超10亿元。同时，客户及其实际控制人家族资产广泛分布在越南、中国香港、中国台湾、多米尼加、缅甸等多个国家和地区，其股权架构由多家不同海外公司多层持股，尽调和规范任务极重，难度极大。项目组克服语言和环境困难，长期在越南等地出差走访尽调，经多方反复讨论和沟通，我们的团队为企业量身设计了重组方案，切分资产、简化持股架构。这一方案得到了企业的认同和好评，并于2018年当年快速完成了承揽、尽调、方案设计和资产重组，为项目的顺利推进奠定了基础。

2020年初，项目申报阶段恰逢新冠肺炎疫情暴发。我们立刻协调企业及各中介机构，制订了多套应急预案，确保项目在创业板注册制改革后首批受理。项目在各环节中均一轮问询通过，4个月内顺利通过审核。

华利集团IPO募资额38.87亿元，是兴证成立30年来，投行独家保荐承销金额最大的IPO项目，上市首日市值突破千亿元。华利集团的成功上市增强了兴证投行在大型复杂IPO项目上的保荐承销专业能力，也为我们台企服务打开了突破口。

在我看来一份好的工作，公司与员工之间一定是互相成就、共同成长的。公司给予员工成长机会，员工认同公司文化，大家劲往一处使，成就伟大的事业。在这种良性循环过程中，个人价值、企业价值、社会价值均得到了有效提升。风风雨雨30年，这种“协作共赢”的文化让兴业证券从福建的一家营业部起步，从闽江走向黄浦江，到今日成为一家在全国范围内具有影响力的综合类、创新型证券公司，为资本市场发展作出了卓越贡献。

近3年，亲历集团改革，作为兴证人我有深深的认同感和自豪感。在未来，我仍将与集团“同梦同兴”、共同成长，也将带领投资银行业务总部，为“建设一流证券金融集团”作出更大贡献。

保持对这个市场的企图心
和对这个世界巅峰的好奇心
——从兴业证券大销售体系建设这几年谈起

文/销售交易业务总部　李毅

2021年，销售交易业务总部凝心聚力、攻坚克难，实现各业务线开门红，业绩指标稳健增长，在市场竞争格局加剧的背景下，仍实现收入和利润指标双增长，实属不易。回首这几年集团大销售体系建设，历经变革，也饱受洗礼，最终朝着正确的方向一路高歌前行。

| 从股债融合到大机构销售整合，肩上扛的大旗更重了

海内外证券市场客户机构化已成为大势所趋，国内各大券商愈发加大对机构业务的投入。对比海外投行和中外合资券商销售体系，可以看到国内券商在销售业务体系上已经有了较大的调整，面向机构客户的销售业务整合已逐渐成为主流思路。

2018年底，我所带领的部门不断壮大，从债券销售交易部，到债券销售中心，到“销售中心＋资本市场部＋分销业务部”，再到资本市场业务总部。部门人数从19人到26人再到现在的38人。我们的总业务规模从2018年的1200多亿元已经攀升到了接近3000亿元，我们的业务品种也从单纯的债、ABS和股进行了全面的融合。部门分销业务收入从4800万元到1.2亿元，净收入从1000多万元到9000多万元，规模从600多亿元到2021年的1600多亿元。如果把我们的团队或者业务比作一只股票，那么已经证明了我们是一只绩优股，未来更是一只成长股。

2020年7月，集团进一步优化升级大销售体系建设，将原资本市场业务总部与研究院机构销售中心合并，新设销售交易业务总部。部门业务从原先股权和债权发行销售、银行间市场债券分销，进一步扩大了面向公募、保险、银行、私募等客户的卖方研究销售业务，以及海外业务。部门人数达到110人，平均年龄仅30岁出头，大家集中在上海

办公大楼十楼办公时场面甚为壮观。

集团这份宝贵的信任，难能可贵。对我们这群年轻人来说，肩上扛的大旗更重了，高速列车急速行驶，每个人都上紧了发条，奋力前行不掉队。

丨从福光股份到福昕软件，注册制改革彰显研究定价和组织销售能力

2019年7月22日上午，由兴业证券保荐并主承销的福光股份作为首批企业之一，在上海市市委书记李强和中国证监会主席易会满共同敲响的铜锣声中，正式登陆科创板上市交易。这是兴业证券在资本市场的又一重要里程碑事件。作为集团科创板发行销售工作小组牵头成员，资本市场业务总部有幸见证并亲历了市场化定价机制下科创板发行工作的摸索、建立和完善，在相关各部门单位的协同支持下，最终顺利完成福光股份发行承销工作。

福光股份申报后，部门迅速梳理已有客户资源，按照客户资金属性和投资意愿整理了潜在“战略投资者客户”和“网下投资者”储备名单，并积极依托分公司资源优势，寻求增量客户。我将内设部门业务骨干形成多条宣讲分队，先后奔赴泉州、上海、北京、陕西、广西、宁波、山东、江苏、河南、天津等地分公司，就推动科创板业务发展进行充分协同交流。各分公司对协同交流给予积极回应，并踊跃推荐战略投资者。启动发行后，面对同一天有9个IPO项目同时询价的历史性时刻，研究院提供了高度的协同支持，发挥公募基金客户优势及时提醒客户参与报价，最终共250家机构管理的2244个产品参与，投资者参与数量位居当日9家项目前列。

2020年9月8日，福建福昕软件开发有限公司在上海证券交易所科创板上市，兴业证券担任本次发行的保荐机构和牵头联席主承销商。此次公开发行不超过1204万股A股股票，计划募集资金总额为4.07亿元，实际募集资金28.72亿元，募集资金将主要用于PDF产品研发及升级项目、文档智能云服务项目、前沿文档技术研发项目和全球营销服务网络及配套建设项目等。

这个项目是省内项目，也是公司投行部已经持续服务了9年的重点项目，我要求部门股权业务线全员务必高度重视。业务线积极发挥研究优势，深度挖掘企业价值，精准定位企业画像，匹配市场关注热点；同时积极策划投资者交流活动，引导市场价值判断，管理发行人和投资者预期。在发行前三日，组织部门在北京、上海、深圳三地举办了27场现场路演，一共56家机构266位投资专家参与，企业高管跟着我们跑完三天路演

已经累倒，对我们高强度和专业的发行销售工作表示非常钦佩。

这两单标杆IPO项目的成功发行，让资本市场注册制改革变得不再陌生。注册制对市场生态的重塑，要求我们销售交易部门实现两方面核心能力的变革。一是定价能力。注册制推动投行专业化深耕，助力买方机构高效客观决策，实现自身从通道作用向行业专家作用、价值发现作用转化，归位尽责，回归本源。注册制下，投行对企业估值和市场定价的合理性将直接影响投行的市场声誉和行业地位，定价能力成为投行的核心竞争力。二是承销能力。注册制颠覆重保荐轻承销的业务生态，承销形势由单纯同质变为复杂严峻。机构投资者资源成为成功承销的基础，着力打通各业务线的客户资源，加强销售网络建设，培育专业的合格机构投资者，成为投行提高承销能力的重要路径。

从首单疫情防控债到绿色ABS频发，债权业务创新走在前列

2020年2月10日，兴业证券在上海证券交易所公开簿记疫情防控公司债券，发行规模不超过30亿元，募集资金优先用于支持新冠肺炎疫情防控相关业务。这是全国首单以证券公司为主体发行的疫情防控公司债券，也是全市场首批疫情防控公募债券。2月7日，部门接到公司拟于2月10日发行30亿元疫情防控债的紧急销售任务，工作时间只有短暂的一个周末。疫情防控“如挽上滩之舟，停一棹则退千寻”，生命重于泰山，时间就是生命线。我迅速组织管理团队研判近期市场行情，拟定合理的估值定价区间；部署债权资本市场处连夜制作精美的H5推介材料；销售中心北京、上海、广深业务部利用元宵节两天周末时间，迅速完成对市场上所有机构投资者的推介询价工作，全力确保足额募集。

2021年4月15日，兴业证券牵头承销发行的“2021远东四期（绿色）资产支持证券”正式成立，募集资金30.89亿元，这是兴业证券2021年首只绿色ABS产品，同时创下公司单只绿色债权产品募资规模新高。在项目销售发行阶段，为确保项目顺利发行，助力客户募集低成本资金，除了部门直销渠道外，我们积极协同集团内多个部门，共同拜访重要投资机构，争取公司承销规模最大化，最终成功完成本次项目发行。客户对兴业证券的专业实力和创新能力表示高度认可，兴业证券在维护重要业务伙伴的同时，也探索出一条举集团之力推动重点绿债项目发行之路。

丨从卖方研究销售到提供优质股债项目，满足机构客户综合金融需求

卖方研究服务是集团研究业务核心能力的体现，是券商研究的根基，也是实现内部协同和智库研究的前提，这一根基不会动摇。投研能力的强弱直接影响着对机构客户入驻的吸引力，也影响着面向机构客户特色投研品牌的树立。随着机构客户要求越来越高，从外部环境来看，卖方研究竞争愈发激烈，市场佣金率有逐步下滑的趋势，集团研究业务已处于行业第一梯队，向上发展天花板开始逐步显露。因此，机构客户多元需求已经渐渐无法由以个人研究能力为核心竞争力的研究模式满足，投研需要进一步向平台级能力驱动转型，故平台驱动的投研能力是当下券商投研发展需要重点考虑的方向。

兴证集团销售交易业务总部的成立恰逢其时。兴业银行永续债项目，我们给大型保险公司提供了优质资产，保险公司的成功中标显著拉高了公司研究服务业务的排名、提升了分仓佣金，反哺能力显著。华利集团创业板IPO项目，我们给头部公募核心合作公司提前锁定了战略投资者额度，优质股权项目的提供获得富国基金公司高管登门感谢，对后续进一步深化合作、打开全面合作链条创造了坚实根基。

2020年，部门研究销售业务强化传统优势再创佳绩，机构综合席位收入金额及市场占有率将创历史新高，卫冕“新财富”最佳销售服务团队第一名，充分验证了集团战略的高瞻远瞩，同时实现了“1+1＞2”。

丨从无人问津到遍地开花，分公司协同销售硕果累累

2019年9月下旬，部门组织“大投行销售百日攻坚战”，我依稀记得分公司并没有全部参加，会上各单位也提不出任何问题，当时分公司层面对什么是股权和债权发行销售、什么是银行间分销业务、什么是国开债地方债也完全不懂、不感兴趣。

2020年全年，集团各分公司协同销售规模高达401.2亿元，比上年68.6亿元增加了近五倍。其中，协同主承销债规模351.5亿元，提升978%；协同分销规模50.2亿元，提升39%。分公司参与大投行协同销售家数进一步扩大，大连、福州、广西、河南、湖北、江西、内蒙古等地38家分公司在2020年实现主承产品销售的首单突破，分公司参与占比已超80%。

2021年第一季度，分公司在大机构业务的协同优势持续释放，协同效果更加多元化和纵深化。其中，主承协同销售规模达到178.7亿元，预估协同销售占比可超50%，较

上年全年占比提升20%；湖北、黑龙江、宁夏、青海等地分公司“破零”实现协同销售开花落地。同时，在股权项目销售上，北京、福州、上海、湖南等地分公司成功协同销售星云电子、德艺文创等再融资项目，实现1.1亿元销售规模。

深化协同，行稳致远。当大家嘴上基本不提“协同”二字，行动上却时刻离不开协同时，这才是协同的最高境界，也是集团党委新发展理念的深入贯彻落实。

“青春由磨砺而出彩，人生因奋斗而升华。”习近平总书记寄语新时代中国青年继承和发扬五四精神，练就过硬本领，投身强国伟业，始终保持艰苦奋斗的前进姿态，同亿万人民一起，在实现中华民族伟大复兴中国梦的新长征路上奋勇搏击。

在风口来临之前，我们有扎实的销售和定价实力，有最全面的大机构业务产品，有值得信赖的战友，有可以让你击水三千的平台，还有恣意洒然的热血青春，我们更有对这个市场的企图心和对这个世界巅峰的好奇心，在三十而立之年，我们一定会为中国资本市场贡献一份独一无二的“兴证集团大销售”范本。

致销售交易业务总部全体同仁的一封信

李毅

2020年12月24日

大家好！

这一年过的很快，无论是国际、国内，大家、小家，也都变化很多，感触很多，惊喜很多。疫情一下子改变了人们的生活方式。从恐慌，到焦虑，到坚强，到信心和希望，我们对生命的意义又有了新的思考。同样我们也感到幸运和自豪生活在这样一个团结、有凝聚力、有希望的国家，尽管她还有那么多不完美的地方，但她是我们的家，我们爱她！

这一年，对于部门来说，也是重要的一年。多年以来，全体销售同仁在不同战线拼搏、战斗，各自也取得了辉煌战绩。在2020年7月，我们实现了胜利会师。

这对于我们从销售这个战线的人来说，是十分重要的。无论是我们已经奠定行业优势的机构销售业务、分销业务，还是正在努力追赶的股权、债权和国际业务，前有头部券商围剿，后有中小券商追击，大家已经深深地感受到只有凝聚力量，实现会师，相互支撑，相互促进，才有未来。

人才队伍的培养是明年我们的一项重点工作。明年我们会加大力度提升员工收入水平，为各位提供最具竞争力的薪酬待遇和晋升。目前班子成员已经在加紧研究中。未来，ECM、DCM可能会小组，分销、一二三部下属业务部可能会团队。根据公司战略进一步有序推进金融同业部在北京和上海的布局，以及在浙江、江苏、四川等地的布局，为年青晋升创造了空间。

明年我们会加大研究定价能力的建设，着重培养专业人才，后续建立专门的研究定价部门，继续推进大宗交易和ficc交易平台的搭建，来为我们的客户提供全方位服务。

高速列车已上轨道，机构销售平台之下，我们前进的方向需要再次明确，那就是服务于公司的战略坚定不移，那就是紧抓注册制风口加速提升大投行销售能力，那就是牢牢巩固我们的机构销售市场地位并继续超越。

今年的这封信聊了太多工作，实际上我更想聊点别的。

兄弟姐妹们，你们可以看到每年我都会为大家写封信，这几年下来，无论从哪里来，无论何时来，这里已经成为了各路精英的汇集地，不论出身也无论来自何方，但我们前行的方向始终不变。每个人都是这里的主人，摆在我们眼前即使天大的考验，都不是人生的一战，而只是人生的一站。

我们坚持了对激情的信仰，因而收获有趣的人生；

我们坚持了对责任的信仰，因而收获了内心的富足；

我们坚持了对专业的信仰，因而收获了成就和尊严。

未来三年的平台，永远属于你，最亲密、热忱的战友，就在你的身边；

你们是我最爱的人，这杯酒我先干了。敬成为最好自己的你们，敬过去点滴的回忆，敬未来可期的星辰与大海。

2021，我们来了！

你的30年，也是我的

——感恩同行，献给建司30周年

文/深圳分公司　于建榕

2021年，注定是不平凡的一年。全球经受了2020年新冠肺炎疫情的冲击，至今在世界各个角落还有着不同程度的“后遗症”。而中国，中国人民已在众志成城之下，恢复经济，恢复生产，恢复繁荣景象。经受住考验的中国，昂首阔步迈入2021年，迎来了重要历史意义的一年，建党100周年；而我们公司——兴业证券，也迎来了属于自己成长史上浓墨重彩的一年——建司30周年。

我是一个严格自我要求的人，这些年一直奔跑在路上，直到最近受邀写一写自己在兴业成长的心路历程，细细一算，年华似水，加入兴业证券已是第二十七个年头。

1995年夏日的那一天，白刺刺的烈日炙烤着大地，空气炎热潮湿，但是我的心情并没有受到高温炎热的影响，反而是雀跃欢欣，因为那一天，是我正式入职兴业证券的第一天。

时至今日，我还能感觉到，在迈入兴业证券厦门湖滨南路营业部大门的一刻，我内心的憧憬与希望，我为我能够投身于中国资本市场、成为其中一员而感到兴奋，我暗暗告诉自己我要在这里发挥自己的特长，守好职、尽好责。

那时，福建兴业证券公司刚刚成立不久，我作为一名财务工作人员，工作时间在自己的岗位上兢兢业业，闲暇时光也不断上课学习。我始终坚信“日拱一卒无有尽，功不唐捐终入海”，虽然最初的时候我还不明确自己在坚持什么，而这一坚持就是11年。11年间，从湖滨南路营业部到公司厦门管理总部，从一名财务工作人员到财会部经理、存管部经理，我经历了成功的喜悦，也走过失意的彷徨，幸得一群可爱的人始终在我身旁，有家人、有朋友、有伙伴，所以，无论经历了什么，我始终孜孜不倦、甘之如饴。感恩有“兴业证券”这个大家庭，在这里我收获了友情、收获了干练、收获了成熟与稳重、取得了进步，成为更好的自己。

其实这么多年，在自己的岗位上，身边也有很多优秀的同事，大家都在“兴业证券”这个平台上成就了自我，无论是职业成就感、财富积累，还是自己的幸福生活。看那些优秀的人，他们似乎并没有为了获得什么而去努力，而是一直在努力，然后慢慢在兴业证券这个平台上开花结果，取得了不俗的收获。

朋友说我是一个有点完美主义的人，对工作追求完美与极致，这可能是性格使然，已经融入自己的血液，体现在行事风格上，我自己已经习以为常。更重要的是，我的身边也有着无数优秀的领导、同事和下属，他们也是我学习的榜样，一直督促我前行，我们互相汲取养分，互相成就，我们是伙伴、是战友。而兴业证券从不辜负任何一位奋斗者。

就在我阶段上取得小小成就的时候，又一机遇与挑战降临。2006年出任厦门厦禾路营业部负责人，在我职业生涯中，可以说是一次完全变轨道式跨越与发展。从后台岗位，到整体经营思维，都面临全新的挑战。那时，即使自认冷静的我，在内心深处也或多或少有些担忧，这种担忧也是责任、是压力，是期待自己对公司厚望的有所回报，但我并没有给自己太多时间去忧虑，而是通过一次次的业务会议、一次次的头脑风暴、一次次的商务洽谈、一次次的外出拜访等，去消化这些压力，带着小伙伴们一起去攻城掠地，一起见证公司的壮大，一起感受国家资本市场的独特魅力。

最初的3年，是一段难忘的时光，在我的生命中有着厚重的一笔，因为我的工作方式和生活方式都为此而改变，就像在我始终前进的路上，豁然打开了一扇大门，里面万丈光芒，吸引着我，激励着我，让我以全新的热情和勇气去开启崭新的事业。

圈外的朋友常常笑谈说我是华丽转身、成功转型，我很开心得到这样的认可，我很庆幸有一份自己热爱的职业并能将其作为终生的事业，我也很感激自己一直保有这份热情与坚持，但最终这些在我看来，都是每日的工作和日常，都是应该做的，普普通通、平平常常。没有自我感动，也无须感动别人，只有那份爱和坚持。投身于中国资本市场，在兴业证券这个大舞台上，我愿意倾我所有去奉献自己的热情，更感激公司一次次的信任，在我的职业生涯的每一个阶段对我的成长给予肯定。

厦门，这座山海之间的天然花园、闽南打拼者的红砖花园、东西方荟萃的万国花园，历经万千年沧桑、千百年风雨，一步步升级，终变身为亿万中国人心目中的海上花园。整座城市有我奋斗的痕迹，有我独特的记忆，在这里，20多年的职场人生，15年的总经理生涯，从营业部到厦门分公司，从未止步。在厦门分公司这片沃土，在一只极具战斗力的团队的共同努力下，我们一起见证它逐渐成长为管理资产过千亿元、区域市场份额连续10多年排名第一的优秀证券分支机构。在这里，我收获经验与成长、感受挫折与泪水、发挥思考与创新；在这里，我也将自己磨砺成为有责任有担当的证券从业工作者。

我经常问自己：人生的边界在哪里？我没有答案，我仍在不停地寻找。但我希望自己能够做到：不给自己设限，一切皆有可能。来到深圳，是我对“边界”的再一次探索。摒弃一切杂音，感激领导的智慧和组织的决策，感谢公司给予我机会，让我来到这个证券行业最前沿的城市。在这重要的大变革的时点来到深圳，我是幸运的。在深圳这个充满传奇色彩的城市，我希望能够把握历史机遇，希望深圳分公司能够乘着改革的浪潮，紧跟行业改革步伐，积极践行金融服务实体经济使命，成为公司在魅力深圳的桥头堡、排头兵。未来，我们将继续打磨专业能力，提升区域竞争力，努力为客户提供优质、全面的“一站式”财富管理服务；为粤港澳大湾区高新科技企业提供全生命周期金融解决方案；为服务国家实体经济发展贡献力量！

我在兴业证券工作长达26年，从后台会计岗位转战前线担任分公司总经理，在公司得到了历练和成长，兴业证券从公司的高层领导到核心骨干，都务实地践行公司理念，不断大胆创新，跨步向前，推进公司不断进步和发展。这一路走来，非常感谢公司领导的信任，以及同事的支持和帮助，让我在兴业证券得到了很好的历练和成长；感谢公司党委委派我到深圳这座充满活力和创新的城市，给我的职业生涯带来生机和活力。在这样的幸福时刻，也想为公司献上深深的祝福：生日快乐，祝愿公司发展越来越好！

岁月如歌，30年，我们一起走过，带走了青春芳华，留下了辉煌的足迹；岁月作证，30年，我们一起走过，由小及大，终铸事业灿烂。向曾经的成就挥挥手，留下的是青春无悔的誓言。向未来的梦想挥挥手，激起的是劈波斩浪的豪情。谈往事，情深意长；看未来，壮志凌云。我也将一如既往，对员工厚爱、尊重和支持，饱含深情。对公司是一份担当，如海洋，深沉厚重；如春雨，润物无声。

仰望星空，从现在起，开启又一个30年。

编后语

深圳分公司同事眼中的于总：

她，可以是我们严厉的领导，对工作高标准、严要求，让我们无时无刻不要停住前进的脚步；她，也可以是我们亲切的姐姐，和我们一起谈美食、研究漂亮衣服，让我们如沐春风，如家温暖。

培训是最好的投资

文/人力资源部　戴涛

2011年1月14日是个平凡的日子，又是一个值得纪念的日子，这一天公司正式成立了兴证财富管理学院（以下简称兴证学院）。兴证学院是证券行业的第一家企业大学，从这件事情上可以看出公司对员工培训的重视和投入。我十分有幸成为兴证学院的一名员工，见证了学院这十余年一路走来的历程。

公司历来就十分重视培训

实际上在兴证学院成立之前，公司就一直在员工培训上进行了持续的投入。早在2003年，当时整个证券行业处于一轮大熊市之中（2001—2005年），证券公司都在收缩、裁员、紧缩开支，但公司却选择了逆势招人，推出了“金牛计划”，连续多年从各地高校招聘一批潜质好的应届毕业生，入职即参加1~3个月的封闭培训，培训结束后到营业部工作锻炼。“金牛计划”一共举办了十三期，为公司输送了大批优秀的管理干部和业务骨干，公司也成功实现了从坐商到行商的转型，用事实证明了当时公司决策的正确性。还有内训师的培养，兴业证券也是开行业先河，在2002年即启动首批内训师的培训，选拔出一批乐于分享的业务骨干，进行授课技巧和课程开发技术的培训。随着一批批内训师的产生，公司的培训体系得到不断的完善，也为兴证学院的正式成立打下了坚实的基础。

成立学院是体系化推进培训升级

如果说学院成立之前公司的培训是点状突破的话，那么学院成立之后公司的培训就体系化的立体推进了。培训项目从专业条线的理财顾问新人“金牛计划”、高级理财顾问认证培训（大家习惯叫“高投”）、投研新人“T计划”，到内训师培养“金星计划”，到总部和子公司新人培训“兴启航”，再到管理干部培训“金鹰计划”、“金狮计划”、mini-MBA以及海外研修项目等，培训的形式从传统的面授扩展到线上学习、游戏化学习、微课学习、社群学习以及挂职锻炼等，培训的覆盖面、广度和深度都进一步得到了拓宽和深化，各级干部和员工将培训中学到的知识、技能运用到实际工作中，有效地促进了业务的发展和公司综合竞争力的提升。在此过程中逐渐沉淀了一批精品课程、业务手册和业务案例，并不断迭代，还涌现出了一批批精通业务和管理、善于传道授业解惑的优秀内训师。因此，我的切身体会是，公司成立学院是一件十分有意义的事情。

| 员工价值的核心在于专业价值

说到这里，我不由想起我们公司一直倡导的价值观——提升员工价值，创造客户价值。我的感受是，员工价值的核心在于其专业价值，员工的成长也更多体现为其专业能力和专业价值的提升，这是我们的立身之本；证券行业作为金融服务业，我们也必须专业才能为客户创造更多的价值，才能赢得客户的认同和信任。

公司长期对培训的重视和持续投入，首先是让员工直接受益。我们欣喜地看到一批批“金牛”成长为核心业务骨干和优秀管理干部，一批批“T计划”学员成长为上榜《新财富》的优秀分析师，一批批乐于分享的“金星计划”内训师走上更重要的专业岗位和管理岗位……；同时，公司的培训也在业内得到了广泛的认可，赢得了良好的口碑，获得了多项国内培训行业的顶尖荣誉。良好的培训体系成为公司的一张名片，吸引了外部很多优秀人才加盟。比较有意思的是，有证券行业友商挖人就喜欢盯着兴业证券，说“凡是兴业证券的人都要，尤其是金牛，素质高、肯干好用”。由于各种原因离开兴业证券的员工，一谈起兴业证券的培训也是满满的自豪和骄傲。

公司对培训的投入还产生了社会价值，为行业的发展作出了积极贡献。2016年中国证券业协会启动行业讲师培养项目，兴证学院连续3年受邀作为讲师培训的独家合作单位，派出讲师就授课技巧、课程开发、PPT制作等进行讲授和分享；兴业证券获得中国证券业协会聘任的讲师数量在业内领先，积极参加协会组织的培训班授课并获得好评；在协会组织的远程课程开发投标中，兴业证券每年中标的课程数量也在业内领先。在投资者教育领域，在与集美大学、福州大学合作的高校必修课等领域，也活跃着兴业证券内训师的身影。

新时代　新使命

日历翻到2017—2018年。在2017年底，公司启动分公司改革与转型，提出集团一体化的新发展理念，这在公司发展史上是一个里程碑事件，标志着公司迈向了发展的新阶段、进入了一个新时代。学院的培训工作也须在新形势下肩负新的使命。2018年4月9日，又是一个值得特别纪念的日子，这一天证券行业第一家企业党校——中共兴业证券股份有限公司党校（以下简称兴证党校）成立，兴证党校与兴证学院合署办公。至此，人力资源部、党委组织部、兴证党校、兴证学院“四块牌子一套人马”，更好地将人才发展与党建有机地结合起来、将人才的选育用留各个环节无缝衔接，并通过加强党对培训工作和人才发展的领导，增强党员干部的政治判断力、政治领悟力、政治执行力，提升经营管理综合能力，以此打造集团核心竞争力。

兴证党校成立后，一是加强了党建的引领，包括在中央党校举办集团干部政治理论培训班，在福建省委党校举办纪检监察培训班，并与浦东干部学院、延安干部学院开展党建培训合作；二是紧密围绕集团新时期的发展战略开展培训，包括集团协同培训（业务协同与管理协同），大机构与财富管理“双轮驱动”业务培训，金融衍生品、绿色金融等创新业务培训；三是在培训内容设计、培训运营、培训资源配置与整合等培训体系的构建中，更多地从集团一体化的角度来思考和开展。

在人才发展方面，概括来说，党校和学院聚焦在三支人才队伍的建设上面，一支是经营管理人才队伍，一支是专业人才队伍，还有一支是党群工作人才队伍。在经营管理人才队伍建设方面，公司的一项重要举措是推出了挂职机制“鲲鹏计划”，子公司、总部部门、分公司推荐优秀年轻干部，通过上下互派、横向选派等方式进行为期1年的挂职，通过在新的岗位上以干代训、边干边训的方式拓宽干部的视野，培养干部处理跨领域复杂问题的能力。

我自己也是不同岗位锻炼的受益者。2001年刚来公司是在研究发展中心（现为经济与金融研究院），从事行业研究和公募基金服务工作；2004年调到客户资产管理部（现为兴业证券资产管理有限公司），从事产品开发、客户服务工作；2007年调到人力资源部，主要从事培训工作；2011年公司成立兴证学院，调到兴证学院专职从事培训工作；2019年回到人力资源部，从事分公司人力资源管理以及培训工作。在兴业证券20余年，做得最长最久的岗位还是培训，因此也对培训特别有感触、特别有感情，在其他岗位上的学习和锻炼使我对培训的认知和理解也在不断地迭代和深化，对我进一步做好培训工作有极大的帮助和推动，这也是我特别想和大家分享的一个体会。

我们公司最早流行一句话，叫“培训是员工最大的福利”。后来大家逐渐发现，培训不仅是员工的“福利”和“保健品”，更是伴随员工职业生涯发展的“必需品”，好的培训能缩短员工成长周期、少走弯路；员工的快速成长，反过来给公司带来更大的贡献，形成员工与公司双赢的良性循环，同时也在无形中产生了社会价值。因此，后来我们就把提法改成“培训是最好的投资”。公司先后成立学院和党校，清楚地表明公司对员工成长的一种负责任态度和价值取向。根据教育部等八部门2021年5月发布的《关于规范“大学”“学院”名称登记使用的意见》，企业的内部培训部门不能再使用“大学”“学院”的名称，原兴证财富管理学院已更名为培训中心。虽然名称变了，但我们秉承的“培训是最好的投资”这一理念未变，培训为员工和客户创造价值的初心和使命未变。我非常幸运在公司从事培训工作十余年，见证了一批批优秀员工的成长和公司日新月异的可喜变化，也非常乐意继续深耕培训事业，为早日实现一流证券金融集团的目标尽自己的一份绵薄之力！

长路浩浩荡荡，万物尽可期待

文/财富管理部　郑可栋

弹指一挥间，今年已是我入行的第十一个年头，也是服务公司的第六个年头了。

青春如歌，岁月如河。现在回想起来，这6年大体又可以分成3个阶段，每阶段中都有成功的喜悦，但也难免种种困难，但不变主题的是成长。

这6年既是我个人成长蜕变的过程，也是公司不断改革发展的过程。这6年中，我与公司的连接不断加深，通过不断地思考、实践也让我越来越相信日拱一卒无有尽，功不唐捐终入海。

恰逢公司30周年生日，谨以此文记录自己的青春岁月，见证公司的成长前行。

思考、思考、再思考

第一部分的主题是关于思考。

我来公司的第一份工作是在战略发展部，当时主要负责财富管理业务的分析与研究。其实在此之前，我已在另一家券商财富条线工作了5年，也已经有一些独立带项目的经验。当时切换赛道最主要的考虑是，希望换一个视角来审视自己、审视自己对于业务的理解是否到位或者深刻。

必须承认的是，研究分析工作本身是一件需要耐心和细心的事，每天大部分的时间都需要和数据、各种各样的表格及报告打交道，容不得半点马虎。不过与此同时，不同于业务线繁杂的日常，这项工作最大的好处在于可以有时间去思考和观察，可以从一个更宏观的视角去审视这项业务的过去与未来。

时值券业互联网金融创新及第三方财富管理机构快速发展，各方不同的禀赋以及实践在为行业的转型持续提供蓝本的同时，也为我持续观察、思考券业的零售业务提供了大量素材。

因此，在日常的研究分析工作之余，我还专门分析过嘉信理财、东方财富、华泰证券、诺亚财富等国内外优秀财富管理机构的历史沿革，也对当时比较火爆的在线基金销售平台、互联网借贷、众筹等主题进行过专题研究，希望从中寻找到一些共性的规律。

我试着写些文字作为记录，作为思考的副产品，一方面是希望对自己每个阶段的思考作个整理与留存，另一方面也是希望通过这样的方式来锻炼自己的笔力，这便是后来被大家熟知的公众号“Kevin投资茶馆”的由来。

时至今日，仍有很多人关心我为什么会做这个公众号，原因真的很简单：我们身处在这样一个不断变化的时代，真的有太多的东西值得观察与思考。只有通过不断的思考，才可能知道在这些繁华背后，哪些是长期必须要做的事情，而哪些只是过眼云烟。

战略的核心是取舍，不同机构、不同时间、不同取舍背后都反映了不同的思考，通过观察这些现象，会让我们更容易去理解和逼近行业的本质，而文字只是每一次思考的副产品。

这段时间，我个人的视野、方法，包括笔力等方面的能力均得到了显著的成长。在这些成长的背后，我认为与公司相对宽容的文化以及对于研究的重视是密不可分的。

专业赋能的点点滴滴

第二部分的主题是关于赋能。

宋代诗人陆游在《冬夜读书示子聿》中曾写到，“纸上得来终觉浅，绝知此事要躬行”。因此，在战略发展部工作2年后，最终我回归了熟悉的财富管理条线。思考的再多，真正重要的始终还是落地践行。

当时正值集团分公司改革刚刚启动，基于集团的顶层设计，财富管理条线需要从原先的管理部门转变为业务推动部门，服务、支持、推动成为部门工作的主线。

彼时，放在我面前的命题是关于“赋能”，即如何为公司的财富管理转型赋能、为分公司的改革赋能。而我自己也需要尽快从一个思考者转型为实践者。在我看来，赋能这个命题的困难之处有两点：

一是需要能够从各类繁杂的常规需求中找到真正重要且紧急的部分。需要支持的工作永远不会少，但可利用的资源却不是无限的，因此必须将有限的资源用在最重要的地方。

二是需要想办法充分协调各方，形成高效的协同机制。因为赋能是一件综合性的工作，也是一件相当宽泛的工作，仅凭一己之力是无法满足分公司全面转型需要的。

针对这一问题，我选择谋定而后动，坚持保持初心与明确主线，这既是个人思考的结果，也是实践的原点。因为保持初心可以让我们知道目标，而明确主线则可以让我们把握节奏。最终，在充分调研的基础上，我梳理出3条主线作为赋能工作的主轴：

第一条是管理线，即通过平台的赋能，释放员工日常管理的工作效能。投顾工作平台是这项工作的主战场，过去的三年，我们每年都会定一个主题词。2018年的主题词是“加法”，先后上线了“投顾呼叫管家”“每日投资必读”等“甜点级”的小工具，让员工可以更便捷地接触客户；2019年的主题词是“统一”，对MOT关键时刻进行了全面的打通与梳理，希望让员工可以真正把MOT的提醒用于服务的真实场景中；2020年的主题词是“贯穿”，上线了任务中心，将分公司的管理链路嵌入平台，为分公司业务的推动与员工管理提供了有力的抓手。

第二条是服务线，即通过专业的赋能，提升员工服务客户的专业能力。如何充分利用好经济与金融研究院的专业特长是这项工作起步的关键。因此，在开始的前两年，与研究院合作备忘录的确认一直是我关注的重点。但让这条线真正开始让分公司产生感知，却是策略会的直播。彼时，互联网直播还是个新鲜事物，但谁也没曾想2018年6月的首次尝试之后，直播就变成了公司策略会的标配，也成为分公司员工近距离接触公司投研资源的最受欢迎的渠道之一。从2020年起，在研究院的大力支持下，我们更是进一步实现了内容直播形式的常态化，研究院每周都会给分公司做2次专项的在线路演。

第三条是营销线，即通过客群的分层分类，为员工营销服务客户提供抓手。客户服务体系的建设是这项工作的重点，客群的经营是每个金融机构长期所必须建立的能力，基础服务的补强与梳理既给员工联络存量客户提供了必要的抓手，同时分层体系的建立也会对公司拉新促活等关键业务环节产生助力。但这项工作需要改动的底层系统却是巨大的，同时客户积分体系的引入与账户体系的打通也给整个链路的联通造成了不少困难。所幸当时在各方的支持下，公司成为行业第三家推出类似服务体系的券商。2021年5月，该服务体系覆盖的客户已超过200万人，其中黄金会员以上也已达到近70万人的规模。

老实说，“赋能”这个命题可以讲的故事还有很多，但大都比较琐碎，我个人大量的时间也都是花在沟通与协调上，这点和我前一段思考的经历形成了鲜明的反差。但我并不觉得这中间有什么问题，观察虽然可以远离喧嚣、置身事外，但如果你真的想要改变些什么，那终究还是躬身入局。

不过，赋能与思考两个角色之间其实也有许多相通的地方。有些事虽然可能短期未必看得到显性的价值，但只要长期来看是有利于公司、有利于业务发展的，那就应该去做。在这个过程中，对于行业趋势的判断以及战略定力的理解其实又是一致的。

这段经历中我最大的成长，一是让我完成了从思考到实践的转型，并进一步认识到了实践与坚持的重要性，真正理解了什么是日拱一卒，功不唐捐；二是让我真切感受到了集团协同的力量，每一件事的背后，都有公司各方的共同努力，协同创造价值，众人拾柴火焰高。

| 基础工作的苦与乐

第三部分的主题是关于推动。

在整个赋能体系基本理顺之后，工作重心自然会转移到推动上。正如我在2020年年度述职报告中写到的，如果说之前工作的主轴主要在“基础建设”上，那么当建设达到一定水平后，更重要的还是如何让这些建设能够为分公司所用，特别是财富管理相关基础工作的推动。

基础工作推动与赋能有一定的相似之处，虽然二者从长期来看都很重要，但都不容易落地。因为基础工作往往并不是某一项具体的业务，也很难直接在经营指标上有所体现，因此很容易在业务开展过程中被忽视。如客户平台（优理宝App）的覆盖率、固收产品的保有水平、客户资产结构的均衡度及长尾客户的批量服务等都属于这个范畴。

行业过往的高波动容易让人对证券业财富管理业务产生误解，认为这是一个完全靠天吃饭的业务。就我个人而言，其实我不否认行业的周期属性，但我也相信春华秋实，一分耕耘一分收获。因此，对于这项工作，我思考后认为：一是需要争取公司领导对此的重视，二是需要让分公司及所有一线人员认同，并形成机制化的保障。现在回想起来，整个过程中充满了苦与乐。

苦的地方在于这条道路并不好走，相较于成熟业务可以直接采取的费用或活动激励，基础工作往往需要为分公司提供更多、更便捷、更丰富的抓手，只有让这件事看上去毫不费力，才可能更容易被一线和客户所接受。每一次活动或竞赛都凝聚了我们对于业务的思考，每一张朋友圈海报的背后往往也是数十轮讨论修改后的结果。

乐的地方在于自上而下地逐步认同与支持，在公司领导的支持下，公司先后提出了财富管理领域的“9+5”，即“9项基础工作+5大核心指标”，正式将基础工作提到了与核心业务指标同样的高度；计划财务部也在分公司的考核中增加了基础工作的考评项目，调整了有效户的统计口径，要求有效户计算必须以平台激活为前提；此外，通过不断的培训与宣导，分公司一线对于基础工作的认可度也不断提升，对于总部提供的常态化促活抓手更是烂熟于心。公司目前新增客户的平台覆盖率已近90%，存量客户的覆盖水平超过70%，资产配置广度系数的概念深入人心，分公司理财服务中心试点范围也在逐步铺开。这一系列工作的背后，既是每一位服务人员不懈努力的成果，也是公司上下一心、凝聚共识的体现。

苦也好、乐也罢，这段经历对我来说都是十分珍贵的体验，也让我深刻地意识到一件事从“发现”到“落地”，中间有多少步。任何一件小事乘以人数之后，如果想要在更广的层面达成共识与执行力，背后都需要不断地探索与尝试。任何通往未来的道路都不会平坦，一个人是绝对走不完的，只有和所有人一起，为了同一个目标一起努力的时候，才能把这件事情做成。

结语：财富管理未来进行时

6年，是我为公司服务的时间，也是我自己不断思考、成长的时间。6年间，我从一名基层业务人员转型，从研究分析的岗位入手，最终又回到业务条线。从实践到思考，又从思考回归实践。一切看上去没有变化，但一切又都切实发生了变化。

感恩、感谢这6年中公司及相关领导对我的帮助与指导，使我在过去每一段的经历中都能够有所收获、有所成长。思考的经历让我看见了公司的宽容以及在投研方面的严谨；赋能的经历让我认识到了坚持的重要性以及集团协同的力量；推动的经历让我意识到，个人的力量很有限，但是一群人的力量却是无限的。

“路漫漫其修远兮，吾将上下而求索。”我国财富管理的大时代才刚刚拉开序幕，公司在财富管理领域的起步较早，但随着行业转型及客户需求的不断变化，前方仍有更多的未知等待着我们。例如，最近基金投顾业务正在紧锣密鼓的筹备中，也很可能成为我下一阶段工作的重心。

在不同的人生经历中，我见证了公司的成长。如果把公司看作一个具象的人，30岁正是风华正茂、书生意气，而我也才刚到入学的年纪，仍需不断成长奋进。

凡是过往，皆为序章，

虽有长路浩浩荡荡，但未来的万物尽可期待。

我在彝良扶贫的日子

文/兴证投资管理有限公司　邱晨怡

车子在蜿蜒曲折的山路上前行，几乎每隔几百米就是一个急转弯，目之所及，除了山还是山。不时还能看到因为滑坡而滚落到路间的山石，以及背着竹篓、穿着朴素民族服饰、走在山间的村民。这里，就是兴业证券所结对帮扶的国家级贫困县——云南省昭通市彝良县。2016年12月，兴业证券响应中央和证券行业聚焦精准扶贫、精准脱贫号召，与彝良县实现结对帮扶，开展教育扶贫、民生扶贫、产业扶贫，开启了精准扶贫之路。

彝良地处云南省东北部云贵川交界的乌蒙山区，2804平方公里的县域面积里有99.7%是山地。1936年春天，中国工农红军第2、第6军团曾在这里三进三出，打响了著名"乌蒙山回旋战"。在时代巨变的今天，这片飘扬着红色旗帜的革命老区，却因山高坡陡、自然灾害等诸多条件被贫困所制约，60余万人口中超过12万人是建档立卡贫困户。

2017年2月，作为兴业证券派驻的挂职扶贫干部，我从2000多公里外的上海来到彝良，走进连绵的乌蒙山，与这片饱含厚重历史的土地、这些善良朴实的人紧紧地联结在了一起，有幸成为证券行业精准扶贫的一分子，更有幸成为中国脱贫攻坚伟大工程的小小亲历者和见证人。

| 扶贫先扶智

"我的梦想是当一名雨行元（宇航员），我想看看外面的世界。"一名二年级的孩子在一张撕开的只有四分之一A4纸大小的纸片上写下这句话。

大山虽然阻隔了孩子们与外面世界的联结，但每个小小的身躯里都蕴藏着大大的梦想，每双清丽的目光里都充满了对外面世界的好奇和向往，充满了对知识的渴望。

一位乡村小学的校长曾对我说，大城市里的家长为了给孩子买一套好的学区房可以倾尽全力，可在这儿，老师们得去做家长的工作，告诉家长们一定要让孩子来读书，而不是早早就出去打工挣钱；一位年轻的乡村教师曾对我说，他也不知道自己还能在这里坚持多久，这里的教育资源和教学设备都很欠缺，生活条件也不好，和他一起来的年轻老师们绝大多数都离开了。

在龙街乡中心小学，一个孩子给我看了一本她特别喜欢的书，这本书的封面早已脱落，内页也破旧不堪，甚至没几张完好的书页。这是一本彝良“9·7”地震时，老师们从废墟里抢救出来的书。她指着书页里一张画着小朋友走斑马线过马路的配图问我：“这个小朋友在做什么呀？”“下面这些白色的是电子琴吗？”从小在乡村里长大的她，到过最远的地方，就是镇上，她从来都没有见过红绿灯，也从来都没有见过路中间画着的用来过马路的斑马线。

这里的很多孩子可能一辈子都没有机会走出大山，但他们却都是未来建设彝良的生力军，更是改变一个贫困家庭命运的希望。

扶贫先扶智，通过教育去改变老师的教育理念、改善孩子们的教育环境，让贫困地区的孩子接受良好的教育，是阻断贫困代际传递的重要途径，更是转变思维、实现脱贫致富的根本。兴业证券出资2000万元成立了“彝良县革命老区教育扶贫专项基金”，致力于加强学生的素质教育和职业教育、改善当地基础教育部分硬件设施、提升当地教师教育教学水平。

在梦想教室工程建设中，我们在彝良建成了10间梦想教室，里面有鲜艳的装饰、温馨的摆设、现代化的教学设备以及配套完善的教师培训体系和课件资料等。在梦想教室里，孩子们可以放飞自己、探索知识，真正体验学习的美好。

我们也为彝良15个乡镇190所学校的1384个班级建设了图书角，共计配置图书11.1万册，实现了彝良所有乡村小学每个班级的全覆盖。每个图书角里的近100本图书都经过了儿童阅读专家的精挑细选，1~6年级每个年级的图书配备都不同，适合不同年龄层的阅读需要。我们还在8个乡镇建设了9个阅读活动中心，每个阅读活动中心配备了3000~5000本图书，孩子们可以在这里徜徉书海，老师们可以在这里探讨分享阅读教育心得。

通过我们的努力，这些大山深处的孩子们实现了许许多多人生珍贵的“第一次”：第一次阅读到原版的绘本，第一次在课堂上自信地表达自己的观点，第一次策划独自行走远方，第一次认真地思考人生的无限可能。

我们还特别重视对于乡村教师的培养。随着国家对基础教育的不断投入，乡村学校的硬件设施已经得到了极大的改善，然而在“软件”方面仍有不少欠缺，最为突出的就是师资的匮乏。很多乡村小学的教师一人身兼数职，不仅是什么学科都要教的“全科老师”，有的还要同时教好几个年级。同时，教师队伍年龄普遍偏大，依然在用几十年前的教育方式，很多老师连开关计算机都不会，更遑论使用现代化的教学设备和教学方法了。我们组织了各种“请进来”和“走出去”的培训考察，把先进的教学理念和教学方法带给一线的乡村教师们，也让部分乡村教师第一次走出彝良，走进上海、深圳、厦门等城市，开阔了眼界、转变了思维、提升了能力。

我们希望通过对教育的帮扶，来守护孩子们的梦想，更为他们铺就实现梦想的路径。就像一位乡村小学教师在参加完培训后说的，“成为一盏点亮孩子心灵的灯，也是照亮乡村老师的希望之灯”。

| 扶贫为民生

奎香乡，位于彝良县南部，是典型的边远高寒山区少数民族乡镇。这里可谓占尽了“老、少、边、穷”的每一个字，至今仍有149个村民小组未通农村安全饮用水。特别是黑拉村，受喀斯特地貌影响，地表径流较少，村民们祖祖辈辈都要“看天喝水”。虽然近几年在政府的推动下建起了水窖收集雨水，但由于没有任何消毒处理设备，仍然存在着饮水安全问题。除了饮水困难，还有灌溉问题。烤烟是当地最主要的经济作物，直接关系家庭收入。可是由于用水极度匮乏，只能靠人工背水保苗，不但辛苦，还极大地影响了烤烟的产量。

兴业证券出资800万元为奎香乡修建了提灌饮水工程，由于海拔近2000米，需要通过三级提水，将地下水抽取使用。2018年初，饮水工程顺利完工，有效地解决了黑拉村、奎阳村2226户10442人以及黑拉小学500余名在校师生的饮用水和2280亩烟田灌溉。

每当我到黑拉村了解工程进展情况的时候，当地淳朴的村民总会热情地煮上一锅洋芋（土豆）和鸡蛋，用竹筐一装摆到我面前，然后就默默地站到一旁不说话，看着我笑。

随着蓄水池打基、浇筑，引水管道逐渐地铺设，我能看到，村民们脸上的笑颜越来越灿烂，眼神里都透着期盼。有一次，一位大爷一边往我手里塞鸡蛋，一边用方言高兴地说“往后再也不需一桶一桶从山下背水喽！日子就安逸喽！”

能够帮助老百姓解决最直接、最现实的困难，改善民生，也是扶贫工作“以人为本”的体现。

扶贫助产业

如果说教育是根本，民生是基础，那么助力当地产业发展便是精准扶贫的重要平台。

我们走访筛选了当地具有发展潜力的重点企业，成立5个“一对一”帮扶的产业金融扶贫工作小组，形成了从金融知识培训、企业发展咨询到初创企业投资、公司上市辅导等一系列产业帮扶模式，提供规范治理、财务顾问等服务，期望积极帮助企业利用多层次资本市场实现融资，助力企业发展壮大。

我们大力挖掘彝良县作为世界天麻原产地的资源禀赋，帮助当地发展天麻相关产业，从天麻生产、种植、保鲜到研发、深加工，助力天麻产业链的延伸和产品附加值的提高。

借助金融机构的资源优势和能力禀赋，对接当地产业资源，通过金融扶贫推动产业发展和经济发展，形成长效的造血机制。

责任有担当

不仅仅是我，兴业证券的很多员工，甚至是客户，都在一直关注着彝良，也都在运用自己的能力、资源和禀赋，用不同的方式、用自己的行动，关心帮助这片土地。

当得知彝良乡村小学教师资源紧张的现状，兴业证券立即组织了9名兴证支教志愿者奔赴彝良的5所乡村小学，进行为期一个学期的支教工作。他们带着认真工作的尽心、学习求教的虚心、温暖感人的爱心，为彝良的基础教育点亮了星星之火。我们的员工和客户，还一起出资为孩子们修建了一个拥有10张乒乓球桌的乒乓球场，将一间闲置的房间改建成了一间美丽的舞蹈教室。

在腾讯“99公益日”期间，我们发动6个公益项目联合募捐。兴业慈善基金会也出资112万元为公司发起的“一起捐”进行定向1：1配捐。活动中，共有公司内外124个团队5315人参与了捐赠，筹款和配捐款项达到了516833.74元。

实现中华民族的伟大复兴，是国家的梦想；带领全县人民脱贫致富奔小康，是彝良的梦想；走出大山，拥有美好的未来，是孩子们的梦想；做务实的社会责任践行者，是我和千百位兴证志愿者的梦想。

如今，贫困人口排云南第三位的彝良县已经脱贫“摘帽”，正式退出贫困县序列，在这幅脱贫攻坚、乡村振兴的壮美画卷中，也有我们带着爱、用着情绘就的一笔。

我和我的兴证故事

——“金牛一期”的岁月

文/厦门分公司 陈艳

时光易逝，回首刚踏入证券行业意气风发的年少踌躇时，已是18年前。而我与兴业证券的缘分起于我的大学时代，在导师的牵线下机缘巧合到了兴业证券五一南路营业部实习（现在的福州工业路营业部），恰巧正遇上2003年中国证券市场重新洗牌后的复苏时期，所有幸存的券商都在摸索一条新的业务发展之路，兴业证券彼时刚刚提出从坐商向行商的转变，作为一名大学生的我万万没有想到的是一次偶然的实习，让我有幸投身到这个行业，见证和参与了这一时代的变革。

2003年券商行业刚刚经历了一波倒闭、并购，可谓百废待兴，重新出发。在如此艰难的大环境下，号称“券商黄埔军校一期”——“兴业证券金牛计划”横空出世，当时的券商行业历经几年青黄不接，新人寥寥无几，兴业证券作为地方性券商居然有如此之大的魄力，拨了300多万元的费用对一批刚踏出校门的年轻人进行系统的集中培训，当时这在业界相当轰动。

项目的总教官孙国雄每次看到我都会开玩笑地说：“金牛计划”的诞生还是因为当时你们这帮实习生努力认真地做事给了我这个灵感。”这项如此深远而有意义的券商营销人才培养计划的由来居然和我有关系，起源于当时在券商改革走出去的困难期，老员工很难一下子转变思想，大学生们勇者无畏的精神让孙总坚定了招聘有潜质的应届大学毕业生内部培养转型新军的构想，向公司汇报后得到兰总和当时分管经纪业务的吴怀坤副总裁的支持，并且在很短的时间内落实和实现了相关的计划，而我也很幸运地成为其中一员，当时的我和我的同学们肯定想不到这一次培训会对我们的人生产生多么深远的影响。

2003年8月下旬，36位面带稚气的大学应届生在经过层层选拔来到了培训基地——福州武警学校，在这里我们被通知需要接受3个月的封闭式培训。第一个月是军训，艰苦而枯燥的培训把大家从校园走向社会的憧憬给磨平了。福州八九月的高温热浪让大家在艰苦中开始人生的第一份工作，或许冥冥中这就是生命的启示，预示未来的这条职业的路就是艰辛而又充满挑战；当时的条件艰苦，6个人一间宿舍，面对35摄氏度以上的天气宿舍也只有一台电风扇取风，我记得培训第一个月之后便有人默默地退出了这个训练营；在军训足足晒了1个月后，我们终于迎来了正式培训。

第二个月，期待已久的专业培训迎来了超豪华阵容，金融礼仪邀请的是著名的金正昆教授，证券市场发展历程请的是上海证券中央登记结算公司原副总徐士敏，基金授课老师是当时业内基金研究的领头人银河证券的胡立峰老师，给我们教授营销课程的是当时赫赫有名的梁延夫老师，我们对他所写的《改变生命宽度的7天》一书印象深刻；兴业证券研发中心、投资银行、资产管理等所有的“一把手”更是倾巢而出，为初入证券行业的我们带来了一堂堂精彩的授课，可以说当时的兴业证券对这帮新员工采取最高规格的培训待遇。

第三个月进行实战培训阶段，将我们分为了四组，分别到不同的营业部去实习，而且每组配备了一名经纪业务部高级经理作为导师，其中一位就是大家非常熟悉的熊博总。在实践环节，我们到营业部体验了具体工作，并且在导师的安排下进行了实战演练，并且进行业务的实战比拼。每个小组都铆足了劲，在没有任何人脉资源的情况下，自己设计踩点、设计摊位、设计宣传单、话术演练，进行实战营销，以落地业务开户及产品销售作为竞赛标的，在这个过程中你追我赶，业绩节节攀升，创造了新人也能快速出成绩的神话。

过了这么多年我和一起培训的同学们聊起当年，大家对当时兴业证券很多先进的理念赞不绝口，我们认为当时很多的营销模式和理念至今仍然很实用。

地推鼻祖

在2003年，路边摆摊在大学生看来代表的是低层次的开发客户方式，实习时第一次摆摊我还曾经遭遇过一个妈妈带着孩子走过我身边时告诫孩子，如果不好好读书以后就像这些人一样在路边摆摊。那次经历让我感到羞愧，一度对上街摆摊宣传产生了心理上的抵触。而培训时梁延夫老师把我们36个人拉到大街上去，让我们在大街上高喊：“大家好，我是兴业证券的×××，我想告诉大家，我很开心我很快乐，耶！”坦白地说第一次让我们喊的时候，36个人里面应该有36个人的内心独白都是“神经病”。但是服从指令让我们一次又一次在街上呐喊，从一开始的无比尴尬到最后每个人无所畏惧地高喊，这个经历让我们所有人都留下了深刻的印象，大概做业务人员所应该具备的勇往直前的精神就是从那时候锻炼出来的。

专业的营销训练让我们从心理上经历了尴尬—勉强应付—激情四射的整个过程，后来分为4个队的实战营销成绩比拼让我们忘却了恐惧和尴尬，每个人为了团队都拼尽全力去营销客户的过往历历在目。

电话营销鼻祖

在当时电话营销仅是保险行业较为流行的拓客方式，在券商这个行业并不常用。在我们的时间学习中，电话营销是营销中很重要的一个环节。人生中第一次拿着一堆的陌生电话号码，硬着头皮陌生营销，在心理上适应了被拒绝的常态，在话术上不断地总结提炼，追求在最短的时间让客户听明白我们所要表述的内容。这点至今仍对我的工作帮助非常大。

其中一段经历让我印象深刻，至今难忘。记得我们有一场电话营销的考试，导师周瑗作为考官让我打电话营销她，在我说了一堆后她对我的评价是："首先在你的声音中我听到了你的笑容，感受到你的热情和善意；其次你很清晰明了地介绍了你自己和你这通电话的来意；最后你很清楚简要地介绍你的产品，让我听了很清楚。"此后，我经常将这段经历作为营销培训课件上的经典案例——如何训练让你的声音听起来是带着笑容的？这样更容易与客户"破冰"，如何在最简短的时间内让客户了解你和你的来意而减少客户挂断电话的概率，以及如何提炼你的话术让客户在有限的时间内作出下单的决定？每个环节都是成败与否的关键。

时至今日，电话营销的模式对于产品销售和客户服务仍是非常有效的手段，而对电话营销的理解和掌握也对销售业绩带来很直接的影响。

户外拓展团建

现在，户外拓展训练已不是什么时髦的团建方式，但是在18年前绝对是很超前的理念。我们这一群人第一次学会了什么叫"破冰"，学会建立团队，学会给团队设计队名、队徽、口号以及团队展示，第一次尝试时的兴奋和激动让我至今仍对户外拓展很有好感。

印象中当时体验了信任背摔、高空断桥、巨人墙、天梯、火线穿越，让初入社会的我们体会了什么叫团队合作、团队信任以及突破自我的挑战。教官教会了我们每个人都是集体中不可或缺的一环，只有每个人出色地做好自己的本职工作，集体才能成为优秀的团队。

忆往昔，点滴在心，如今“金牛一期”的兄弟姐妹们散落在全国的各个角落，大多仍服务金融行业，我们当年同生活、共奋斗的3个月成为彼此一生美好的回忆。每每回忆起当年，大家都有说不完的话题，谈到对兴业证券的感情也是尤为深厚，尤其是大家对“金牛一期”这个共同名字的自豪。

时光荏苒，由于个人原因我曾经离开兴业证券10年，10年后我带着更坚定的职业信念与更加丰富的工作经验在2016年回到了这个平台。没有需要熟悉和磨合的过程，感觉回到了我熟悉的战斗岗位。如今的兴业证券不仅保留了老一代兴证人艰苦奋斗的精神，更兼具了新一代兴证人创新融合的协同精神。

兴业证券三十而立，与中国资本市场同伴相生，而我四十不惑，能与兴业证券共同成长，与有荣焉。

我与投教亲密接触的3年

文/厦门分公司　林丽华

都说人生很长；与一生比起来，3年很短。没有人能准确地描述出3年时间里会发生些什么。于我而言，在我人生的某个3年里，是翻天覆地的变化，是前所未有的挑战，更是无法重来的磨炼。

我在2007年大学毕业后怀揣小小的憧憬与隐隐的忐忑走进兴业证券，开启了一段全新的旅程。在分支机构当了1年理财顾问，拥抱过上证指数的历史最高点，感受过牛市的汹涌热闹与急转直下，而又在机缘巧合下加入当时正在筹建的呼叫中心。2008—2016年的8年时间里，我从一名普通坐席到知识库专员再到内部培训师，保持一颗学习的心，默默做该做的事，虽平平无奇却勤恳努力。所有能量的积蓄，似乎都在等待破土而出；直到2016年秋天，丰收的硕果一下子向我砸来。

在接触投资者教育工作之前，坦白地说，我对它相当陌生。始于召唤，陷入热爱，结下不解之缘。兴业证券作为一家具有强烈社会责任感的企业，早在多年前就高度重视投资者教育与合法权益保护，并把投资者保护工作纳入公司长期经营战略，成为公司核心竞争力的重要组成部分，在制度建设、客户服务等方面实施了一系列有效举措，让投资者看得见、摸得着、感受深。为在新时代有新的作为，使投资者保护再上新的台阶，实体投资者教育基地作为一个全新的投教形式应运而生后，公司在2016年迅速投入创建，整合优质投教资源，通过线上线下同步为投资者提供全方位的投教服务，在投资者保护道路上稳步前进。

正是得益于这样的时代背景与广阔平台，我有幸成为集团专业化投教之路的先行者，开始探索之旅。在投教这片全新的天地里追逐了近3年，度过1000个难忘的日日夜夜，经历了许多可能此生只能拥有一次的“探险”；其中三段令我尤其刻骨铭心。

使命必达

2016年10月，公司在福州总部兴业证券大厦一楼投入建设实体投资者教育基地；

为了能赶上第二批国家级投教基地的申报，克服了时间紧、内容多、任务重的多重考验，周末无休、夜以继日，历时短短20天就完成了实体建设工程，并于同年11月21日正式开放。2017年4月，基地在取得省级授牌后立即投入国家级投教基地申报准备中。基地的目标十分明确，务必拿下“国家级”！在当时70多家机构申报、竞争空前激烈的情况下，我们还同时面临福州已有一家国家级投教基地的巨大挑战，任务光荣又艰巨。经过精心准备，我们终于在2017年7月收到入围评审的通知。根据通知，每家机构现场评审时间共20分钟，其中汇报10分钟，回答专家提问10分钟。如何将投教基地10个月的运行情况与成效、优势和特色在短短的10分钟进行全面陈述展示、打动专家评委十分重要。为此公司高度重视，成立以公司刘志辉总裁为组长的专项工作小组，加班加点，反复探讨修改斟酌完善汇报材料，并一遍遍进行模拟汇报答辩。汇报前一天，刘志辉总裁在飞往北京的航班上仍在认真审阅汇报PPT，而我和另外一名同事则在北京灯火通明的荣大打印店守到凌晨四点半，然后赶回酒店将赶印好的精装彩印汇报手册与事先准备好的300多页汇报材料、96页司刊投教专刊、46种投教产品与宣传品，以及5分钟的视频短片U盘共计10套，装满了两个28寸行李箱。

2017年8月15日上午，国家级投资者教育基地现场评审会在北京金融街富凯大厦18楼中国证监会会议室召开。公司刘志辉总裁带队，当时的私人财富管理业务委员会另外3名领导共同代表公司参加现场汇报答辩。我非常有幸作为基地申报项目的一员参与了这一重要时刻，置身于平日只有通过电视屏幕才能见到的新闻场景中，紧张又神圣。汇报当天，参会专家及工作人员充分感受到公司对投教工作及评审会的重视，汇报答辩取得了预期效果，我们也脱颖而出最终获得了国家级投教基地的宝贵授牌。

转眼数个年头，集团的投教之路走得越加宽广稳健，我们的国家级投教基地也在随后每年的考核中连续获评“优秀”，令人振奋与自豪。

丨大赛洗礼

投教工作在2018年那个火热的夏天迎来又一重大挑战。

由央视财经频道与中证中小投资者服务中心联合主办的第一届“股东来了”投资者权益知识竞赛活动在2018年5月轰轰烈烈地拉开了大幕。全国共设立了六大赛区，福建是其中之一。兴业证券作为福建赛区独家冠名及承办单位，在公司领导的统筹部署下，充分发挥集团协同优势，周密组织；从总部各部门、各子公司、各分公司，全情投入，携手推动“股东来了”全国网络海选、顺利举办福建赛区区域赛、充分备战央视总决赛；组建了“兴业证券队”，以“敢闯就能胜，爱拼才会赢”的响亮口号和拼搏精神，团结一致，奋勇作战。在2018年9月2日的那场半决赛中，“兴业证券队”所有选手都展示了一种专业的比赛素养，在舞台上镇定无畏，得到了评委、主持人的积极评价；尤其在辩论环节，选手们的精彩论述、犀利抄底、超强反应力，更让“兴业证券队”尽显专业风采。这场半决赛也成为所有比赛中唯一在评委投票环节大比分超过对手且唯一两个主评委把投票给了同一支队伍的比赛。9月3日下午的央视总决赛，“兴业证券队”虽无缘参赛，但在现场最醒目位置随时可见我们的身影。总决赛尾声，央视主持人在台上充分肯定了兴业证券齐心协力、决不言弃的感人精神。最终，我们荣获了“最佳承办奖”“荣誉战队奖”以及大赛唯一的个人单项奖“网络人气奖”。

在为“股东来了”奔波的4个月时间里，我曾经许多次看到凌晨三四点的街道和天空，曾经在一天之内用掉了3个充电宝、一个星期合起来共睡了15个小时，我的笔记本电脑上新增了108个文件夹、2142个文件共33G容量。直到如今，历历在目。

这样的一次全国范围的大型赛事里，我们经历了组织者、筹办者、参赛者等一系列不同角色，收获了成长、友谊与荣誉，也让无数人共同见证了公司优秀的企业文化、专业的能力水平以及敢闯爱拼的无畏精神。一块奖牌、一个奖杯远远不及兴业证券的一丝荣光，而这份荣光属于你、属于我，属于我们。

接待点滴

提到接待，我脑海中总能条件反射出许多熟悉的场景，参观路线、设备演示，甚至讲解词随时都能脱口而出。在投教基地的日子里，大大小小的正式接待不下40场，非正式接待更是家常便饭。面对不同的来访对象，设计的讲解内容、参观路线、呈现重点都有所不同，记不清自己曾经讲解过多次。在一次次的接待中，练就了我眼观六路、耳听八方的专业素养，与基地同事之间也形成了十足的默契，通常一个眼神便能道明所有。

基地的第一次重大接待发生在仅仅开放半个月的时候。接到通知得知证监会投保局赵敏局长将莅临基地调研，作为当时还是投教新人的我，连基地的讲解稿都还在冒着新鲜出炉热气，就要迎接如此高规格的接待考验，心理压力可想而知。但我知道自己没有时间焦虑，也没有理由退缩，唯一能做的就是尽到百分之百的努力。从妆容到仪态、从讲解词到音量语调、从场地到设备，我向领导认真沟通请教，确保每个细节都不出现瑕疵；何时递上一杯水、何时送上一句话、何时打开一份投教材料，我带着基地伙伴反复琢磨演练。2016年12月8日接待当天，我一大早一个人，在基地现场一圈圈地走场，做着最后的准备，让自己时刻保持着最佳状态。当天下午五点，接待任务圆满完成后，才如释重负，吃上了那天的第一口午饭。后来在与同业投教伙伴们交流时得知，赵敏局长在调研各大基地时曾经不止一次提起过我，她称呼我为“小林”。这样的一个举动认可，让我对自己身为投教人、做着日复一日的看似简单实则有着专业要求的平凡工作，生出一份挥之不去的成就感，伴随着我直面许多困境。

人生的纪录永远都是用来打破的。继赵敏局长后，我在2018年5月16日接待了证监会李超副主席，2019年4月3日接待了郭宁宁副省长；还接待过投保基金董事长、各地证监局和协会领导、投服中心和交易所领导、全国各地友商领导同仁等。在一次次的历练中，经受着一层层的洗礼和蜕变，最终生出更有力的翅膀，飞上更辽阔的天空。

任何一份工作，责任是基石、专业是底气、努力是武器。在此谨以我与投教的3年，献给集团30年。希望未来还有更重要的许多年，终将成为生命与兴业证券共同予我的珍贵馈赠。